BREAK
to be new and different

打開一本書
打破思考的框架，
打破想像的極限

高寶書版

哥不是魯蛇，是陰謀家

顛覆眾家史書，還原劉邦從草民到天子的雄心與權謀之爭

霧滿攔江　著

目錄

第三章 劉邦項羽的蜜月期

第四章 西進序曲

第五章 權力遊戲

目錄

第九章　東奔西走

第十章　最後的輓歌

序　讀史解困惑

少年讀史，時常會陷入深深的困惑。

這困惑源於楚漢相爭。在太史公司馬遷的筆下，項羽的蓋世雄風，曾令多少少年心醉神迷；劉邦的齷齪無賴，又令多少人為之不齒。但最終，地痞流氓戰勝了磊落豪傑，讓我們的歷史霎時變得齷齪不堪。

這個影響深遠而廣泛，有關楚漢傳奇的電視劇播出，地痞版劉邦再度走紅。劇中為劉邦設置了精巧的臺詞，諸如，我要命，我要臉幹什麼？諸如，把他當個屁放了吧……所有這一切，恰恰證明了地痞流氓版的劉邦，已深入人心，萬難撼動。

接受這種觀念，疑問就自動產生了：倘若劉邦只是一介流氓，天下英雄如張良、蕭何、韓信等又何以追隨他？倘若劉邦只是一個地痞，又何以能夠成就天下基業，將天下英雄玩弄於股掌之間？

對此，晉代名士阮籍，曾登廣武山，觀楚漢古戰場，嘆息曰：「世無英雄，遂使豎子成名。」意思是說，當時沒個像樣的人才出現，所以才會讓流氓劉邦成了氣候。

是這樣嗎？

如果這個說法有道理，那麼天下之大，人才之多，普天下人的智慧，加起來還不如一個流氓。這豈不是說天下人的IQ，更是靠不住？

再翻開司馬遷的《史記》，仔細爬梳劉項爭霸戰的過程，就會發現一個很奇怪的現象。在記述中，歷史的聚光燈明顯打在項羽的身上，「拔山力，舉鼎威，喑嗚叱吒千人廢。陰陵道北，烏江岸西，休了衣錦東歸。不如醉還醒，醒而醉」，項羽以其無人可當的神勇，無可爭議地擔當了主角。配角劉邦就顯得極其可憐，其所謂的爭奪天下，不過是在項羽的雷霆攻勢之下，倉皇亡命而已。

可是奔逃之際，歷史卻突然一個大逆轉，神威凜凜的項羽突然軟弱求和，繼而垓下之戰，十面埋伏，項羽陷入了全民戰爭的汪洋大海，就這麼莫名其妙地出局了。

再想想秦滅亡後，楚霸王分封天下，劉邦被封為漢王。但劉邦卻明修棧道，暗渡陳倉，主動向項羽邀戰，並最終贏得這場血腥的賽事。可見，歷史上的劉邦，並不害怕項羽，而且有充分的把握戰勝項羽。

很明顯，史書中的劉邦，與歷史上真正的劉邦，存在著一定程度的偏差。地痞流氓版的劉邦，未必是虛假的，但必然不是全部。

史書中的劉邦之所以被扭曲，是太史公司馬遷刻意為之。

司馬遷不喜歡劉邦，就是劉邦的後人，將司馬遷施以宮刑。於男人來說，宮刑意味著奇恥大辱，甚至比死更讓人難堪。司馬遷之所以堅決不死，就是為了保存有用之身，藉由塑造一個部分真實的劉邦，以達到雪恥冤屈的目的。

正如前面所說的，史書中的劉邦，並非是失真的，卻是偏頗的。司馬遷以他的生花妙筆，巧妙地擴大局部，掩蓋整體，刻畫枝節，湮沒主幹。藉由特寫鏡頭的誇張與放大，讓後人失去對歷史全景的把握。

藉由司馬遷的筆，後人得到了兩個生動而典型的藝術形象：神威武勇的項羽、猥瑣齷齪的劉邦，這冰火兩極的對壘，由於過濾掉了人性的複雜要素，而顯得簡潔，迎合了大眾的需求。所以儘管讀史者疑竇重重，卻始終難以擺脫思想的局限，迷陷其中。

史書中的劉邦或項羽過於簡化，更接近於卡通人物。如果我們希望能夠在閱讀之中獲得更多的快感——智慧的昇華與思想的積澱——那麼我們就有理由對劉邦的思想進行全景掃描，以獲知單純勵志之外更多的東西。

本書的目的就是這樣，我們努力嘗試對劉邦的思想進行全景掃描。這個所謂的掃描，依據的是劉邦從一介草民步入天子殿堂的人生軌跡，而原理則是依託這樣一個法則：

在劉邦的人生經歷中，他所居處的周邊環境事件，具有偶然性、突發性、多變性及不確定性，總之就是不可控制性。而劉邦的選擇則帶有必然的特點、重複的特點、穩定的特點及確定的特點，換句話說，劉邦的個人選擇取決於他既有的思考模式，這種思考模式決定了他是劉邦，決定了他的畢生志業會成功。畢竟在當時，所有人都處於和他相同的外部條件之下，但最終的贏家，卻是他。

事實上，縱然歷史再過去千秋萬代，這一原則仍然恆定不變。任何時代的人，都和劉邦一樣，在多變而不固定的環境中做出穩定而有系統的選擇，選擇的成因，取決於每個人的智慧深淺；選擇的結果，則決定了每個人的成敗興亡。

本書之所以關注劉邦，希望對劉邦的思想進行全景掃描，是期望從中找到思想的價值。

霧滿攔江於北京

第一章

人生從四十八歲開始

由於兩個帝王的出生時日太過接近，導致劉邦人生的前四十七年，完全被秦始皇的光環所湮沒。但從四十八歲開始，由於壓在他生命中的秦始皇這塊巨石不復存在，他所有的人生經驗及智慧累積，突然間噴薄而出。而比他整整小了二十四歲的項羽，成為他人生奮鬥旅程中最有價值的玩具。

小人物需要機會，大人物需要敵人

小事業，要靠自己創造機會。大事業，機會要靠別人來創造。

所謂小事業，是指一個人或幾個人合作。這種事業格局小，市場有限，氣勢也不大，奮鬥者沒什麼影響別人，或是改變世界的野心。而且必須以奮鬥者個人勤奮工作為階梯，一步一腳印地往上走。但凡有一個小細節疏忽，往往會功虧一簣，萬劫不復。

所以經常有勵志家對年輕人諄諄教誨，耳提面命：人生最關鍵的，只有幾步，一旦失誤，萬劫不復。小事業之所以如此慘澹，就是因為格局太小，體系太脆弱，完全是建立在個人信譽的基礎之上，經不住風吹雨打，稍有閃失就會崩盤，澈底完蛋。

所謂大事業，並非建立在個人信譽的基礎之上，完全以調動社會資源為價值取向。這種事業場面宏偉，聲勢浩大，談笑間調動千軍萬馬，運籌於帷幄之間，決勝於千里之外。戰國年間的縱橫家，就是以大事業游說諸侯，布局天下。所謂帝王霸業，說的就是這個。

相比於小事業，大事業更類似於扯淡。小事業好歹還是個事業，只要辛苦工作，就不愁日積月累，所見益豐。而大事業以獲取權力為目標，完全無從著手，無立足之地，無立身之基，只有在極特殊的情形下，這種所謂的大事業，才能夠初現端倪。也就是權力者因其自身的能力缺失犯下錯誤，而且其錯誤之大，必須是顛覆性的、毀滅性的、無可贖補的。只有在這種極端態勢之下，社會才會需要做大事業的人；具備經營大事業才能的人，才能夠獲得用武之地。

所以說，小人物需要朋友，朋友幫你成功。大人物則需要對手，只有勢均力敵的對手，才能夠撐得起大事業的排場。

小人物的機會，是朋友給的。大人物的機會，是對手給的。

相比世間芸芸眾生，仗三尺劍，起於草莽，開創了大漢基業的劉邦，無疑是個大人物。

那麼，誰又是劉邦的對手呢？

看到這個問題，多數人會冷冷一笑，不屑一顧。這麼簡單的問題，還需要回答嗎？楚河漢界，劉項爭霸，連三歲的孩子都知道，劉邦的對手，就是楚霸王項羽。

但這個答案，實際上是完全錯誤的。劉邦的對手，根本就不是項羽，項羽最多不過是劉邦的人生職涯中，一個跑龍套的路人甲。再說得精準一點，項羽並不具備成就大事業的能力。他只是偶然間出現，驚見人類社會需要做大事業的人，就急不可耐地衝上前來，占個位置，意圖入主天下。但因為缺乏操控大事業整體局面的能力，所以一遇到劉邦對他的資格提出異議，就迅速出局了。

如果項羽不是劉邦的對手，那麼劉邦的對手又是誰？

這個問題的答案，就藏在劉邦的年齡裡。除非你破解了劉邦的年齡之謎，否則很難找到隱沒於歷史深處的對手暗影。

破解劉邦年齡之謎

劉邦的出生是個謎。

他的相關經歷，則是另一個謎。

但如果我們想了解這個人，就必須弄清楚這兩個謎。我們必須知道，劉邦出生在一個什麼樣的時代，在那個時代發生過什麼樣的事情。正是這個特定的時代背景與相關事件，以及劉邦對自己生活背景及事件的認知，才構成了他這個人。

一個人的經歷就是這個人本身。這條規律，對劉邦來說應該也不例外。

那麼劉邦，他出生在哪一年呢？

有關劉邦的出生之年，至少存在著兩個不同的說法，一個稱他出生在西元前二五六年；另一個則認為他出生在西元前二四七年。但劉邦死在西元前一九五年，這一點是沒有爭議的。

如果劉邦出生在西元前二五六年，那麼他活了六十二歲（本書中涉及的人物年齡均指虛歲）。如果他出生在西元前二四七年，那麼他活了五十三歲。弄清楚這個問題非常重要，因為假設劉邦的年齡是後者，那麼，楚漢相爭時期，與年輕項羽（生於西元前二三二年）對峙的，就是一個老頭劉邦；而假設劉邦的年齡是前者，與項羽對峙的，則是一個更老的老頭。無論是老頭還是老老頭，這都將顛覆我們過去的認知。

目前看來，有關劉邦出生在西元前二四七年的說法，明顯居於劣勢，只有兩個文本採用，《資治通鑑》胡三省注和日本人瀧川資言先生的《史記會注考證》，都採用了這一說法。尤其是瀧川資言的《史記會注考證》一書，集歷代注釋及考注，在其問世七十餘年後，仍無人能出其右，至今仍是國際史學研究的最高權威文本，為史家研究必讀之書。所以此書的疏注，也就不容小覷。

但國內更多史書是採用第一種說法，認為劉邦出生在西元前二五六年。根據《史記・集解》徐廣曰：「高祖時年四十八。」這個「時年」是指秦二世元年，即西元前二〇九年。由此往前推四十八年，則劉邦當生於西元前二五六年。國內史學權威陳隆予所著《劉邦與大漢基業》也採取了這一說法。

藉由對劉邦的觀察，一是劉邦家人的年齡，二是劉邦所經歷的史事，諸多事件相互比對，認為劉邦生於西元前二五六年較為合理，而如果他出生在西元前二四七年，則許多事件的細節就無法對上。

比如說，《史記．高祖本紀》中記載：「（劉邦）及壯，試為吏，為泗水亭長。」而《禮記．曲禮上》曰：「三十曰壯，有室。」也就是說劉邦三十歲時才試為吏。三十歲以後，才有機會擔任亭長職務。

但是，亭長這個奇特的官職，是在秦國滅楚國、設立楚郡之後才有的。而劉邦最初是楚國人，楚國滅亡才被秦朝任命為亭長。他在出任亭長之後，還發生過許多事件。如果他出生在西元前二四七年，秦始皇一統天下時劉邦才剛剛二十五歲，還未「及壯」，等到及壯出任亭長再經歷諸多史事，時間上明顯不合。而如果他想要有充足的時間，完成自己的人生成長經歷，那麼他非得早一點「及壯」，早一點出生，早一點做亭長，才能夠湊齊他的人生。

所以，就劉邦出任亭長以來的經歷來說，稱他出生在西元前二四七年的說法明顯站不住腳。他只能出生在西元前二五六年，早幾年或遲幾年，問題都不大，但如果遲到西元前二四七年，就來不及了。

一旦確定了劉邦的出生年代，就能找到他的同齡人：

秦始皇（生於西元前二五九年）。

秦始皇只比劉邦早出生三年，他們是同世代的人。

人生從四十八歲開始

秦始皇只比劉邦大三歲，這意味著一件極可怕的事：

劉邦的前半輩子，肯定要廢了。

一點都沒錯，秦始皇這一生，太驚心動魄、光彩奪目了。他的出生就是一個巨大的謎，衛地大商人呂不韋，與當時在趙國都城邯鄲的秦國人質異人，達成了祕密交易，千金市國。由他出資扶助異人歸國並成為太子，而後雙方共同分享秦國這塊巨大的蛋糕。再之後呂不韋送給異人一名神祕女子趙姬，她替異人生下了一個孩子，當時的名字叫趙政。

就在小趙政九個月的時候，秦趙兩國大交兵，三年後異人逃回秦國，而趙國則開始追殺趙姬趙政母子。理論上來說，這對母子的存活率極低，但他們還是頑強地活了下來。小趙政逃亡到四歲，劉邦出生。小趙政一直逃亡到九歲，秦趙兩國恢復邦交，他才和母親趙姬回到秦國，並改名嬴政。

這就是嬴政生母趙姬的神祕由來。司馬遷作《史記》，先說趙姬是一名歌女舞姬，所以才能夠隨意贈送予人，隨後他又改口，稱趙姬實際上是趙國富豪家的女兒。後面這個說法能夠解釋她何以在邯鄲城中躲藏九年而安然無恙，卻與前面的說法相互矛盾。很難想像，富豪之家會允許別人把自己的女兒視同貨物，隨意送人。

有關嬴政的身世之謎，不唯是趙姬的身分，諸多懸疑構成了嬴政這個人，讓他注定成為歷史的主角。

一年後，十歲的小嬴政成為秦國太子。十三歲那年，小嬴政父親去世，於是小嬴政成為了秦王。不過是短短的四年時間，他就從一名小逃犯，轉型為最強大戰爭機器的擁有者，這種轉變必將對他的心理造成強力衝擊。

二十二歲那年，秦王嬴政親政，二十三歲那年，秦國開始推行六國滅亡計畫。這個計畫從秦王嬴政二十四歲那年開始，九年滅趙，兼以併韓，三年滅楚，兼以吞魏，其後摧枯拉朽，犁庭掃穴，盡收燕齊於囊中。西元前二二一年，秦王嬴政三十九歲，天下一統，始皇稱尊。秦王嬴政自號始皇帝，迎來了中國第一個中央集權王朝。

在這個過程中，幾乎每一年，都有驚天動地的大事件發生。每一件都對劉邦的人生構成決定性影響。這些事件包括信陵君竊符救趙、千古第一刺客荊軻刺秦王等。對於劉邦來說，最重大的事件莫過於西元前二二三年。這一年秦王嬴政滅楚國，改設楚郡。當時劉邦已經三十四歲了，他所生活的沛縣，就是楚國的疆土。而從此，他淪為了亡國之民。

可以確信的是，平民出身的劉邦，對於國家滅亡是無能為力的。秦始皇駕馭著當時最強大的暴力機器，無人能夠與之抗衡。

此後就是秦始皇長達十二年之久的統治期，這時候的秦始皇，有若一個體型龐大的巨人，把他的屁股死死地壓在劉邦臉上。在秦始皇面前，無人能夠抗拒，劉邦所能做的，無非是截長補短地越軌犯罪，試圖向這個世界證明他曾經存在。但他的努力，與籠罩在秦始皇身上的巨大光環相比，形同於無，甚至可以說完全不存在。

到了秦始皇五十歲那年，他很成功地自己找死，為比他小三歲的劉邦創造出了足夠的空間。

但由於秦始皇的權力無遠弗屆，出於對長生不老的渴望，死亡於他而言成為了禁忌。所以他的死亡被掩蓋，被雪藏。巨大的權力真空，為秦始皇最小的兒子胡亥及宦官趙高所填補。胡亥充分運用了秦始皇打造的權力體制，殺死了自己的十七個哥哥，十個姐妹被車裂而死。

秦二世誅殺自己的十七個哥哥，或可用爭奪權力來解釋。但將自己的姐妹用殘酷的車裂刑法處死，就讓人有些難以理解了。他和自己的姐妹們，有這麼大的血仇嗎？

如果秦二世的行為符合理性，能夠為人所理解，那麼劉邦仍然不會有機會。正因為秦二世倒行逆施，自毀帝國，才讓劉邦的餘生釋放出巨大的能量。

然而，當時四十七歲的劉邦，正逃亡於芒碭山之中，根本不知道秦始皇已經死了——在秦始皇返回秦國，成為太子之前，他也同樣經歷了一段漫長恐怖的逃亡，在這裡，逃亡具有重大的象徵意義。

劉邦及秦始皇，這兩個帝王都在他們的逃亡生涯中，經歷血與火的艱苦磨礪，養成了強大的抗壓能力及觀察智慧。缺少了這兩樣東西，不要說帝王基業，縱然是小小的工作，都有點不太可靠。

由於兩個帝王的出生時日太過接近，導致劉邦人生的前四十七年，完全被秦始皇的光環所湮沒。劉邦的人生，只能從四十八歲開始。

這個年齡，對任何人來說都有點太晚了。對劉邦也不例外。

但是劉邦充分利用了他的餘生。從四十八歲開始，由於壓在他生命中的秦始皇這塊巨石不復存在，他所有的人生經驗及智慧累積，突然間噴薄而出。而比他整整小了二十四歲的項羽，成為他人生奮鬥旅程中最有價值的玩具。

老爹大比拚

理論上來說，劉邦在出生這件事情上，是拚不過秦始皇的。

雖然兩人同為帝王，年齡只差三歲，但因為秦始皇所擁有的皇家血統，以及他的生母趙姬與呂不韋及丈夫異人之間的曖昧三角關係，充滿了讓後人狂噴鼻血的懸疑，這就足以讓秦始皇出盡風頭，獨領風騷。

相比之下，劉邦的父親不過是江蘇沛縣的富裕人家，家中之所以未曾受到戰爭衝擊，只是因為沛縣在楚國，而秦國欲攻楚國，必須先拔除趙國與魏國。這使得楚國居於戰爭的大後方，劉邦甚至連戰場都沒有上過——不唯劉邦是楚國人，陳勝、吳廣、項羽及英布，這些推翻暴秦天下的豪傑，統統是楚國人。史稱楚雖三戶能亡秦，但實際上，這是因為楚國受到的戰爭傷害最輕，人才資源最為富足，所以才能厚積薄發，後發制人，一舉把大秦帝國掀了個四腳朝天。

戰爭大後方，風平浪靜，世外桃源，劉邦的出生無論如何也沒法跟秦始皇相比。劉邦顯然意識到了這個缺陷，而且他也曾努力試圖加以彌補。

高祖，沛豐邑中陽里人，姓劉氏，字季，父曰太公，母曰劉媼。其先劉媼嘗息大澤之坡，夢與神遇，是時雷電晦冥，太公往視，則見蛟龍於其上。已而有身，遂產高祖。（《史記．高祖本紀》）

此前的史學家，看到這一段，都會半天無語，半天後繼續無語。蓋因這段記載太不正經了，明顯帶有一百二十萬分的亂來，和三百六十度全方位惡搞。

這段文字如果翻譯成白話文是：

高祖，沛豐邑中陽里人，姓劉，叫小四兒。父親叫劉老漢，母親叫劉老太婆。有一年，劉老太婆在大澤的山坡上睡著了，夢到神仙向她求愛。於是天地之間電閃雷鳴，風雨大作，劉老漢急忙出門去找老伴，驚見一條蛟龍趴在劉老太婆身上。過了一會兒，蛟龍提著褲子施施然離開，劉老太婆就有了身孕，生下個孩子，就是開創大漢基業的劉邦啦。

這段文字，很黃很暴力，讓人愕然傻眼，澈底喪失語言能力。

最先喪失語言能力的，是劉邦的後人。對於這段記載，他們不敢否認，否認了就意味著劉邦是普通凡人，劉氏皇族不是什麼天子龍種。這種觀念的傳布不利於統一思想，統一輿論。所以漢室皇家對此，是絕不可能否認的。但要他們承認這事，還不如宰了他們更好些，蓋因這段文字，罵人有點離譜了。

然後史學家也集體失語，後來有史學大家徐經，很生氣地說：「自古帝王受命而興，必徵引符瑞以表其靈異，而讖緯之說，由此興焉。余謂此皆太史公不能裁之以義，而荒誕不經，遂有以致之。」

這段話的意思是說，宣稱劉邦是龍種，只是個象徵性的說法，是一個宣傳策略。而太史公司馬遷，卻故意裝傻，讓傳說中的象徵筆法落實，結果搞出來這麼個怪記載。

那麼，劉邦和劉太公之間，到底有沒有血緣關係呢？

這件事就跟秦始皇的父親究竟是哪一個一樣，需要的並不是答案，而是永恆的追問。事實上，古來開國帝王，無一不是造勢炒作的高手，有點小事他們能炒翻天，沒事創造點小事繼續炒翻天。再加上史學家推波助瀾，許多原本再正常不過的事情，就變得神祕起來。

總之，這段記載，不過是劉邦在和秦始皇比拚誰家的爹和人類的距離最遠。

秦始皇的爹，介於呂不韋和異人兩個男人之間，這種爹之不確定性及模糊性，吸引了世世代代史家的眼光。而劉邦之爹卻是打破常規，不走尋常路線，直指兩棲爬蟲類去了。兩相比較，劉邦在這場宣傳戰中，贏得了爹與人類的最遠距離，爬得最遠，最終勝出。

劉邦的游俠時代

儘管在出生這件事上搞得神神怪怪，但劉邦甫一出生，仍然是個正常的嬰兒，沒聽說有什麼電閃雷鳴的怪事。

而且，豐邑人盧綰是和劉邦同年同月同日出生的。就算當時天地之間真的發生什麼異事，此事到底應該由誰負責，還是兩可之說。總之，兩人同一天出生，而且劉邦父親和盧綰父親又是交情極好的朋友，鄉人帶著酒和羊趕來祝賀，一切都顯得很正常。

但等到劉邦稍微長得大一點，麻煩事就來了。

史書上說，劉邦兒童時期，和盧綰一起讀書，但他對書本缺乏興趣。稍微長大了一點，又好吃懶做，不願意幹農活。父親劉老漢說他無賴——無賴的意思，就是說劉邦身無長技，無所依賴。

從劉太公對兒子的評價來看，劉家是極懂教育的，知道男子漢立身處世，必須要有所依靠。這個教育理念說起來簡單，但即使是在文明倡行的現代社會，仍然有許多家庭不懂，或是不知道應該如何把這種人生觀念灌輸給後人。而在兩千多年前的楚國沛縣，劉家卻能夠以此觀念教育兒子，由此可知，劉太公是個了不起的教育家，他那實用的家庭教育理念，使得劉邦在見識與觀念上，都遠遠高過他的同代人。

但也或許，劉太公的評價只是隨口一說。因為劉邦成年後的表現，實在有點讓劉老頭提不起精神來。

劉邦成年後的沛縣，也是一個完整的社會體系，有官府，有百姓，有上流社會，也有黑道兄弟，總之是形形色色的人物俱全。

沛縣上流社會人士的代表，大概算是雍齒了。此人為沛縣世族，在當地算是頗為體面。而道上的兄弟，則以王陵為首。劉邦長大成人後，就給王陵當了報馬仔，這件事，司馬遷作《史記》時，不好直接寫在〈高祖本紀〉裡，而是將這個細節藏到了易於被人忽視的地方：

王陵者，故沛人，始為縣豪。高祖微時，兄事陵。陵少文，任氣，好直言。（《史記．陳丞相世家第二十六》）

推敲起來，劉邦跟在王陵屁股後面混，應該是他三十歲之前的事。要知道，少年是充滿了夢幻與憧憬的季節，又冷又酷的黑道老大，對劉邦這種領袖型人物，有著致命的吸引力。但男人過了三十歲，心智漸然成熟，已經失去對江湖大佬的崇拜之心，而開始尋求自己的事業機會。

不過，適合劉邦的事業機會又是什麼呢？

三十二至三十四歲之間，劉邦曾經出過遠門，前往魏國故地外黃縣拜見魏國舊貴族張耳。

秦之滅大梁也，張耳家外黃。高祖為布衣時，嘗數從張耳遊，客數月。（《史記．張耳陳餘列傳第二十九》）

張耳是中國歷史的傳奇，更曾在傳奇之中的傳奇，戰國四大公子之一的魏國信陵君門下為門客。信陵君竊符救趙的故事，在當地應該是廣為流傳。而且信陵君威信之大，影響之深，是秦帝國極為忌憚的厲害人物。為了除掉信陵君，秦始皇派人攜萬金潛入魏國，游說魏王收回信陵君的兵權。魏王中計，疑忌信陵君，導致信陵君沉湎酒色而死。信陵君死了，魏國也就自動除名了。

信陵君在世之時，手下門客眾多，其中頗有奇人異士。劉邦顯然很仰慕這種拉風的游俠歲月，就跑到張耳的門下，做張耳的門客，時間長達幾個月。

劉邦應該是三十二歲以後去的。史書說得明白，劉邦是在魏國被秦國滅了之後，才跑到外黃去張耳處的。秦滅魏時，劉邦恰好三十二歲，但應該是三十四歲之後就逃回了家鄉沛縣。

因為到了劉邦三十四歲，秦始皇一統中國，開始搜殺各國有名望的人士，張耳和他的老搭檔陳餘名望太高，不幸中標，秦始皇出高價懸賞兩人的首級。於是兩人逃到了陳縣，躲在官衙裡做看門人。這時候的張耳隱姓埋名，逃避追殺，當然不可能再帶著劉邦了。

《韓非子》說：「儒以文亂法，俠以武犯禁。」劉邦不喜讀書，但喜愛游俠，這就必然要以武犯禁。犯法的事，總是要做上一兩樁的。所以，在劉邦的履歷上，至少有兩次犯法的記載。

廚房大偵探劉邦

劉邦曾有過兩次犯法的前科，如果加上他棄職逃入芒碭山，那麼至少三次犯罪，算得上是慣犯了。

劉邦第一次犯法，應該在三十四歲以後，雖然史書上沒有說他到底犯了什麼事，但從當時的情形來看，應該是他取代粗魯不文的王陵成為沛縣黑社會老大之後的事情。

王陵起初是沛縣的黑幫老大，但不知什麼時候，他把黑幫堂口搬到了南陽。老大搬走了，沛縣的地下祕密結社就出現了權力真空，劉邦乘隙而入，取而代之。這應該是一次和平的權力移交，因為無證據顯示當時有衝突發生。而且，不久之後，在南陽，包括在楚漢戰場上，劉邦都曾經與王陵友好合作。這就證明了劉邦在沛縣取代王陵的合法性。

劉邦取代王陵，成為沛縣老大的相關證據資料，見於《史記．楚元王世家第二十》之中：

高祖兄弟四人，長兄伯，次仲，伯蚤卒。始高祖微時，嘗辟事，時時與賓客過巨嫂食。嫂厭叔，叔與客來，嫂詳為羹盡，櫟釜，賓客以故去。已而視釜中尚有羹，高祖由此怨其嫂。及高祖為帝，封昆弟，而伯子獨不得封。太上皇以為言，高祖曰：某非忘封之也，為其母不長者耳。於是乃封其子信為羹頡侯。而王次兄仲於代。

在這裡，逃避法律追究的劉邦，身邊帶著「賓客」。所謂的賓客，是指和劉邦同年同月同日出生的盧綰及其他人等。在《史記．韓王信盧綰列傳第三十三》中，說得明明白白，劉邦還是個平民的時候，因為吃官司跑路，盧綰經常跟著劉邦進進出出——高祖為布衣時，有吏事辟匿，盧綰常隨出入上下。

出入上下？在什麼地方出入上下？

在劉邦的大嫂家裡出入上下。

賓客這個詞，不過是給劉邦留面子，說得好聽些罷了。劉邦畢竟不是信陵君，在當時連張耳的名氣都達不到。不過是一介草民，玩什麼賓客呢，他養得起嗎？

劉邦養不起，於是就讓他大嫂來養。

劉邦的大哥叫劉伯，就是劉老大的意思。劉老大早年就死了，留下劉大嫂帶著兩個兒子，艱難度日。因為丈夫早死，劉大嫂與公公家裡的關係，必然會有些疏遠。劉邦潛逃，官府緝捕，未必會注意到這裡。於是大嫂家就成了官方捕探的盲點，劉邦經常帶著盧綰等一群人，去大嫂家裡白吃。

可憐劉大嫂一個女人，治家不易。劉邦這夥人又都是食量超大的壯年漢子，三吃兩吃，吃得劉大嫂頂不住了，就假裝羹湯已經吃完，用勺子刮鍋，發出清脆的聲響，暗示這夥吃貨另找地方。

沒想到，劉邦其為人也，極為精明。他的人生信條是：要想知道梨子的滋味，就得親口嘗一嘗；要想知道廚房有沒有剩飯，就得掀開鍋蓋看一看。在聽到大嫂以勺刮鍋的聲音後，漢高祖劉邦親臨現場，進入廚房勘查。發現鍋裡還有羹湯，劉邦怒從心頭起，惡向膽邊生，從此不肯原諒大嫂。

有飯不給吃，傷他自尊了。

這件小事，劉邦牢記了一輩子。等到他登基做了皇帝，故意大封三親六眷，單單不封大哥的兒子。因為他把事情做得很難看，劉太公沒辦法，只好出面替自己的孫子求情，要求劉邦加封。劉邦說：不是我不想封他，要怪他娘不給我羹湯喝。

最後劉邦給大嫂的大兒子一個侮辱性的封號：羹頡侯。

從這件事情上來看，劉邦晚年的奮鬥，打拚當上皇帝，其實就是為了一口剩飯。

隱密的權力衝突

劉邦第二次犯罪是在他當上了泗水亭長之後。

亭長這個奇怪的職位，始於戰國，是在國與國的交界地方設亭長，以防禦敵人侵擾。秦始皇將這種軍備武裝擴展到內地，將其職能從對外防禦，轉型為對內治理。在劉邦的時代是，每十里設一亭，置亭長一人，主掌治安、訴訟，兼管停留旅客，治理民事，調解糾紛，緝拿逃犯等職責。亭長職務與現代的派出所所長極為類似。

讓一個逃犯來當員警，也稱得上人盡其才了。只有做過逃犯的人，才知道其他犯人的行為和心理，才能夠對症下藥去抓捕，這大概是劉邦成為亭長的理由吧。

當上亭長之後，劉邦就搭上了好差事——被派到咸陽服徭役。當時被派去咸陽服徭役，大概類似於現在的地方政府幹部去首府進修，都是加強教育，統一思想，目的沒兩樣。

不過，大秦帝國的幹部福利，遠不如現代社會來得優渥。現代社會的政府幹部，吃穿住行統統由納稅人包了，而秦帝國時代的幹部沒這麼幸福，連車馬費都要自己想辦法籌措，到了當地還得義務勞動，總之很悲情。

所以當時的規矩是，一人赴咸陽，大家來湊錢。劉邦的車馬費，就由縣吏們湊出來。當時縣吏每人資助三百錢，唯獨蕭何資助五百錢。

高祖為布衣時，何數以吏事護高祖。高祖為亭長，常左右之。高祖以吏繇咸陽，吏皆送奉錢三，何獨以五。（《史記．蕭相國世家第二十三》）

蕭何是沛縣的功曹，屬於有聲望的領導階層。他比劉邦大一歲，卻對劉邦高看幾眼。看看這裡的記載，「高祖為布衣時，何數以吏事護高祖」——劉邦還沒任官方職務的時候，蕭何數次利用自己官吏的身分，保護劉邦。可知這劉邦是何等讓人不省心，他似乎對犯法一類的事，情有獨鍾。

於是，沛縣犯罪界人士劉邦，就在咸陽城裡，遇到了正在出巡的秦始皇。看到秦始皇的排場，劉邦脫口說道：「大丈夫當如是也。」

劉邦口中的大丈夫，是指領袖型的人物，叱吒風雲，指點江山。要成為這種人，就必須具備社會資源調度能力，說白了就是組織建設與管理能力。具體來說就是，劉邦具有點石成金，讓平庸者在他的團隊裡大放光彩的人才組合能力。沛縣許多有頭有臉的人，功曹蕭何、獄椽曹參，都是因為看中了劉邦所具備的這個能力，心甘情願追隨他。

除了蕭何曹參，當地還有一名重要幹部，也成了劉邦的追隨者，並為此付出了最為慘烈的代價。

汝陰侯夏侯嬰，沛人也。為沛廄司御。每送使客還，過沛泗上亭，與高祖語，未嘗不移日也。嬰已而試補縣吏，與高祖相愛。高祖戲而傷嬰，人有告高祖。高祖時為亭長，重坐傷人，告故不傷嬰，嬰證之。後獄覆，嬰坐高祖系歲餘，掠笞數百，終以是脫高祖。（《史記．樊酈滕灌列傳第三十五》）

這一段記載極是搞笑。說的是劉邦的老鄉，沛縣的當地人夏侯嬰，他在縣衙的馬房裡任司御。這個職務就是《西遊記》裡的弼馬溫，放在現代社會相當於縣委公務車管理辦公室的主任，專職服務長官，很有派頭的。

所以夏侯嬰的工作，主要就是經常開著寶馬車送客人出沛縣。每次出車，他都會來到泗水亭，和正在值班的劉邦閒嗑牙。經常一聊就是一整天，日子過得極是逍遙悠閒。

夏侯嬰混得還算可以，很快從司機調整到了更重要的工作崗位——試補縣吏。這就意味著，夏侯嬰要從公立組織，轉為政府機關的正式員工了。這時候劉邦就跟夏侯嬰鬧著玩，大概是玩摔跤之類的把戲，又或是比劍習武，把夏侯嬰給弄傷了。

弄傷了也沒什麼關係，大家都是朋友嘛，大不了劉邦出點醫藥費，再多道歉幾聲，也就沒事了。但麻煩的是，有人揭發舉報了這件事。

大秦法律：為官傷人，罪加一等。

官方啟動司法程式，重查亭長劉季（劉邦沒有名字，就叫劉季，劉邦是當了皇帝之後，臨時取的名字）傷人罪。這時候劉邦要出他的習慣招數，睜眼說瞎話，堅決說沒有弄傷夏侯嬰。

夏侯嬰也親自作證，說自己不是劉邦弄傷的。

這下子問題嚴重了，你夏侯嬰既然不是劉邦弄傷的，那又是誰弄傷的？還有，不是劉邦弄傷你，怎麼別人會舉報你們呢？

夏侯嬰的偽證，導致了劉邦脫袍換位。劉邦從牢房裡出來了，夏侯嬰進去了。

這應該是沛縣的一起大案，夏侯嬰在大牢裡蹲了一年多，挨了幾百板子。可是他咬緊牙關，抵死不招，最終讓這起案子成了爛尾案。

讓人難以理解的是，就這麼一點小事，夏侯嬰竟然入獄一年之久，挨幾百大板。這說明了一件很嚴重的事情：劉邦與當時沛縣的縣令之間，存在著激烈的衝突。

意外愛情事故

從當地官方死揪住夏侯嬰一案不放，夏侯嬰不承認是劉邦打傷了他，竟然入獄一年多，被打了數百大板，可見官方澈查此案的決心是多麼堅強，搞死劉邦的心情又是多麼急切。史書沒有記載雙方結怨的是非經過，但衝突的過程，卻刻畫得極為詳細：

及壯，試為吏，為泗水亭長，廷中吏無所不狎侮。（《史記・高祖本紀》）

原來如此！

單看這一句，「廷中吏無所不狎侮」，就知道劉邦在當時的氣焰，是多麼囂張。他自從當上了泗水亭長，鼻孔一下子就朝著天上了，從此認認真真、腳踏實地地找各級公務人員的麻煩，狎戲侮辱，無所不及。

劉邦為什麼要這麼做呢？

這其中有個緣故，縣令及縣衙負責的是當地政務工作，而劉邦負責的是當地警務治安工作，這是兩套並行運作的權力體系，目的就是為了保障上層的權力控制，使其相互制約，相互爭鬥，上位者的屁股才能坐穩。

所以在劉邦與縣令之間，存在著隱性的權力衝突。這種衝突的本質，就是利益的對抗。劉邦這個泗水亭長，因為處於執法者的位置，有著巨大的隱性利益，縣令不可能不把手伸過來——縣衙那邊，有蕭何曹參等人追隨劉邦，這就意味著劉邦的手已經伸進了縣令的被窩裡。

手莫伸，伸手必被捉。

劉邦與夏侯嬰嬉戲之事，之所以弄到如此嚴重，不過是因為劉邦把他的大手，伸進了縣令的被窩，刺激到了縣令的敏感部位，引發了縣府保守勢力的強烈對抗，想借夏侯嬰之案，打掉劉邦勢力而已。

也難怪人家縣令要打掉劉邦，自從當上亭長以來，劉邦的表現越發不堪，甚至可以說是到了齷齪的地步。資料顯示，當地群眾反映最激烈的有兩件事：一是劉邦吃霸王餐，白吃白喝不付錢；二是道德敗壞，包二奶養情人，弄得沛縣官場烏煙瘴氣。

先來看劉邦白吃白喝的惡劣行為：

好酒及色。常從王媼、武負貰酒，醉臥，武負、王媼見其上常有龍，怪之。高祖每酤留飲，酒讎數倍。及見怪，歲竟，此兩家常折券棄責。（《史記．高祖本紀》）

這是來自正史的強烈控訴。劉邦當上了亭長之後，經常去王婆婆和武負兩家的酒館，到了酒館把桌子一拍，要酒要肉，卻從來不付帳。兩家酒館不敢追債，到了年底把帳勾銷。雖然書上稱兩家酒店老闆勾銷帳目的原因，是看到劉邦其上常有龍。但這話鬼才相信，不過是兩家酒店背地裡罵劉邦而已。

劉邦為什麼要吃霸王餐、不埋單付帳呢？他真的那麼缺錢嗎？缺錢只是一個原因，從劉邦與大嫂之間的衝突來看，他的性格極度自我，儼然以為自己是天下的中心。碰上他的女人，從大嫂到開酒館的老婆婆，無一例外只能被他剝削，無私奉獻，卻不能對他有任何要求或指望。

劉大嫂和開酒館的老婆婆，為劉邦付出的還算少，比較多的是當地一個姓曹的女子：

齊悼惠王劉肥者，高祖長庶男也。其母外婦也，曰曹氏。（《史記・齊悼惠王世家第二十二》）

原來，劉邦年齡老大卻仍是單身，並不意味著他的情感生活一片荒涼。一個曹姓女子成為了他的情人，還替他生下了大兒子劉肥。考慮到劉邦當時的處境、經濟條件和不斷犯法逃亡的經歷，不難想像在這起意外的愛情事故中，曹姓女子不可能從劉邦那裡獲得絲毫安慰。於這段感情她只有付出，付出，繼續付出。

如果有機會詢問曹氏女：妳和這個男人在一起，他甚至不想對妳負責，不想娶妳，連撫養兒子的義務都不肯盡。妳所得到的唯有一顆破碎的心，和不斷的付出，付出，再付出，難道這就是妳所渴望的愛情嗎？

聽了這個問題，曹氏女一定會露出欣慰的笑容，回答：「說到付出，我還算是幸運的了，最多不過是自己撫養兒子罷了。」

可是劉邦的老婆，更悲慘。

她從劉邦那裡獲得的愛情禮物，你想都不敢想像。

呂后婚姻之謎

劉邦和呂雉這對夫妻，從頭到腳，都透著奇怪的味道，處處都不對勁。

首先，兩人年齡差距比較大，劉邦生於西元前二五六年，呂雉生於西元前二四一年，相差了整整十五歲。

其次，兩人結婚的年齡大大不對勁，兩人於西元前二一四年結婚，這一年，劉邦已經四十三歲了，呂雉則二十八歲。

二十八歲的大姑娘，在那個時代堪稱大齡剩女了，呂雉怎麼會被剩下呢？

有人無法理解這一點，就強行讓兩人提前十年結了婚，聲稱劉邦在他三十三歲那年，娶了貌美如花的十八歲少女呂雉。這樣一來，三十三歲的成年男子，和十八歲的青春少女，就成了美麗的愛情組合，避免了解釋呂雉之所以晚婚的原因——有關這樣的記載，如今已經大行其道，在所多有。

但實際上，說呂雉十八歲嫁給劉邦，是沒有依據的。能夠推斷兩人結婚年齡的有力證據，就是呂雉替劉邦生的兩個孩子：魯元公主和孝惠帝。其中孝惠帝生於西元前二一一年，這一年劉邦四十六歲，而呂雉則是三十一歲。

而魯元公主的年齡與孝惠帝接近，前後差不了兩三歲。

假如呂雉是十八歲嫁給劉邦，很難想像這對夫妻十多年來無聲無息，十年後卻突然急起直追，一口氣生下一雙兒女。更何況，陳華新先生所著《中國歷代后妃大觀》一書中，說得明明白白：呂雉的父親呂公，是在西元前二一四年，為了躲避仇家才搬到了沛縣，並在當年把呂雉嫁給了劉邦。這麼推算起來，呂雉應該是在結婚的當年，生下了魯元公主，又隔了三年，生下了孝惠帝。

如此說起來，劉邦四十三歲娶妻，呂雉二十八歲出嫁，是不是兩個晚婚者的無奈選擇呢？

但看兩人當時結婚的情形，好像也不是：

> 單父人呂公善沛令，避仇從之客，因家沛焉。沛中豪桀吏聞令有重客，皆往賀。蕭何為主吏，主進，令諸大夫曰：「進不滿千錢，坐之堂下。」高祖為亭長，素易諸吏，乃紿為謁曰「賀錢萬」，實不持一錢。謁入，呂公大驚，起，迎之門。呂公者，好相人，見高祖狀貌，因重敬之，引入坐。蕭何曰：「劉季固多大言，少成事。」高祖因狎侮諸客，遂坐上座，無所詘。酒闌，呂公因目固留高祖。高祖竟酒，後。呂公曰：「臣少好相人，相人多矣，無如季相，原季自愛。臣有息女，原為季箕帚妾。」酒罷，呂媼怒呂公曰：「公始常欲奇此女，與貴人。沛令善公，求之不與，何自妄許與劉季？」呂公曰：「此非兒女子所知也。」卒與劉季。呂公女乃呂后也，生孝惠帝、魯元公主。（《史記．高祖本紀》）

這段記載，極其不可思議且唐突，細說起來讓人難以置信。

其中說的是單父人呂公，他是呂雉的父親。他與沛縣的縣令私交很好，又因為在單父與人結仇，就舉家搬到了沛縣。自從呂公搬來之後，縣令就表達了占有老朋友女兒呂雉的強烈欲望。

沛縣的縣令想得到呂雉。

這個要求，被呂公毫不猶豫地拒絕了，「沛令善公，求之不與」。

儘管沛縣的縣令想要得到呂雉的願望，被呂公斷然回絕，但呂公因其與沛縣縣令的私交，仍被當地人視為重要人物，於是紛紛登門送禮，拉關係套交情。而縣衙的功曹蕭何，則跑來自願擔任司儀，記錄每個人送禮多少。這個職務很適合他，因為功曹就是在縣府中主管考核紀錄的。當時席上的規矩是，送禮錢多的，可以坐上座；送禮錢少的，只能坐在下首。呂公看人下菜碟，看錢說話，童叟無欺，言不二價，不服氣你就多送錢來。

劉邦就在這時候來到了。他「素易諸吏」，就是說他平時就瞧不起縣中的官吏。再考慮到他對廷中吏無不狎侮，以及當地把夏侯嬰關在獄中長達一年，打了幾百大板，非要整出不利於劉邦的證據等事件，都表明劉邦與縣令之間的隱性衝突，早已是公開化、白熱化了。

正所謂廟小妖風大，池淺王八多，小小的沛縣，權力鬥爭竟然如此激烈。

夏侯嬰是劉邦的朋友，所以縣令才不肯放過他。同樣的，現在呂公是縣令的朋友，那麼劉邦能夠跟他客氣嗎？

這個場合劉邦是一定要來踢館的。

不踢沒天理！

劉邦來到之後，就報出禮金一萬錢的驚人數目。

其實他一文錢也不想掏，他就是來鬧事的。

但是沒想到，呂公為人極是精明，一聽就知道有問題，急忙親迎出來，並請劉邦入上座。蕭何在一邊故意說：劉季這人，就是會吹牛，沒什麼本事。

蕭何這麼說，是要撇清自己與劉邦的關係，因為他還要在縣衙幹下去，不能公開得罪縣令。他表面上是縣令的人，實際上是劉邦的人。這是處於檯面上權力鬥爭的職場員工的必然選擇，你誰也不要得罪，畢竟亭長劉邦與縣令之間的勾心鬥角，與別人沒關係。

於是劉邦落座，「因狎侮諸客，遂坐上座，無所詘」，他公開侮辱了縣令的親信死黨之後，大剌剌地坐在貴賓座上，吃喝起來。有他在，這頓酒沒法喝，於是諸座之人紛紛離開，「呂公因目固留高祖」，呂公卻以目示意劉邦留下來。

請注意，呂公以目示意劉邦留下來。此類文字，在文學作品中多有所見，所謂交換眼色、察言觀色等等。但在現實生活中，真正能夠以眼光交流的人，少之又少。能用眼睛說話，同時也能讀懂別人眼神的意思，這是EQ極高的人才具有的能力。現實生活中高EQ人士極少，絕大多數人，活一輩子也不會用眼睛說話，更不會瞧別人的眼神。而劉邦和呂公，兩人居然都有這種能力，可以確信，他們雙方一下子就認出了彼此。

高EQ的人善於處理人際關係，因為他們一眼就能夠看透對方的心思。所談所言，都能夠切合對方的心境。而EQ低的人則因為無法把握對方的心理活動，經常會犯言多必失、多說多錯的過失。

於是呂公留下劉邦，要求把二十八歲的呂雉嫁給他。

呂公的選擇，引起了妻子的不滿。想來，呂公這一家，呂公和女兒呂雉都是高EQ的人，而呂公的妻子EQ卻比較低。沛縣縣令也肯定是個低EQ的人。正因為呂公看穿了縣令，知道像這種低EQ之人，在歷史大潮之中會死得很慘，所以才會跳到劉邦這條船上。

而呂雉，她肯定知道劉邦不僅在外面有女人，而且連私生子都有了。但是，一個高EQ、可依靠的壞男人，遠比一個低EQ的老實男人更具魅惑力。所以她才會心甘情願地為丈夫生下魯元公主及孝惠帝兩個孩子。

呂雉愛的奉獻，很快就得到了回報——她被老公劉邦送進了監獄，甚至還受到了獄卒的侮辱。

劉邦的白蛇傳

職場變情場，情場成戰場。圍繞著呂雉的愛情爭奪戰，導致沛縣的權力鬥爭，進入了空前白熱化的階段。

縣令原本就和劉邦水火不容，而他志在必得的呂雉，又被劉邦抱得美人歸。再加上呂公的公然背叛，這一切對縣令都是強烈的羞辱。

縣令很生氣，後果很嚴重。

沒有證據表明縣令對劉邦採取了報復行動，但是必然的結果卻到來了——劉邦在押送罪犯前往驪山的路上，棄職逃走了。他說逃就逃，說走就走，沒跟任何人打招呼。

這是劉邦至少第三次犯法了，於是官方發布通緝令，胥吏出動，四處去抓捕劉邦，但是劉邦逃得無影無蹤，於是胥吏就把呂雉捉進了監牢：

任敖者，故沛獄吏。高祖嘗辟吏，吏繫呂后，遇之不謹。任敖素善高祖，怒，擊傷主呂后吏。（《史記·張丞相列傳第三十六》）

這段文字說，任敖這個人，以前曾是沛縣的獄吏，是劉邦手下的小弟。當劉邦再次犯罪潛逃之後，呂雉被胥吏捉進牢中，而且遭到羞辱。眼看老大的女人被羞辱，任敖小弟怒不可遏，當場發作，打傷了羞辱呂雉的小吏。

事情鬧大了，於是蕭何急忙去找縣令，獻了一條妙計。

蕭何說：「劉季不歸案，抓了呂雉也沒什麼用，而且還傷害到你和呂公之間的友情。依我看，不如放了呂雉，她一定會偷偷溜出去找劉季，到時候我們就可以跟在她的後面，把劉季捕獲歸案。」

縣令大喜，就批准了這個抓捕計畫。

沛縣這邊密設羅網，布置圈套，要誘捕逃犯劉邦。可問題是，好端端的，劉邦為什麼突然棄職逃跑呢？

劉邦棄職而逃，是因為他的心理崩潰了，不逃不行了。

非逃不可！

導致劉邦心理崩潰的最大原因，是他對自己人生的思考。

這種思考，應該是在他擔任亭長之後，赴咸陽服徭役之時，就已經開始了。當時劉邦恰好遇到秦始皇車仗出巡。他站在人群中，不無失落地說，唉，看人家，這才是男人，「大丈夫當如是也。」

這個感慨，明智的史家不吭聲，缺心眼的史家則縱情謳歌，稱劉邦素有大志。這個大志真的有，但不過是劉邦目睹了暴力主義的最高境界而已。這時候他意識到，既然要玩狠的，就要玩到最狠。否則的話，你玩來玩去，不過是給狠人墊背，那有什麼好玩的？

沒有最狠，只有更狠。人世間最大的悲哀，莫過於你接受了暴力主義法則，卻發現自己不是最狠的。你明明不狠卻跟人家玩狠，這豈不是很悲催？

要怎麼樣做，才能成為最狠的呢？

我們不知道劉邦是否得出了什麼結論，但從當時及此後的歷史，可以觀察到劉邦的心路歷程。比如說，秦始皇之所以成為最狠的，與他個人的努力關係不大，甚至根本無關。他只是投對了胎，再加上當時諸多風雲變幻、宦海潮翻，幾番顛倒，歷史的巨浪，把秦始皇拋到了秦國這輛精心鍛鑄的強大戰車上。戰車疾駛而過，碾碎了天下人的夢幻。秦始皇只是那個恰好坐在車上的人，即使他不坐在車上，也不會改變這最後的結果。

結論就是：你有多狠，不取決於你的拳頭，而取決於你手中的武器。

拳頭狠不過刀子，刀子狠不過戰車。

劉邦，他需要一輛戰車。

可是秦始皇乘坐的戰車，是經由秦國幾代人鍛鑄而成的。平民背景的劉邦，誰又會替他鍛鑄戰車呢？

日後劉邦的經歷證明，他確實認真思考過這些問題，但在當時，他的內心卻逐漸走向崩潰，再也無力承擔那巨大的負荷。

劉邦四十八歲那年，秦始皇已經退場了，秦二世徵召役夫，修築驪山陵墓。身為泗水亭長的劉邦，負責將沛縣符合條件的罪犯抓起來，押送驪山。但是這些罪犯非常調皮，不聽話，半路上趁劉邦不注意就會逃走。一路行來，逃走的罪犯越來越多。劉邦意識到，如果繼續往驪山走的話，等到達指定地點，也許只剩下他一個人了。

這工作吃力不討好。

劉邦終於發作了，秦始皇這個王八蛋，是怎麼琢磨出這個缺德工作的呢？讓他這個楚國人替秦國抓楚國人，再押送他們去服苦役。楚國人恨他入骨，而秦國卻以罪犯逃走、工作不力為由懲罰他。就因為幹了這個泗水亭長，劉邦從此兩面不是人，這又是何苦？

走到豐西大澤，劉邦停了下來，開始一個人喝悶酒，喝到晚上，他站起來，解開罪犯身上的繩子，說：「算了，你們不是想跑嗎？那就快點跑吧。我劉邦從此也要遠走高飛了，希望我跑得比你們更快。」

大多數罪犯喜出望外，立即四散狂逃。但還有十幾個留了下來，他們說：「老大，你讓我們跑，可我們也沒地方可去。乾脆我們跟著你，你往哪兒跑，我們就跟著你去哪裡。」

可是劉邦也不知道自己該往哪兒跑，只能先喝酒，喝茫了再說。

喝過酒後，大家朝著大澤出發了，反正是要往荒無人煙的地方走，不能讓其他地方的亭長把自己抓住。大家在夜間的草叢小徑上胡亂地走，走著走著，前面的人突然驚叫著跑了回來，報告說：「前方有條大蛇擋在路上，咱們還是換個方向吧。」

劉邦卻是喝得太多了，說：「壯士前行，有進無退，有什麼好害怕的？」

於是劉邦搖搖晃晃走上前，果然看到一條蛇，橫在路當中。劉邦拔出劍來，哧哧一陣砍剁，可憐的蛇，牠以為居於深山大澤就安全了，哪裡知道人這種動物太野蠻，會追到這裡殺了牠？

這一段，就是歷史上有名的漢高祖斬白蛇起義了。

《史記》中記載，劉邦殺了白蛇，繼續前行。後面的人匆匆趕路，忽然聽到一個哭聲，仔細一看，卻是一個老婆婆，坐在荒野裡哭。有人走過去問：「老婆婆，大半夜的妳不洗洗睡覺，在這裡哭什麼？」老婆婆回答：「我的兒子，是白帝子，他剛剛被赤帝子給斬殺了，所以我哭泣。」眾人認為這老婆婆亂說，就要揍她，可是忽然一陣風來，老婆婆消失了，只留下哭聲嫋嫋，縷縷不絕。

有關這段記載，國學大師呂思勉認真嚴肅地做了研究，之後，他抬起頭，對大家說，劉邦瞎掰，牽強又附會，「赤帝子之說，則又因高祖為沛公旗幟皆赤而附會，未必與行序有關。《史記》本紀言旗幟皆赤，由所殺蛇白帝子，殺者赤帝子，疑出後人增篡，非談、遷原文。」

呂思勉大師的意思是，之所以弄出高祖斬白蛇這段，大概或許有可能，估計多半差不多，是因為劉邦手下的人出動時都舉著紅旗，遠遠看去像一條紅線晃動，好似一條大赤蛇，結果就附會出這麼一段美麗的傳說。

此後的劉邦，就落草於芒碭山，做了一名快樂的強盜。

芒碭山在現在的河南永城東北、安徽的碭山之南。恰恰好這個時候，秦始皇死在東巡路上，秦二世等押著屍體，匆匆返回咸陽。劉邦察覺四周動靜異常，堅定不移地認為，這是秦始皇來找他單挑了，就躲藏於山澤岩石之間，不讓任何人找到他。

實際上，秦始皇壓根不知道世界上還有劉邦這麼一隻動物存在。秦始皇是出來尋找長生不老丹的，但丹藥沒有找到，就死在路上。秦二世急著回去屠殺自己的兄弟姐妹，也壓根就不知道還有劉邦這號人物。

以劉邦當時的名號，怎麼可能值得秦始皇親自出手？

但劉邦卻堅信，秦始皇知道他，所以親自登門來挑戰。

劉邦的這種心態，自大多疑，近乎自大狂般的多疑心理，值得深思。

這是歷代帝王共同的特徵，蓋因帝王之業，是一種超越極限的競爭，其殘酷血腥，完全違背了最基本的人性。正常人是玩不來這種殘酷遊戲的，只有自大狂、被害妄想症與疑心病患者，才能夠適應這種殘酷遊戲。

在行將爆發的楚漢對峙之中，劉邦大搞聯合戰線，把項羽家族的許多人都策反為間諜，而劉邦這邊，卻沒有一個項羽的人。正是因為劉邦有疑心病，而項羽卻是正常人。間諜是無法在劉邦身邊立足的，因為他多疑。

疑心病患者劉邦，繼續他的快樂遊戲。《史記》記載，他老婆呂雉衝破牢門，跑到芒碭山來找他，一下就找到了。劉邦問呂雉為什麼總能找到他，呂雉說她是透過觀察天上的雲彩，劉邦的頭上，總有朵彩雲飄呀飄。

這段記載，不需要國學大師出場，我們也知道是瞎掰。所謂劉邦頭上的那朵彩雲，不過是他習慣戴的竹皮大斗笠。而呂后之所以能夠找到他，就更沒什麼希奇之處，其實誰都知道劉邦藏在哪裡，可除了老婆呂雉，別人才懶得去找他，找他幹什麼？他那麼多疑。

就在劉邦和呂雉在芒碭山裡愉快地度蜜月的時候，陳勝吳廣揭竿而起，掀起了推翻暴秦的歷史篇章。

劉邦的機會，終於來臨了。

劉邦的生命，也終於開始了！

第二章 楚國戰隊閃亮登場

庸才不過是擺錯了位置的人才。劉邦是使用人才的第一高手，最善於將人員組合搭配，讓每個追隨他的人都能夠最大限度地發揮個人優勢。縱然是力能拔山的楚霸王，當你面對一支由庸才組成，但每個人的長處都發揮得淋漓盡致的團隊，也只能悲憤別姬，絕望自刎。

爬出簍子的螃蟹

戍卒叫，函谷舉，楚人一炬，可憐焦土。大秦帝國毀滅於楚國戰隊之手。

陳勝吳廣，以及他們手下的兄弟，可謂是第一批出場的楚國選手。他們的出場引爆了已經滅亡的列國諸侯瘋狂追捧。一時間，燕趙韓魏齊等多國選手紛紛登臺亮相，為劉邦和項羽的對決做了一場完美的熱身賽。

陳勝堪稱偉大的人物，他揮拳一搗，就將大秦帝國這密不透風的鐵屋子，生生地搗出一個大窟窿，達到了聲傳九天、名震八荒的效果。他之所以偉大，是因為他恰好統率著一支建制完好的部隊。這支部隊是由罪犯、商人和職業逃兵所組成，有如一架設備完善的戰車，一下子將陳勝的人生推至最高點。

相比陳勝，其他人如劉邦、項羽的叔叔項梁、及彭越等，每個人的能力都遠在陳勝之上。但是他們手下只有零零星星的烏合之眾，沒法跟陳勝手下這支九百人的正規軍相比。

秦始皇之所以成為時代最狠的人，就是因為他駕馭著秦帝國體制的戰車，此車無人可敵，於是秦始皇稱孤道寡。作為帝王，他最擔心的就是民間暴力集團的勢力坐大，不斷實施徭役與改造郡縣體制，就是為了讓民間強悍人士陷入社會關係的博弈之中，無法坐大。

秦始皇的做法很簡單，不過是以民御民，以盜御盜。比如，選擇楚人劉邦為亭長，去抓捕其他楚國強盜。如果劉邦不答應，他就成為主要打擊的目標了。可如果劉邦答應，又會成為豪強的眼中釘——前面說過了，正是這種扭曲的人際關係結構，讓劉邦背負著巨大的心理壓力，最終崩潰了。

心理崩潰，你就是強盜；如果沒崩潰，就只能去抓那些已經崩潰的強盜。如此一來，秦始皇以楚御楚，輕鬆地讓楚國人陷入自相仇恨與殘殺之中，自然就沒有力量挑戰秦始皇了。

這就是秦始皇稱雄天下的祕密，也是天下英雄雖多，卻拿秦始皇沒辦法的原因。所有人都陷於相互制約的人際關係中，如同簍子裡的螃蟹，再英雄的大螃蟹，也被其他螃蟹鉗得死死的，想爬也爬不出去。

但陳勝卻爬出去了。

陳勝之所以成為第一隻爬到簍子外的螃蟹，是因為他的社會地位很低，卻有著超過其地位的社會組織能力。

當時秦廷將這九百名戍卒編成兩個戰鬥單位，每四百五十人為一屯，任命陳勝和吳廣分別為兩屯的屯長。陳勝和吳廣的上面，還有三名尉官，這三名尉官居於組織的最高層，相當於駕馭這輛迷你戰車的人。而陳勝和吳廣就好比拉車的馬，在組織中的作用與劉邦的亭長一樣，發揮彈壓戍卒反抗的功能。

這個編制組合很精美。理論上來說，陳勝和吳廣受組織功能的制約，如果他們不賣力彈壓，就會首先遭到打擊。可如果他們太賣力，又會引起戍卒們的憎恨，半夜裡被人偷偷砍上幾刀，在所難免。

總之，陳勝吳廣所面臨的人際關係制約，與劉邦沒區別。然而劉邦沒有能力突破這層桎梏，結果心理崩潰，丟下扁擔逃入山裡當強盜了。但是陳勝突破了秦國精心打造的人際關係困局，破簍而出，讓他成了歷史上獨一無二的大螃蟹——獨一無二的偉大人物。

最讓劉邦欽佩的，是陳勝吳廣掙脫桎梏的辦法。

事實上，劉邦在逃走之後，就開始有意識地重新編織簍子，神化自己，試圖表明自己是居於簍子之外的螃蟹。而陳勝吳廣卻比劉邦更早想到這點，並成功實踐。

有關陳勝吳廣起事，《史記》中有標準的文本，後來的史書均照抄不誤。大致的過程是，陳勝吳廣這支九百人的戍卒隊伍，行至大澤鄉，道路被水淹沒。史書永遠不會告訴你，這些人不是婦孺老弱，逢山開道、遇水搭橋是他們的本色。道路被水淹沒，難道他們不會搭橋造船嗎？

但這支隊伍還是堅定不移地停了下來，拖延報到日期。然後陳勝吳廣先去找了個算卦術士，按照術士的指點，用朱砂在帛上寫下「陳勝王」三個紅字，並把帛放在魚肚子裡，戍卒買魚回來，剖開魚肚見到朱砂帛，大為驚異。

而後吳廣在夜裡鑽入廢廟，學狐狸叫：「大楚興，陳勝王。」讓聽到的戍卒們，更加驚恐。

這兩個布局完成之後，吳廣就去挑釁監督隊伍的校尉，讓校尉毆打自己，然後反抗，當場格殺校尉，從此拉起起事的戰旗。

基本上，相關記載就是這些，但只有劉邦最清楚，這一切統統是瞎扯！如果有誰不信，不妨照著做一遍，你馬上就會發現，你不但起不了義，還會被人扭送司法機關，坐牢殺頭是必然之事。

那麼，陳勝吳廣到底是怎麼把事情幹成的呢？

很簡單，陳勝和吳廣早就有一個強有力的核心組織，組織的成員包括了葛嬰、周文、周市、呂臣、武臣、田臧、李歸、鄧說、武平君畔、蔡賜、張賀、召平、莊賈及宋留等。這些人多數是陳勝的手下，少數是吳廣的手下。這兩支民間祕密社團陰差陽錯地在戍卒隊伍之中相逢，於是一拍即合，決定聯手起事。

陳勝和吳廣被任命為屯長之後，他們趁機把手下的兄弟分配在關鍵位置，試圖控制整個部隊，舉旗起事。但他們馬上就發現，手下兄弟們的執行力太差，推動不了起事的進程。

而當下陳勝所能做的，只有將這支部隊拖住，藉口水深路險，無法行動。然後透過魚帛狐火，把戍卒們嚇唬住，讓他們跟隨自己一起造反。就當時的情況來看，這招其實也不靈，雖然戍卒們不讀書不識字，又非常愚蠢迷信，但整個事件的人為痕跡太過明顯，明眼人一看就清楚。

最終陳勝妥協了，不再提自己稱王的事，而是以秦公子扶蘇及楚國名將項燕的名義起事。雖然這兩人已經死了很久，但戍卒們並不知道。到了這一步，起事終於步入了正軌。

葉落而知天下秋

斬木為旗，揭竿而起，陳勝起事，開端順利得令人驚訝。首戰大澤鄉，攻城掠地莫不降下。再征蘄縣，天下為之鼙沸蟻動，雲徹席捲，方數千里。攻下蘄縣之後，葛嬰領一隊人馬向東，而陳勝吳廣則取路陳縣。

陳縣就是春秋年間的陳國，被楚國滅了。當陳勝攻來的時候，隊伍已經膨脹到了驚人的程度，居然有戰車六七百乘，騎兵一千多人，步兵多達幾萬人。

陳縣隸屬潁川郡，與劉邦的泗水郡相鄰。但當陳勝打來的時候，潁川的郡守和陳縣的縣令，恰好都出差了，不在家。陳縣主事的是郡丞，這個職位相當於現在的縣委祕書長。無奈，祕書長只好率領縣裡的常備武裝軍出城迎戰，與陳勝戰於麗譙，結果郡丞戰死，陳勝義軍挺入陳縣。

魏國的貴族張耳、陳餘在陳縣迎接陳勝，這兩人來到，標誌著陳勝起事的合法性已經獲得認可。

張耳和陳餘是當時的高級知識分子，都是見過大世面的人。他們還為陳勝引薦了一位重量級的文化大佬——孔子的九世孫孔鮒。遇到聖人後裔，陳勝的眼界頓時大開，終於知道自己的所作所為具有重大的歷史意義。

有意思的是，聖人後裔孔鮒加盟陳勝的楚國戰隊之時，孔鮒的弟子叔孫通，正在秦廷受到秦二世的親切接見。與叔孫通一起去的，還有三十多名博士、儒生。這些人屬於國家的智囊團，備受重視。

當時秦二世問博士儒生們：「楚地的戍卒，攻下蘄縣進入陳縣，你們怎麼看？」

眾博士儒生道：「楚地戍卒之舉，實為大逆不道，犯上作亂，是公然造反。請陛下不要客氣，立即發兵消滅他們。」

秦二世沉下了臉，問叔孫通：「你怎麼看？」

叔孫通上前說道：「陛下別聽他們瞎說，哪來什麼造反？陛下的時代，是最和諧的時代，怎麼會有人造反呢？陳縣之事，不過是幾個不成氣候的小毛賊而已，陛下不必憂慮。」

秦二世龍顏大悅：「眾位愛卿，有事奏本無事退朝。」

大家退出來，有人責怪叔孫通：「喂，你怎麼胡亂講話？陳縣之事明明就是造反，你怎麼說是小毛賊？如果每個人都像你這樣欺上瞞下，不說實話，知識分子的風骨何在？國家的希望又何在？」

叔孫通道：「何在你個頭，今天我是僥倖逃出虎口呀。」說話間，秦廷的捕吏已經來到，凡是說陳勝造反的博士儒生，統統捉起來治罪殺頭。只有叔孫通沒有聳人聽聞，客觀反映情況，受到秦二世的表彰，獎勵二十匹帛，一套服裝，授予博士職位。

叔孫通謝恩之後，就逃出了咸陽，晝伏夜行，風餐露宿，朝著陳縣孔老師這邊逃奔而來。

而在陳縣，陳勝主持召開了三老豪傑會議，把當地年紀大的和有影響力的人全都請來，共商大事。三老豪傑的見識，比之張耳陳餘差得遠，搞不大懂陳勝是幹什麼的，但人家手裡有刀，說好聽的總不會錯。

於是三老豪傑，強烈要求陳勝出任楚王一職：「將軍披堅執銳，伐無道，誅暴秦，復立楚國之社稷，功宜為王。」又說：「監臨天下諸將，不為王不可，願將軍立為楚王也。」

聽了三老豪傑之言，陳勝大喜，再諮詢張耳陳餘兩人的意見。不想這兩人卻說：「願將軍毋王，急引兵而西，遣人立六國之後。自為樹黨，為秦益敵也。敵多則力分，與眾則兵強。如此野無交兵，縣無守城，誅暴秦，據咸陽以令諸侯。諸侯亡而得立，以德服之，如此則帝業成矣。今獨王陳，恐天下解也。」

張耳陳餘這兩人的意見，有沒有道理呢？

如果陳勝肯聽他們的話，就沒劉邦項羽混的分兒了。

張耳陳餘不愧是智識之輩，他們的建議，足以讓陳勝多活三十年。按兩人的說法，就是低調，低調，再低調。深挖洞，廣積糧，緩稱王。低調的目的是為了高調。低調地扶立六國之後，諸侯都是你陳勝封立的，那麼你陳勝的地位，豈不是水漲船高？

但是陳勝的願望卻是苟富貴，勿相忘，是燕雀安知鴻鵠之志哉。他不喜歡低調，他已經低調了一輩子，夠了，這次非他娘的高調不可。

於是陳勝稱王，國號張楚，意思是張大楚國。

陳勝稱王，諸郡縣苦秦吏者，皆刑其長吏，殺之以應陳勝。方兩千里，莫不回應，家自為怒，人自為鬥，各報其怨，而攻其仇，縣殺其令丞，郡殺其守尉。總之一句話，天下大亂。

再強調一次當時的局勢：家自為怒，人自為鬥，各報其怨，而攻其仇，縣殺其令丞，郡殺其守尉。這下子就能看出劉邦的智慧。

劉邦此前是泗水亭長，這個職務負有捕盜之責。除了正宗的強盜，秦始皇和秦二世還會創造出各種類型的犯人，如商人、典當給別人家的奴隸，讓劉邦去捉。劉邦捉一個，就多一個仇家，捉兩個，就多兩個仇人。如果他沒有逃入芒碭山，仍然兢兢業業地盡職盡責，情形又會怎麼樣呢？必然劉邦以前捕捉的那些人都會成幫結夥地殺來，各報其怨而攻其仇，不把劉邦砍成一百零八塊不會甘心。但現在劉邦已經棄職逃走了，各報其怨而攻其仇這種美差，成了他的了。

危險來到之前，能夠及時逃離。趕在船沉之前離開，這個就叫智慧。

那麼，劉邦又怎麼知道危險行將到來呢？

很簡單，他的職業告訴他的。劉邦在做亭長之時，每天花天酒地，欠帳賴錢，玩得非常開心。但到了這一年，他被迫押解大量罪犯前往驪山，罪犯的數目過多，已經超出了他的押解能力，途中不斷發生罪犯逃跑的事情。這時候劉邦就意識到了，現今罪犯如此之多，這世道還能好嗎？一旦天下大亂，仇家找上門來報仇，自己豈不慘了？

意識到大亂將至，所以劉邦才會及時逃入山中。

見微知著，觀葉知秋。少了這個能力，是混不下去的。

劉邦逃入山中，但是沛縣的縣令，仍然在工作崗位上積極工作。而當各報其怨而攻其仇的時代到來，縣令就有點慌了。他心想，慘了，我好歹是個縣令，恨我的人不知有多少。這時候天下大亂，只怕我的性命難保。

如何才能保住自己的小命呢？

要不，咱也揭竿起義如何？

被忽悠死的人

沛縣的縣令，為保性命決定起義。但是他一個人，這義也沒法起，必須要召開幹部會議，大家一起起義。

參加沛縣起義動員會議的，有獄掾曹參，主吏蕭何。縣令叫他們兩個來，大概是視他們為親信。認為本縣令往日待他們不薄，這時候肯定會回報我。曹參和蕭何也認為是該回報縣令的時候了，只不過，他們認為縣令往日待他們很薄，一點也不厚。

出現在沛縣公堂上的這一幕，是人類社會最常見的現象。人類的天性都會高估自己對別人的付出，低估甚至忽略自己對別人的傷害。同樣的，人性的弱點還會低估或是忽略別人為自己的付出，認為是理所應當的。

利益這東西，無論怎樣分配，總會有人感覺不公，怨氣沖天。但分配利益的官員，卻不會感受到失意者心裡的怨恨，只會認為自己英明神武，群眾熱烈擁護。就拿沛縣縣令來說，每一次利益分配，都會引發廣大的不滿，最不滿的應該就是蕭何和曹參。

但就算問蕭何曹參，對縣令有何不滿之處，恐怕他們也說不上來。這些不滿與怨恨，都累積於日常工作的小細節之中，細節太多，無從記憶，最終大腦裡剩下的只是一種莫名的情緒——屈辱如一團火，熊熊地灼燒著曹參蕭何等人的心。

此時天下大亂，人們各報其怨而攻其仇，曹參和蕭何最想幹的事，就是掄起殺豬刀，把縣令砍個稀爛。不過他們終究不是亡命之徒，雖然心裡恨縣令，但殺掉縣令這種事，他們還做不出來。

他們能做出來的，是借刀殺人。

借劉邦之刀，殺掉縣令！

蕭何是當時的優秀幹部，屢次政績考核名列榜首。秦朝的御史曾想調蕭何去咸陽做京官，但蕭何堅決不肯去。蕭何算準了，秦朝的統治長不了，留在沛縣，只等這一天。

於是曹參和蕭何兩人，真誠地忽悠道：「縣令大人，你現在是秦廷任命的官員，卻聲稱要揭竿而起，造反起義，只怕這事大家根本不相信你。到時候你造了半天反，造反派這邊不承認，照樣殺你；秦廷那邊又因為你造反，也會來殺你。結果你反沒造成，落得個大家一起來殺，太划不來了。」

縣令問：「那要怎麼辦，才能讓大家相信我呢？」

曹參和蕭何心中暗喜，臉上的表情越發真誠：「很簡單，大人如果要造反，最好是先派人出城，去芒碭山裡，找到劉季的反政府游擊隊。有了這支反政府武裝，大家就會相信你了。」

縣令聽了後，就說：「你們兩個說得有道理，那怎麼才能找到芒碭山裡的劉季呢？」

曹參蕭何道：「當然是派殺狗匠樊噲去找，前一段時間，樊噲去過芒碭山，聽說是去找劉季閒聊。對了，單讓樊噲一個人去不行，樊噲他沒身分啊，建議派夏侯嬰以縣府代表的身分，和樊噲一道去吧。」

於是縣令做出決定，派殺狗匠樊噲、原司御夏侯嬰出城，去把劉邦找回來。

但等樊噲和夏侯嬰走後，縣令一下子回過神來了，也許是有人提醒了他。在這沛縣之地，他最大的敵人就是劉邦。以前他是縣令負責政務，劉邦是亭長負責治安，但劉邦總是無端挑釁，找他的麻煩。比如說，呂雉事件，縣令對呂雉是覬覦良久，必欲得手的，卻不想反倒被劉邦娶走了。這叫什麼？這叫奪妻之恨！

縣令之所以要造反，只是為了防止被人砍。而最想砍縣令腦袋的人，無疑就是劉邦。可現在曹參和蕭何居然建議他把劉邦請來，這不是建議老鼠把貓請回家嗎？

發現上當，縣令怒不可遏，立即派人去殺曹參蕭何。可是曹參蕭何早就有人通風報信，於是兩人匆忙逃出縣城，正遇上滿臉幸福匆匆趕來的劉邦、樊噲及夏侯嬰。

曹參蕭何把情形向劉邦一說，劉邦也傻眼了。哎，挺好的計畫，這個破縣令怎麼就這麼快回過神來了呢？是哪個混蛋告訴他的？可眼下這事怎麼辦？攻城根本不可能，手下兄弟太少。難不成大家再回芒碭山，繼續當強盜？

《史記．高祖本紀》記載，這時候劉邦寫了一封信，射入城中。信上說：「鄉親們，鄉親們哪，你們現在幫助縣令守城，可是極危險的事啊。很快諸侯的部隊就會從四面八方殺來，到時候攻破城池，血屠沛縣，你們為縣令殉葬，多不值得啊。為什麼大家不快點殺掉縣令，讓我劉邦進去呢？我進城之後，保證大家不會再遭到諸侯的攻擊，更不會遭到屠殺，不知鄉親們以為然否？」

城裡的父老鄉親看了這封信後，就抄起拖布笤帚，把縣令殺掉，迎接劉邦進了城。

這個說法很詭異，因為殺人這種事，非普通百姓所能為。更何況既然有人殺了縣令，這個人總得有個名字吧？為什麼史書上沒有提到殺手的姓名呢？說到底，劉邦射書信入城，根本不可能達到讓百姓殺縣令的目的。首先，當時識字的人不多，其次，讀到這封信的人不太可能恰好有一呼百應的影響力。這封信或者是勸說百姓偷開城門，又或是通知自己的同夥開門，總之，這封信最有可能的目的是開門，而不是殺人。

城門打開，劉邦進入，這時候縣令就非死不可了。但由於這個縣令並無什麼說得出來的劣跡，殺掉他也不是光彩的事，所以連殺手都不肯承認是自己幹的。最終大家把這事往外推，推來推去，就推到了沛縣百姓身上。歷史就是這樣，一旦遇到髒事，大家都不肯承擔責任，總是往百姓身上推。

雷同的博弈格局

劉邦終於回到了沛縣。

和縣令明爭暗鬥了這麼長時間，劉邦先是贏了第一局，奪得了美人呂雉為妻，於情場上力挫縣令，卻輸掉了第二局，被迫逃入深山。現在他又贏得了第三局，殺掉縣令，主治沛縣。

正因為有第一局的贏，才導致了第二局的輸。但正因為有第二局的輸，才有了第三局的贏。可知人類社會的規則，就是輸中有贏，贏中藏輸，贏後就會輸，輸後才會贏。

這件事情，印證著人類社會博弈的極高智慧，正如老子所說：「禍兮福所倚，福兮禍所伏。」現在我們有了劉邦的成功案例，可以和老子的思想對照解析一下這條規律。

「禍兮福所倚，福兮禍所伏」的意思是說，人類社會的博弈法則是沒有盡頭，沒有結果的。在任何一個階段性結果之後，都有一個反向的變局。

劉邦的人生奮鬥是沒有結果的——最終結果就是他死掉！但在他死之前，走到任何一步，都不是最終結果。相反的，在這一步之後，肯定會有一個相反的變局。比如說，在第一輪中他與縣令爭奪呂雉，縣令慘敗。於是雙方的博弈進入第二階段，在這個階段，劉邦驚訝地發現，他需要押送數量超過他控制能力的罪犯遠赴驪山。這個無法勝任的工作，導致他宣告人生失敗，逃入山中。這是第二階段的結果，縣令完勝。

但，正因為劉邦失敗入山，所以才從為秦國賣命的楚奸，轉型為反政府組織。現在他再借時局大變殺回來，其行為就有了充足的道義支持。以有道，伐無道。有道就是失敗者，因為你失敗了，所以只剩下道義。無道就是勝利者，在對手眼裡，勝利者無疑是罪大惡極、罪該萬死的。

發現這個規律之後，劉邦忽然變得謙虛起來。大家要求他出任沛縣領導人，出任沛縣縣令，但劉邦堅辭不就。他很擔心，在這一步後面，會不會有個結果相反的變局，無端送了他的老命。但此時的沛縣，劉邦是無人可以取代的，所以雙方爭執的結果，達成了一個折中方案，劉邦不擔任沛縣的縣令，而是接受父老贈送的沛公之稱號。沛公這個稱號，真是太神奇了。他非官非民，亦官亦民，沒有責任，卻有權力。

這時候的劉邦，你說他是官吧，他只是沛公——意思是沛縣最具聲望的人士。可你說他是民吧，他卻有權加封自己的兄弟。劉邦出任沛公第一件事，就是賜封為他坐牢一年，挨數百大板的夏侯嬰為七大夫。

七大夫、五大夫，都是當時的爵位。對劉公這個不合法的沛公而言，是否有權力私自授爵，是很可疑的。但這個爵位是一定要授的，否則夏侯嬰心理可能會不平衡。

不過，劉邦私授的這個名頭只是爵位而非官職。這表明劉邦當時很小心、很低調。爵位可以是他的私家爵位，但官職卻不是。只授爵而不授官職，一旦事情失敗了，劉邦還可以解釋。這個細節足證劉邦思維之縝密。

再看看劉邦與陳勝的區別，面對時代大潮，劉邦所做的是低調，低調，任由時代大潮把自己推到波峰浪尖。他選擇的是被動策略，所謂不拒絕，不負責。而陳勝則是不顧反對意見，硬要爬到波峰浪尖上。

這是因為陳勝的人生經驗恰好與劉邦相反，如果不是這股狠勁，陳勝也不會成為最先爬出簍子的螃蟹。他和劉邦各自依憑自己的人生經驗，形成了自己的行為模式。但最終，誰才能在時代大潮之中勝出，就取決於人類社會的基本博弈規律，而非哪個人的主觀意願。

劉邦成了沛縣反政府軍首腦後，立即祭祀黃帝和蚩尤，殺牲歃血，釁鼓旗，旗子用紅色——所謂赤帝子之說，就是來自這個紅旗。然後再派蕭何、曹參和樊噲分頭募集兵員，徵集糧草，轟轟烈烈地大幹了起來。

與此同時，同樣的社會博弈態勢在吳縣也出現了。

江東吳地也有一個類似劉邦的人，他就是項羽的叔叔項梁。項氏叔姪，是楚國名將項燕的後人，是最有資格承接楚國項家衣缽的。秦始皇滅了楚國之後，並沒有立即著手清算項氏族人，但項家的門風好勇鬥狠，結果項梁因為犯罪，在櫟陽蹲了大牢。依靠多方拉關係，才被放了出來。

後來，項梁又不知何故殺了人，就帶著姪子項羽，逃到了吳地。《史記．項羽本紀》中說，項羽不喜歡讀書，練劍也練不久，要求學兵法，卻也學得馬馬虎虎，總之他幹什麼都沒個定性，堅持以一瓶子不滿、半瓶子響叮噹為自己的人生目標。但他終究出身將門世家，家傳的軍事技術，馬馬虎虎學上一點，就可以混日子了。

在吳地，項梁威信較高，吳中地區的賢士大夫都非常推崇他。每逢重大徭役——這是所有人都不願意去，最難組織的社會服務工作——以及殯葬事務，都由項梁負責。實際上，項梁相當於吳縣的劉邦加蕭何。

當吳地的項梁與沛縣的劉邦蕭何，處於同樣的社會地位時，意味著什麼？

意味著他們有可能面對同樣的對手，同樣的麻煩。也就是說，沛縣的劉邦和蕭何，因為在縣令長年的壓制之下而心懷殺機，同樣的情形也很可能在吳縣發生——事實上，吳縣竟然重演了沛縣事件，這是因為兩地的人際博弈結構雷同。更彆扭的是，沛縣縣令犯下的錯誤，在吳地郡守身上也同樣出現了。

當時的情形是，陳勝舉旗，天下回應，殺官宰吏，各報私仇。秦廷對天下的控制，已經澈底喪失。吳地的郡守殷通，意識到仇家隨時會找上門，於是決定搶先一步，率先起義。起別人的義，讓別人無義可起！

於是郡守殷通把項梁找來，說：「本官做出了一個艱難的決定，立即舉旗回應起義，推翻暴秦，現任命你和桓楚二人為起義軍將領，你意下如何？」

項梁說：「郡守大人，你說的那個桓楚呀，他不是落草為寇的反政府武裝頭子嗎？但他躲藏得太隱蔽，一般人找不到他。不過我的姪子項羽很會找人，要不要叫項羽來問問？」

殷通大喜，就說：「快叫項羽來，我當面向他交代任務。」

於是項梁出去，一會兒又帶項羽進來，郡守殷通正要交代工作，不料項羽突然拔劍，朝殷通狂砍亂劈。史書上沒有記載殷通在這時候的反應，他也許被項羽一劍就砍死了。但如果還沒死，他肯定會詫異地大叫：「喂，喂喂，那個誰，項羽，你為啥砍我呀？我殷通待你們叔姪二人不薄呀！」

而如果項羽當時回應，肯定會說：「不薄才怪！你只記得對別人的小恩小惠，卻忘了長期以來的壓制和傷害。你對別人的小恩小惠，別人轉身就忘掉。但你對別人的傷害，卻如毒火一樣，熊熊燃燒在別人心裡，永世不熄。連這點人性的規律都不知道，自己把仇家請上門，你死得活該。」

總之，劉邦和項梁，他們在起事時所面對的人際博弈態勢，構成了此後中國人主要的生存模式。任何時代的人，只要把這個模式套上去，保準不會有差錯。

楚國戰隊大彩排

劉邦和項梁雙雙起事，是歷史上的大事件，卻是當時的小事。

在當時，與劉項同等規模的事件計有：

楚人秦嘉、董泄、朱雞石、鄭布、丁疾等紛紛起兵於郯郡，諸楚合師，包圍了郯城。

楚地的東陽少年起事，殺縣令，立陳嬰為長，統兩萬之眾。

楚人英布，本來在驪山服苦役，後逃到了長江為盜，趁這時機說服鄱陽縣令吳芮，率八千人回應起事。

楚人酈商，起於高陽，手下有數千人。

楚人景駒，起於留縣。

早年沛縣的黑道老大、劉邦曾追隨過的大哥王陵，也挑在這個節骨眼上湊熱鬧，聚黨數千人占據了南陽。

單看起事的楚國戰隊，項梁手下有八千江東子弟，還能榜上有名，而劉邦的實力，連排都排不上。

除此之外，還有諸侯列國戰隊，也紛紛出場亮相：

山東有田儋，與堂弟田榮、田橫在狄縣起兵，宣布齊國復國。

韓國的貴族後裔張良，在楚地起事，不好宣布韓國復國，所以韓國雖然有選手出場，但旗號沒有亮出來。

六國選手，只有趙國是真的死絕了，但後來張耳和陳餘卻填補了這一空缺，他們跟隨陳勝的部將武臣攻入趙國舊都邯鄲，張耳陳餘勸說武臣立為趙王，武臣喜而受之，於是趙國也算是復國了。

而後武臣派部將韓廣挺進燕地，韓廣占領燕地之後，自立燕王，宣布燕國復國。

陳勝的部將周市攻入魏地，找到了魏國舊貴族魏咎，於是魏咎鹹魚翻身，出任魏王一職，宣布魏國復國。

如果秦始皇看到這情形，肯定會嘆息道，辛辛苦苦二十年，一夜回到統一前。只不過戍卒叫，大澤起，楚人一怒，六國原地滿血復活。這國際形勢發展得有點太快。

看到這情形，秦二世坐不住了，不得不出來管一管。可怎麼個管法呢？秦二世也沒個主意，幸好這時候有少府章邯越眾而出。少府這個職位是管理山澤海稅的，不過是工商局局長。但當時的官員都是斜槓青年，章邯很想秀秀自己的軍事才幹，就建議釋放驪山的勞役奴隸，編入軍隊之中，由他率領去幹掉陳勝。二世大喜，就允許了。

章邯率秦師出函谷關，與陳勝的西征軍統帥周文大打出手。這是當時非常離奇的戰役，是秦國的工商局局長，大戰楚國的氣象局局長。

周文是參加過大戰役的老兵，他早年在春申君黃歇的府中打過雜，後來春申君全家被殺，他就逃入軍隊之中躲藏。他也曾在項燕的部隊之中擔任視日官，就是觀察太陽運行規律，為領導者提供決策依據。不知道他當時都提供了什麼依據，反正項燕是戰死了。

和章邯主動要求出戰一樣，周文也是主動要求承擔西征軍統帥。

蓋因陳勝稱王之後，決定派出四路大軍，分四個方向攻殺，擴展地盤勢力，卻不慎啟動了諸侯列國戰隊。當時的四路軍馬分別是：

武臣任北路軍統帥，由張耳陳餘輔佐，攻入邯鄲。

吳廣為假王，出任西北軍統帥，去攻打洛陽。

宋留為將軍，領一隊人馬向西南，定南陽入武關。

葛嬰為將軍，率師攻東南，兵指九江，打回老家。

等到四路大軍出發的時候，陳勝突然發現自己被兄弟們耍了，頓時大怒。仔細看看，這四路大軍都是繞過咸陽走。傻子都知道秦軍主力集結在咸陽，所以大家都向遠處攻擊，跑得越遠越好。

陳勝很生氣，殺機起心間。這時候東南路軍葛嬰攻到東城，立了個叫襄疆的人做楚王，然後才聽說陳勝已經自立為楚王，就急忙殺掉襄疆。但陳勝理也不理，立即下令殺掉了葛嬰。

葛嬰之死，拉開了大澤鄉老兄弟死亡的序幕，也嚇壞了老兄弟周文，他不敢再留在陳勝身邊，就主動請纓，自願統西路軍，去攻打咸陽。

就這樣，楚國的老視日官周文，與秦國的少府相遇在戰場之上，雙方一交手，周文這邊就立即崩盤了，周文戰敗自刎，退出比賽。

章邯率領的是驪山奴隸軍，竟然輕取周文，於是人們知道了陳勝這邊的戰鬥力其實是很差很差的。他真的不該太早稱王，搞得名氣遠超過實力，這是職場上的大忌，無一例外會死得極慘。

雖然戰鬥力差，但歷史的聚光燈卻毫無選擇地打在陳勝臉上。這時候劉邦率領手下千來號人馬，準備出征。

現在來看看劉邦及其團隊。

蕭何：出戰前為縣衙主吏，主管考勤考核。

曹參：出戰前為縣衙獄椽，就是個典獄長。

周勃：他一專多能，以前曾編織蠶箔為生，兼職在葬禮上吹簫奏哀樂。

夏侯嬰：曾任縣衙司御，就是替長官開車的司機。

樊噲：殺狗的屠夫，沛縣的狗見到他就沒命似的逃。

任敖：監獄的獄卒，因為保護呂后，打傷胥吏而立功。

盧綰：他好像沒什麼像樣的工作，是劉邦的賓客。

周緤：他應該是長期跟隨在劉邦身邊的小兄弟，本事不大，名氣也沒有，所以劉邦以他為家臣，具體工作就是負責劉邦的人身安全。

現在請大家列隊，往前走兩步，走兩步……無論他們怎麼走，設想這夥烏合之眾，要奪取大秦天下，實在是難以想像。

即使現在我們也無法理解，這些人，與六國的貴族相比，強在哪裡？與陳勝的手下相比，強在哪裡？與項羽的團隊相比，又強在哪裡？

這支團隊真的沒有絲毫優勢，真的沒有。

但他們有一個最優秀的老闆。

劉邦是使用人才的第一高手，不知他是否信奉這句話：庸才不過是擺錯了位置的人才。但劉邦卻最善於將人員組合搭配，讓每個追隨他的人都能夠最大限度地發揮個人優勢。縱然是力能拔山的楚霸王，當你面對一支由庸才組成，但每個人的長處都發揮得淋漓盡致的團隊，也只能悲憤別姬，絕望自刎，真的沒有其他法子可想。

現在，這支烏龍戰隊出發了，第一戰胡陵。

這個團隊非常務實，他們的目標很簡單，就是要打下沛縣周邊的地區，以此為老巢，再考慮向周邊拓展。

激戰老長官

劉邦第一戰：胡陵。

參加戰鬥人員：曹參、周勃和樊噲。

先說為什麼要選擇胡陵，因為劉邦是沛縣人。以豐邑為中心，圍繞著豐邑的有四座城：沛縣、胡陵、方輿及薛縣。豐邑居於戰國時的魏楚中間地帶，屬於典型的衝突地區。所以在劉邦的戰略規劃裡，要先拿下豐邑及周邊的四座城，作為他個人事業的根據地，再尋求逐步擴張。而首攻胡陵，是因為胡陵在沛縣西北，距離沛縣最近，不拿下胡陵，沛縣不穩。

大戰開始了，典獄長曹參、鼓樂手周勃及殺狗匠樊噲，帶著千人的隊伍向胡陵進攻。劉邦、蕭何、夏侯嬰等在後面督戰，實際上，大家都在觀摩學習。這畢竟是沛縣出師以來第一戰，這場仗怎麼個打法，大家都懵懂不知，只能邊打邊學。

可是沒想到，由於胡陵與沛縣距離太近，兩地聲息相通，劉邦舉事的消息胡陵早已知道，更知道劉邦的第一個目標就是胡陵，所以提早做了防範。而且，守在胡陵的正是泗水郡監，史書上沒有留下他的姓氏，只知道他的名字叫平。他實際上是劉邦的老長官，帶領劉邦多年，劉邦一翹尾巴，老長官就知道劉邦要拉什麼屎，所以針對劉邦的各種可能行徑預設了防範。相對於劉邦的實力而言，胡陵堪稱固若金湯。曹參、周勃、樊噲打了好久，城上卻是以逸待勞，感覺這座城拿不下來了。

拿不下來怎麼辦？這可是沛縣出師第一仗，無論如何也得鬧出點名堂來。但大家都是初次參加戰鬥，打這場仗真的很吃力，沒辦法，所有人的目光都轉向了劉邦。

這正是考驗劉邦戰爭智慧的關鍵時刻。他是否有這個能力，帶領沛縣這群雞鳴狗盜之徒，闖出個名堂來，就看他現在的判斷了。

經過深思熟慮，劉邦做出了一個空前英明的決定：既然胡陵打不下來，那就不打了。不打了？

大家興沖沖地來了，難道再灰頭土臉地回去？這多沒面子呀。

但劉邦不打胡陵了，也不回去，而是繞過胡陵，去找胡陵後面的方與。這一招絕對是個高招。蓋因沛縣起事，相鄰的胡陵及早有了防備，可是胡陵並沒有起事，胡陵後面的方與，理論上來說應該是沒有防範的。於是大家掉轉槍尖，繞過胡陵不打，嘩啦啦地往方與城衝了過去。

劉邦第二戰：方與。

參加戰鬥的主力仍然是曹參、周勃和樊噲。果然不出劉邦所料，方與城真的一點防備也沒有，被大家轟隆隆地衝入城中，打了一個漂亮的勝仗。

兵不血刃，拿下方與，有力地證明了劉邦戰略部署的高明。下一個目標，就是豐邑大城了。

劉邦第三戰順利拿下豐邑。這一仗奏哀樂的樂手周勃表現得最給力，受到全軍通報嘉獎。

豐邑是大城，有著極重要的戰略價值。如願攻占，讓劉邦很是興奮，於是劉邦決定，留下殺狗匠樊噲守這座大城，其餘人再帶著部隊，出城四下走走，尋找戰機。卻不想，就在大家還抓不準下一個目標的時候，胡陵城門突然大開，老長官泗水郡監平，突然帶著部隊衝了出來，目標直指豐邑，想奪下這座城。

原來，泗水郡監平在胡陵城下擊退劉邦之後，正揚揚得意，忽然發現劉邦進入了豐邑，這讓老長官大為惱火。劉邦這手太陰險了，把小城讓給對手，自己卻趁機奪占大城，簡直是豈有此理。

眼見老長官統兵殺來，劉邦也慌了神，忙不迭地逃回豐邑，把門緊緊關上，誰叫也不開。泗水郡監平怒氣沖沖，撲上來開始攻城。而劉邦等人開始認真學習守城的技術。學了兩天，泗水郡監平打累了，準備撤軍。

發現泗水郡監要撤兵，劉邦大喜，立即調兵遣將，準備銜尾追殺。然而要追殺，樊噲這種不要命的殺狗匠就必須派上用場。可問題是，劉邦已經任命樊噲守豐邑，倘若大家一股腦兒追出去，被老長官泗水郡監來個聲東擊西，突然衝入豐邑怎麼辦？所以必須要有個夠分量的人物，替大家守住豐邑。誰來承擔這項工作合適呢？

劉邦的眼光落到了一個人身上：沛縣上流社會的代表人物，雍齒。

雍齒出身沛縣的世族，不大願意跟這些殺狗匠鼓樂手混在一起。可是劉邦起事，首要的目的就是要保護沛縣不受戰火襲擾，所以雍齒身為上流人士，這個時候是不能置身事外的。可他來是來了，卻不可能跟樊噲等人攪和在一起。

劉邦想，雍齒這傢伙，帶著他衝鋒陷陣他不肯，留下他守城有足夠的分量，大家又是同鄉，不可能有什麼背叛的事情發生。豐邑這座城，只能讓雍齒來守。

於是樊噲和雍齒交換場地，雍齒來守城，樊噲和曹參去追殺撤退中的泗水郡監平。豐邑城下，戰事又起，兩廂交兵，打得不可開交。

眼見曹參、樊噲和周勃等人在戰場上威風凜凜，忙個不停，始終躲在劉邦身後的蕭何和夏侯嬰有點坐不住了。兩人主動提議，以前在沛縣任職的時候，他們和泗水郡監平之間交情不錯。眼下兩軍對壘，老是這麼打來打去的，也不是個辦法，何不讓他們兩個過去，找泗水郡監平談一談，看看能不能談出個結果來。

劉邦聽了，大喜。應該是從這一刻起，他就確定了新的戰略方針：戰爭這種事，就是一邊打，一邊談，邊打邊談，邊談邊打，兩手都要抓，都要硬。

這就叫兵法

蕭何和夏侯嬰去胡陵找泗水郡監和談去了。雍齒替大家守護豐邑，劉邦信心爆棚，就帶著大家朝著沛縣東北方向的薛縣狂奔。

薛縣這個地方，是戰國時代孟嘗君的老家，很早以前是齊國的地盤。但這麼多年大家打來爭去，地域疆界像發情的蛇一樣扭動個不停。扭來扭去，如今的薛地已經歸泗水郡了，而且是郡守駐地。泗水的郡守叫壯，在職務上，他是被劉邦殺掉的沛縣縣令的直屬主管。

但是大家對這位老長官沒什麼興趣，沒人去找他和談，而是長驅直入，以迅雷不及掩耳之勢，攻占了薛地。

入城之後，大家到處找郡守，卻找不到。正在困惑之際，聽到城外有人叫陣。大家登上城門一看，頓時笑了，嘿，老長官郡守正帶著兵，在城下叫罵呢。他可能是在劉邦攻入城中的時候逃走的，也可能是當時根本不在城中。不管怎麼說，他總算是及時帶著部隊趕回來了。

又一位老長官到來，讓劉邦等人又多了次學習的機會。這次的課程，主要是攻防戰。

劉邦率領親自守城。等到城下的郡守打累了，忽見城門大開，殺狗匠樊噲和典獄長曹參雙雙殺出。歷經血戰，此二人現在已經是沙場上的老將了，甫一交手，郡守就招架不住，被曹參、樊噲一陣好殺，大敗而逃。

史書上說，郡守逃到了戚縣，被劉邦的左司馬，名叫得的人追上來，殺之。

殺掉了郡守，胡陵又傳來天大的好消息，蕭何和夏侯嬰以其三寸不爛之舌，曉之以理，動之以情，竟然把泗水郡監給說降了。於是曹參和周勃急忙趕赴胡陵，接管這座小城池。但是在接管的時候，還是發生了一連串不明原因的戰鬥，所以曹參和周勃的功勞簿上，又添了一筆。

西元前二〇八年，四十八歲的劉邦從沛縣出發，用了兩個月的時間，就掃平了沛縣周邊地區，建立起自己的根據地，這讓劉邦的畢生志業達到了意想不到的高峰。

總結一下劉邦的處女戰。這一輪賽事由四場小戰役組成：攻胡陵、攻方輿、戰豐邑、戰薛地。這四場戰事，讓劉邦學會了什麼叫兵法——但也許，早在沛縣出師之前，他就已經研究透澈了。

兵法就是用兵，就是避實就虛。以胡陵、方輿兩地來說，胡陵是實，方輿是虛；胡陵有郡監守護難打，方輿卻不設防。所以劉邦的戰術是，沒有設防之地就奪取它，有堅固防線的地方就孤立它。胡陵之所以打不下來卻主動投降，就是因為它被孤立了。

所謂的兵法，就是以少數的兵力，掃平虛地，孤立實地，最終讓強勢的對手產生弱小的錯覺，讓明明居於弱勢的己方，形成強大的現實。此後劉邦攻入咸陽，以及與項羽之戰，都是採用這永恆不變的戰略。

此外，劉邦的戰略目標表面上極為龐大，但實質上的目的只有一個：絕對不要讓戰爭在自己的家鄉爆發。永遠在別人家裡打，以贏取富戰略價值的道義支持。

以豐邑為中心的四座城，方輿距離最遠，劉邦派曹參去守護，並在城中大肆招兵買馬。手下人把新招到的人手製成花名冊，報上來讓劉邦批閱。

劉邦接過花名冊，眼睛一掃，不看名姓，單看籍貫。他要找沛縣人，沛縣的鄉親幾代人相互熟識，不會輕易翻臉。這就是劉邦的用人之法，老鄉最可靠，但這個老鄉，必須是知根知底的。

他發現了周氏兄弟二人，哥哥周昌，弟弟周苛。此二人家在沛縣，都在郡監手下擔任泗水卒史。卒史是當時的官名，工資不低，俸祿少的有一百石，多的有二百石，不清楚這兄弟倆都吃多少。

於是劉邦特批，周昌周苛兄弟，組織承認他們以前的工作資歷，當上卒史那天就算起義了。然後任命哥哥周昌為職志，這個職務是管理旗幟的。弟弟周苛一時之間找不到合適的地方安排，暫時在劉邦帳下為賓客，實際上就是作戰參謀。

沛縣這邊起義形勢一片大好，秦二世發火了，結果衛角首當其衝，被廢了。

說起這個衛角，也極是好笑，他是衛國最後一任國君。秦始皇雖然一統天下，卻留下了衛國一座小城池，衛國國君衛角就天天蹲在自己家的宗廟裡，不敢出來，怕人發現，秦始皇也把他給忘了。現在天下大亂，秦二世忽然想起他，擔心他也跟著起事添亂，遂將衛角廢為平民。

接下來倒楣的，是陳勝和吳廣，他們都被自己的兄弟殺掉了。

老兄弟自相殘殺

吳廣之死非常莫名其妙。他本非將才，卻因為首義之舉，被推到了最高處，但是他勝任不了這個職位。當時張楚的精兵盡在他的手下，可是他不知兵機，在滎陽與李斯的兒子李由，打起了陣地戰。

吳廣之所以打陣地戰，是因為他固有的思考模式。他以前做過最大的官就是屯長，這個職位是送到前線當炮灰的。所以吳廣的思維，仍然是下層小軍官的思維，下層軍官的職責就是堅守陣地與敵軍死戰。他完全意識不到自己是全軍統帥，要考慮的是全域而非一城一地之得失。

看吳廣這個樣子，楚將田臧急了，就召開祕密軍事會議，說，眼下周文已死，秦軍主力說來就來，吳廣卻沉醉於陣地戰的快樂，這樣下去可不行。吳廣不是聽人勸的人，想讓他聽得進別人的意見，只有一個辦法：殺了他！

於是田臧殺了吳廣，把首級給陳勝送去，述說原委。陳勝大喜──他最擔心的就是吳廣，兩人共同起事，功勞一樣大，萬一吳廣來搶自己的位子，這可怎麼得了？於是陳勝派使者給田臧送去一枚大印，任命田臧為上將軍，派他去單挑秦將章邯。可是，就連周文在章邯面前都不堪一擊，田臧差周文很遠，又怎麼可能是章邯的對手？結果敖倉一戰，田臧戰死，陳勝這邊的老兄弟，又少了一個。

還有個老兄弟鄧說，替陳勝守在郯縣，也被章邯輕鬆攻破，鄧說逃回來，陳勝趁機以軍機之罪殺之。

下一個被除名的老兄弟，是已經當上趙王的武臣。武臣之死，是因為他姐姐惹出來的麻煩。

話說武臣手下，有老兄弟李良，軍事能力其實也就一般般，他奉趙王武臣之命去攻打太原，被秦兵阻於石邑，不能前進。不能前進就不前進吧，偏生那秦軍的統領還胡搞亂來，偽造了秦二世的招降書，呼籲李良棄明投暗。這封假招降書讓李良熱淚盈眶，自感身價倍增，信心也足了。

李良返回邯鄲後，去見趙王武臣，途中突遇趙王車乘，李良急忙跪下，等車乘揚塵而過，才發現車上坐的是武臣的姐姐。武姐今天喝得有點茫，根本懶得理跪在自己腳下的人。其實武姐也不過是個腳底板還沒洗乾淨的鄉下土妞。但妞雖土，腦袋裡卻具有權力意識，一旦做了主子，就立即高高在上，耀武揚威，視以前的鄉人為蔑如也。

這讓李良倍感憤怒。比較一下吧，你看人家秦二世對自己多重視，親自給自己寫招降書。再看看趙王武臣，他姐姐竟然這樣羞辱自己。自己到底應該跟著誰幹，這還用說嗎？

憤怒的李良追上武姐，一陣狂砍。武姐死前一定很困惑，這人誰呀，有種你再來兩杯，砍人算什麼本事？

殺了武姐後，李良於邯鄲城中大開殺戒，趙王武臣被殺，死前連發生了什麼事都不清楚。邯鄲城中只有張耳陳餘這兩人朋友多，也最有見識，迅速地躲藏起來，逃過了殺身之禍。

武臣也被清除了，下一個死掉的老兄弟名叫武平君畔，他死得更是離譜。當時在郯縣，由陳縣人秦嘉、符離人朱雞石等率一支義軍，正在圍城。陳勝就派武平君畔去當監軍，掌軍權，統一領導，統一指揮嘛。可秦嘉卻不想瞎統一，就故意說：「這個武平君畔還是個小娃娃，你再看他取的這怪名字，怎麼四個字啊？對了，陳王有密令，讓咱們殺了他。」

武平君畔被殺，就這樣莫名其妙地死在兩條路線的激烈鬥爭上。

陳勝派武平君畔去，目的是想掌握郯縣城下這支武裝的軍權，可見他已經有很成熟的帝王思維了，因為秦二世也這麼幹。

秦二世派了長史司馬欣、董翳，到章邯的部隊裡來當監軍，但這兄弟三人卻沒有相互殘殺，而是合作得相當愉快。他們一直合作到楚漢相爭時代，始終在一起，始終沒分開，演繹了動亂時代難得的兄弟情懷。毫不誇張地說，這三人才是當時最值得書寫的人性光輝，但因為他們太低調，太幸福，低調的幸福就沒有了人生的起伏波瀾，反倒不引人注意。

唯一注意到他們章邯三人的，只有陳勝，因為他們密切合作，先殺死了陳勝的老兄弟，上柱國房君，然後三兄弟又轉攻陳縣西南的張賀，幹掉了張賀，陳勝就無法在陳縣立足了。

為了打退秦軍，陳勝親自出馬督戰。督戰的意思就是派人拿刀按在張賀的脖頸上，要他拚死上前，打退秦軍，如果後退，腦袋就沒了。於是張賀拚老命向章邯兄弟三人衝去，被章邯兄弟三人聯手，啪啪啪拍死了。

老兄弟又死了一個，陳勝無比失望，回望陳縣城中剛剛開始修建的宮室，陳勝終於意識到，稱孤道寡這事，不是自己想像得那麼容易。他只能戰略性撤退，丟下剛剛搭建起來的富貴巢、安樂窩，再度踏上逃亡的征途。

當陳勝登車時，替他駕車的老兄弟莊賈，回過頭來，仔細地研究著陳王的脖頸，嗯，哪個角度下刀好呢？嗯，哪個角度更具誘惑力？

英雄失其所依

車夫莊賈襲殺陳勝，也不是無緣無故的。

簡單說吧，莊賈是陳勝的司機。陳勝在稱王之前，社會地位比莊賈還要低下，但陳勝首義成功，一舉躍上人生巔峰，就挑選了莊賈做他的司機。

關於莊賈這個人，史書語焉不詳，史家避之不談。但我們可以推敲一下，他是打哪兒冒出來的？

當陳勝完成人生轉型，從一名低賤的戍卒而稱王之後，他會選擇什麼樣的人來做他的司機呢？

司機這個工作，是很重要、很重要的，直接關係到首長的人身安全，而且對首長的隱私洞若觀火、明察秋毫。不是信得過的人，陳勝也不會讓他當自己的司機，把自己的性命交付給他。

而莊賈的來歷有兩種可能，一是原本就是九百戍卒中的一人，二是在大澤舉事之後，加入起義洪流的。如果是前者，那麼莊賈一定是陳勝的小兄弟，死黨兼親信。陳勝再沒戒心，也不可能用自己不信任的人來當御者。

如果莊賈是後來加入起義洪流的，就代表他在很短的時間內，讓陳勝對他的信任超過大澤起事時的生死兄弟，這基本上是不可能的。連大澤鄉共同起事的兄弟，都有許多人沒有獲得信任，他一個外來人，又怎麼可能走近陳勝？所以莊賈既然能成為陳勝的御者，只有一種可能：他是最早追隨陳勝，並目睹陳勝走上人生巔峰的人。

除了莊賈，至少還有一個人目睹了陳勝人生的巨變。這個人就是和陳勝一道傭耕的舊友，陳勝那一句傳世名言「苟富貴，勿相忘」，很可能就是對他說的。聽說陳勝稱王之後，這個人就找來了，匡匡匡敲擊陳勝的宮門，大叫：「陳勝在家嗎？快開門！陳勝開門！」結果被陳勝的宮門令捆綁後趕走了。

等到陳勝出宮，這位朋友攔路大喊：「陳勝，是我呀，往這邊看，你不認識我了嗎？」他大叫陳勝的名字，陳勝無奈，只好裝出剛剛認出他的樣子，停車請他入宮。入宮之後，這位朋友被富麗堂皇的宮室驚呆了，大叫：「哇，陳勝，你現在也發達了！瞧不出你小子，居然也有今天！」此後這位客人，逢人就訴說陳勝以前的生活多麼悲慘。他這樣做，不是不知道陳勝心裡不痛快，可他就是要讓陳勝不痛快！

一起玩大的朋友，眼看著陳勝衣朱紫食金玉，心理非常不平衡，所以不停地提起陳年舊事，刺激陳勝。他的目的只有一個，給陳勝的幸福生活添堵，不如此，自己實在不甘心。最後逼得陳勝沒辦法，不得不宰了他。

這個問題，後來劉邦稱帝的時候，也遇到了。雖然你已經走上了人生巔峰，但以前的朋友，由於心理嚴重失衡，一定會刺激你傷害你，以慰藉自己那顆玻璃心。但是劉邦藉由繁瑣而隆重的宮廷儀式，順利地解決了這個問題，而陳勝，他稱王時間太短，根本沒有機會研究別人的心理。

也就是說，御者莊賈為陳勝駕車的時候，心理也是極度失落失衡的。大家以前都是一個窮酸模樣，憑什麼你現在揚揚得意，坐在車上，而我卻低聲下氣，替你駕車，還要保護你的生命安全，憑什麼呀？

莊賈比陳勝那位傭耕的朋友更有城府，他勉強壓制住心裡的失落，從未在語言上刺激陳勝，但憤怒之火卻在心裡熊熊燃燒。當陳勝敗走之後，莊賈的機會終於來臨了，他立即殺死陳勝，投奔了秦軍。

陳勝之死，令天下英雄大為震恐，頓失所依。

史書上記載了陳勝的許多錯誤，如輕信小人、濫殺無辜、有功不賞、有過不罰、大修宮室、目光短淺等，以印證陳勝過早敗亡的必然。但這些問題並不重要，重要的是，天下英雄需要陳勝。

陳勝率先舉旗而且成功，讓他贏得了天下英雄的景仰，從此成了天下英雄共同擎奉的戰旗，成了領導抗擊暴秦的核心。此時四方豪傑莫不是扛著陳勝的招牌行事，就連跟陳勝嗆聲，都要用陳勝本人的名義。比如郯縣秦嘉、朱雞石等人，他們殺掉陳勝派去的監軍，卻假稱是陳勝的命令。只有陳勝之名，才能夠號令四方，雖然這個號令有點馬馬虎虎，但別人連這點也做不到。

陳勝，就像是一株參天大樹，所有抗秦的暴力武裝，都認為自己是這株大樹上的一枝。如今陳勝突然遇害，抗擊暴秦的核心被徹底剷除，這讓天下英雄頓時不知所措。

陳勝死得極為澈底。一般來說，一號首長死了，就輪到二號首長風光了。論及當時的威信，陳勝第一位，吳廣無庸置疑位居第二，算得上二號首長。但陳勝分明是早料到這一手，生怕自己死後，輪到吳廣威風，提前一步把吳廣除掉了。兩位首長全都沒了，讓天下英雄連個念想都不成。

當此之時，陳勝的侍臣呂臣越眾而出，組織了一支青巾裹頭的部隊，號稱蒼頭軍，從新陽起兵，直搗陳縣，打破城池，殺死莊賈，為陳勝報了仇。

陳勝之死，連累了西南路統帥宋留。他是當時陳勝派出的四路大軍之一，先克南陽，再入武關。可等他占領了武關，秦軍卻抄他後路，重新奪回了南陽。宋留進退失據，就舉雙手投降了。

秦軍把宋留押送咸陽，秦二世樂壞了，立即把宋留車裂。

此時天下英雄各自為陣，互不屬統。原來陳勝的部將周市，此前奉陳勝之命進攻原本的魏國領地，攻下來之後，就立了魏國舊貴族魏咎為魏王，他自己擔任魏相。這時候他率主力向劉邦的地盤遊動，遊動到豐邑、沛縣之地，派了使者入豐邑，面見守將雍齒說：「你知不知道？豐邑這塊地，雖說是你們楚國的，但好久好久以前，魏國曾經建都在這裡，所以這裡應該是魏國的地盤。如果你雍齒帶領豐邑回歸魏國，就封你為侯。如果你執迷不悟，我們就要攻打豐邑，殺你個雞犬不留，你自己看著辦吧。」

雍齒出身世族，是體面的人家，只因為天下大亂，劉邦得勢，才不得已跟在劉邦後面混，但心裡很不情願。此時周市一拉攏，雍齒就有了充分的理由說服自己，立即率豐邑歸了魏國。隨同豐邑一起歸魏國的，還有方輿。

豐邑帶著方輿歸了魏國，就意味著劉邦剛剛建立起來的根據地崩盤了。劉邦此前付出的所有辛勞，就此付諸流水。更可怕的是，此後小小的沛縣就只能蜷伏於魏國的刀口之下，任人宰割。這就意味著劉邦的全面失敗，他沒辦法跟沛縣的父老鄉親們交代。

憤怒的劉邦回師，率先攻打方輿。方輿這座城是不設防的，一打就輕易攻克。曹參在此戰中立下頭功，劉邦封他為七大夫。

打下方輿之後，再來攻打豐邑，但雍齒的戰鬥力也不弱，劉邦打了一段時間，發現啃不下這塊硬骨頭，終於洩氣了。算了，回沛縣吧。攻打豐邑一事，就這麼收場了。回沛縣，向父老鄉親們投訴雍齒。

從此劉邦恨死了雍齒，怨雍齒與豐邑子弟背叛。這仇，劉邦記了整整一輩子。

縱橫帝王師

陳勝雖然死了，但他仍然活在豪傑們的心中。是真的活著，不是作假的。

首先是他活在趙國，有了陳勝，才有了趙國。只是趙國現在有點慘，趙王武臣的姐姐因為擺架子，導致了老兄弟李良大發飆，殺掉了趙王全家。名士張耳和陳餘收拾殘部，擊退李良。李良就投奔秦將章邯去了。

然後張耳和陳餘召集門客，商議這事該怎麼辦，好端端的一個趙王，說沒就沒了。賓客建議，張耳陳餘都是魏國人，雖然威信最高，但不宜在趙國稱王，再想辦法找找趙國的貴族吧。不久找來了個趙歇，於是趙歇就成了趙王。

同樣的，陳勝也仍然活在楚國人民心中。當初最不買陳勝帳的，是集結在郯縣城下的秦嘉、朱雞石部。這時候又來了個東陽人寧君，他很有威信，就建議另找楚國王室的後裔，越近越好，再立張楚大旗。不久找來個楚國貴族景駒，於是景駒就成為張楚之王。

一個陳勝倒下了，更多的陳勝站起來。新趙王、新楚王再次於地平線湧現，表明了抗秦義師生生不息、奮鬥不止的玩命精神。話說景駒升任楚王，就派了使者公孫慶前往齊國，游說楚齊聯合，共取天下。

景駒選擇齊國，大概是因為齊王田儋也曾是不買陳勝帳的人。當初陳勝命部將周市取齊地，攻至狄縣，田儋就把家奴捆起來，押到縣衙，說家奴犯上欺主，要求斬之，縣令大喜，就跑出來看殺人，不料剛跑出來，就被田儋殺掉了。然後田氏族人占據狄縣，恢復齊國，攻打陳勝部將周市，周市只好撤走。因為田儋和陳勝有過節，所以景駒認為齊國是盟友。

但沒想到，田儋雖然不買陳勝的帳，卻知道齊國之所以復國，全是陳勝的功業。所以使者公孫慶一來，田儋就憤怒地質問：「喂，你有沒有搞錯？陳王雖然兵敗，但死活猶未可知，你們怎麼可以不請示就擅立新王？」

公孫慶嘴上也不示弱，當即頂撞道：「你齊國立王，也沒向我們請示，我們當然沒必要請示你們。」

田儋大怒，立斬公孫慶。於是楚齊聯合的事就成了泡影。

景駒雖然沒多大名氣，但新楚王旗號大張，再次讓義軍士氣大振。只不過，現在抗擊暴秦的領導核心，已經由陳縣轉移到了景駒。陳縣那邊，陳勝的侍臣呂臣和秦軍展開拉鋸戰，而劉邦，蜷縮在小小的沛縣，終日不得安，就決定去留縣找景駒。

劉邦行在路上，忽見一隊人馬，約一百來人，烏壓壓一片，雙方互派人聯繫詢問，得知這支游擊隊的領導者，就是五世相韓的張良張子房。

劉邦與張良終於相會了。這一年，是秦二世二年，西元前二〇八年。

這一年劉邦四十九歲，張良四十三歲——張良生於西元前二五〇年。

唉，都是坐四望五的年齡了，才找到機會出來混，這要託秦始皇死得太早的福。如果秦始皇再晚死幾年，大家只能活活悶死。

劉邦與張良相會，雙方都很慎重，相談價碼，秤斤論兩。這一談，把張良嚇了一大跳。他發現，劉邦竟然能聽懂他的話。能聽懂他的話，好像沒什麼吧？不，張良所說的是《太公兵法》，此書乃君主南面之術。這類書講的都是與普通人思維大相逕庭的帝王祕術。簡單說就是，沒有帝王素質的人，你跟他講這個，他會把你送去精神病院，因為他聽不懂。只有潛在的帝王種子選手，才能聽明白張良的話。

那麼，張良又是從哪兒學到這怪東西的呢？

這就是有名的張良納履的勵志傳奇了。張良本姓姬，是韓國貴族之後，他爺爺和他父親，五世為韓相。張良從小就過著錦衣玉食的幸福生活，僅家僮就有三百多人。但就在他二十歲那年，秦始皇來了，啪啪啪，像拍蒼蠅一樣把韓國給拍死了。張良悲憤於心，遂散盡家財，從此浪跡天涯。他先到淮陽求師，又東行探訪傳說中的滄海君。滄海君給他引薦了一個大力士，打造了一把重達一百二十斤的大鐵錐，並於博浪沙設伏。大力士把大鐵錐向秦始皇的巡車投擲了過去，卻誤中副車。秦始皇大怒，天下大索，從此張良隱姓埋名，逃到下邳躲了起來。

有一天，張良閒逛到下邳橋上，忽然前面來了個老頭，走到張良前，啪唧一聲，把自己腳上的鞋甩到了橋下，然後說：「喂，小子，懂不懂禮貌啊？還不快去把我老人家的鞋撿回來！」張良心知有異，就老老實實下橋，撿回鞋子，遞給老頭。可老頭把腳一伸：「你有沒有家教啊？給老子把鞋穿上。」張良還是不吭聲，跪下來，替老頭把鞋穿好。老頭滿意地道：「嗯，孺子可教，你聽好了，五天之後，你在這橋上等我。」

過了五天，張良急忙來到橋上，發現老頭已經等在那裡，見了他就大罵：「混蛋，可惡，不是東西，讓我老人家等你，太不像話了，五天以後你再來！」

又等了五天，張良早早地來到，發現老頭比他更早，結果又是一頓劈頭蓋臉的臭罵，讓他五天之後再來。

又隔了五天，張良大半夜就蹲在橋上，不敢離開。不久見老頭悠悠地來了，見到他很開心，說：「對嘛，這才像話。」然後老頭拿出一本書，對張良說：「你讀了這本書，就可以給帝王當老師了，十年之後天下大亂，十三年之後，你到濟北來，穀城山下的黃石，就是我呀。」

老人走了，張良打開書一看，嗯？《太公兵法》。

他就這樣得到了這本書。

據《史記·留侯世家》記載，這本怪書「良因異之，常習誦讀之」。讀熟了之後，張良就在人群裡尋過來，找過去，遇到人就上前試探幾句，看對方能不能聽懂自己的話，聽得懂的，必是帝王人選。聽不懂，那就是普通人。結果張良一路試探過來，居然沒人能聽得懂他的話。

什麼世道，連個有帝王潛質的人都找不到，張良很鬱悶。但他遇到劉邦時，劉邦卻聽懂了。於是張良馬上明白，眼前這個連名字都沒有的劉季，或許是自己值得追隨的人。

這樣一來，就產生了一個問題，讀懂《太公兵法》可為帝王師，連帝王師都可為，為什麼張良自己不做帝王呢？

這是因為，帝王術所授，乃以少御眾的攻心術。說穿了就是，以少數人甚至一個人凌駕於眾人之上的心理技術。這門技術取決於運用者的高EQ與高IQ，除此之外還必須要有洞悉人心人性的大智慧。

你必須有極高的IQ，比別人看得更深更遠，才能立於不敗之地；你必須有極高的EQ，才能夠透過隻言片語唆動別人而不是任別人擺布。你必須有洞悉人心人性的大智慧，能夠預測未來的變化並提前布局應對。這三者少了一個，也不足以言帝王之術。

帝王的智慧是不外顯的，其表現就在於縱然處於危局，也能夠隨機應變，化險為夷。比較一下陳勝和劉邦就會發現，陳勝缺乏足夠的眼光，意識不到一旦稱王，就會引來四方覬覦，危機重重。他稱了王，卻讓殺手莊賈做車夫，連最起碼的識人眼光都沒有，結果死於莊賈之手。反觀劉邦，他絕不會遇到陳勝這類麻煩，他天生是給別人添麻煩的人。

如此一來就明白了，所謂帝王術，與其他任何一門學問都差不多。如果只懂理論而缺乏資質，就只能當教練，不能自己上場當選手。張良就是一個優秀的教練，現在他發現了同樣優秀的種子選手劉邦。

第三章 劉邦項羽的蜜月期

合攻雍丘，殺三川郡守李由，是劉邦與項羽第二次密切合作了。雍丘之戰，說起來聲威赫赫、氣勢堂皇，但實際上仍是劉邦慣用的戰略：避實就虛，大造聲勢。要知道，此時章邯的主力部隊全集結於濮陽城中，劉邦和項羽卻繞著濮陽周邊掃蕩個不停，給人一個錯誤的印象，好像劉項之軍天下無敵，無人敢絡其纓一般。

外戰外行、內戰內行的帝王術

張良與劉邦相遇，兩人從此結為拍檔。

這時候的劉邦遠不如張良的名氣大，因為張良是韓國貴族，而劉邦只是一介草民，根本引不起別人的注意。他去投奔楚王景駒，還得張良出面引薦。

劉邦來見楚王景駒，提出來的要求也極為怪異，他竟然想讓楚王出兵，替他去攻打豐邑。豐邑雖然歸屬了魏國，但終究是義軍這邊的自己人。而劉邦躲著秦兵走，堅持大搞內鬥，這證明了他真的有帝王潛質——歷史上的開國帝王，多是搞內鬥起家，外戰多是外行，但內戰必定內行。你打外敵我打你，你打跑外敵我再打跑你，那我就贏定了。

當然，這段話也可以反過來說，你魏國不快點去打秦兵，幹嘛要搶劉邦的地盤呢？所以這事也不能怪人家劉邦。

景駒未必有帝王之才，但他畢竟是宗室，知道搞內鬥比打外敵更有意思，遂答應了劉邦的請求。

楚王景駒派了東陽寧君，與劉邦一道西進。這時候秦兵正占上風，章邯不依不饒地追殺陳勝的殘部。同時秦廷還派了夷，夷的名字就叫夷，姓什麼沒人知道。但他的官職是司馬，大致相當於少校或上尉。所以有的史書乾脆稱呼他為司馬夷。司馬夷大攻楚地，勢如破竹，只有相縣殊死抵抗，結果司馬夷在相縣屠城，殺光了城中老小。

劉邦和東陽寧君行至蕭縣，恰與司馬夷相遇，雙方展開激烈對戰，這應該是劉邦首次與秦國的正規軍交手。輸贏並不重要，主要是觀摩學習。也就是說，劉邦被司馬夷打得好慘，整個部隊應該是崩潰了。因為史書上說，劉邦等人退到了距沛縣東南五十里外的留縣集合。集合就是大家各自跑路，能活著跑到留縣，就算你贏。

之後劉邦就躲在留縣不敢吭聲了，過了幾天，大概是聽說秦兵的主力攻打其他地方去了，劉邦又幸福地殺出來，前來攻打碭縣。

碭縣之戰很慘烈，打的是配合戰，曹參負責周邊，碭縣周邊的狐父和祁縣的善置驛，由他負責拿下。周勃和樊噲從東面進擊碭縣，其進軍路線極為詭異，因為秦將司馬夷又冒了出來，樊噲發揮不要命的戰鬥精神，拚死與秦軍血戰，斬敵首十五級，因此被劉邦賜爵為國大夫。

周勃兜了個圈子，從碭縣東返回到留縣，又轉了回去，成功占領碭郡。

激烈的戰事持續了三天，最終劉邦取勝。入城收編了碭縣兵六千人，加上他原有的三千人，一共統率近萬人之眾。以三千之弱勢，攻雙倍於己的六千之強勢，並取得壓倒性勝利，這應該是軍事史上極為重要的一戰。

不過，碭縣之戰被嚴重低估，導致人們也低估了劉邦的神祕軍事能力。

接著劉邦再去攻打邑，很快也攻下了。這一戰周勃表現出色，首先登城，因此被封為五大夫。封了一大堆的大夫，劉邦信心爆棚，便再次回師，來打豐邑。

此次豐邑之戰，再次證明了劉邦過人的眼光，他看人就是看得準。當初他揮師東進，留下雍齒守豐邑，就是因為他認為雍齒這個人善於防守。他的判斷果然萬分精準，他認為雍齒善守，雍齒就是善守。劉邦率領一萬多人來攻城，雍齒守在城中，竟然硬是攻不下來。劉邦快要氣死了，他發誓這輩子都不原諒雍齒。

就在劉邦束手無策之際，項梁率了八千江東子弟，渡江而來。

把項梁招來的，是一個叫邵平的人。邵平應該是隨陳勝於大澤鄉起事的九百戍卒之一。因為他是廣陵人，所以陳勝派他帶隊去攻打廣陵。但邵平沒什麼能力，打不下來，這時候又聽說陳勝敗走，他就渡過長江去找項梁。他假託陳勝的命令，封項梁為上柱國，並說：「現在江東已經平定，命令上柱國項梁，即刻渡過長江，向秦兵進攻！」

項梁接到這個假命令，從此對陳勝非常感激。是陳勝復國，給了項氏族人向秦國復仇的機會。而且陳勝還授他為上柱國，這是相當給面子的事情。於是項梁渡江而來。渡江後，聽說東陽已經反正，首領是陳嬰，就派人聯絡陳嬰，大家一同去打秦兵。

陳嬰這個人其實滿低調的，他原本是東陽的令史，一個不大的小官。此時天下大亂，東陽少年嘯聚而起，殺掉了縣令，公推陳嬰為首。此事被陳嬰的母親知道了，訓斥他說：「你們陳家世世代代沒出過一個有出息的人，現在你突然被人推到稱王的位置上去，這難道是好事嗎？我可告訴你，你為這事出頭，將來失敗了，你會死得很慘很慘。還不如找個冤大頭，推舉他為首領，你就跟在後面混。成功了，少不了你一份功勞；失敗了，你也容易逃走。」於是陳嬰拒絕稱王。

接到項梁聯合進兵的建議，陳嬰就告訴手下人：「項家是將門世家，一定能夠打敗秦國，我們以後就聽項梁的吧。」

項梁渡江，只有八千人，不料陳嬰帶了兩萬人來，還情願歸奉項梁，讓項梁既驚且喜。而後陳勝的侍臣、蒼頭軍首領呂臣率幾萬人趕到，在長江做強盜的英布也率幾萬人趕到，還有個蒲將軍，又帶萬人趕來加盟，於是項梁軍威大震，兵力達到了七萬人。

項梁是名將之後，其名氣遠比劉邦大得多，所以天下英雄及非英雄，紛紛跑來投奔。投軍的人中，就有一個挎劍而來的非英雄——韓信。

最優秀的兵法家

韓信是淮陰人，出生於西元前二三一年，比劉邦小二十五歲，比張良小十九歲，只比項羽小一歲。韓信投奔項梁的時候二十四歲，而項羽則不過二十五歲。

史學家確信，韓信少年時代一定有過和張良圯上奇遇類似的事件。倘若無類似之事，就無法解釋韓信何以會成為當時最優秀的兵法家。較可信的推斷是，秦始皇一統中國後，著手滅殺有影響力的知識分子，許多有學識的人逃到徐淮一帶躲藏，而韓信是淮陰人，應該是在特殊的情況下，遇到了如黃石公般的奇異人物，授予他兵法絕學。

學得屠龍術，苦無用武地。雖然他是最優秀的兵法家，卻被鄉人鄙視。當時鄉邑推選優秀的子弟為官吏，韓信成功落選，從此沒飯吃。

沒飯吃怎麼辦？只能去白吃。韓信厚著臉皮到處白吃，大家都討厭他。於是韓信就想，白吃讓人討厭，看來得調整一下白吃方略了，咱是大兵法家，飯可不能胡亂白吃，一定要有針對性地白吃。

韓信所謂針對，是針對下鄉南亭亭長。這個人的職務與劉邦相同，劉邦有犯罪前科，但還是如願以償地當上了亭長。而韓信清清白白的信用紀錄，卻只能去亭長家裡白吃。由此可見，兩人處理人際關係的技巧有巨大落差。

劉邦屬於高EQ、IQ也靠得住的希有品種，而韓信則是典型的高IQ、EQ卻有點不怎樣的類型。EQ高的人，總是能夠從人際關係中獲利；而EQ低的人，遇到與人合作的事情就會吃虧。比如說，劉邦交了一大票好友，但凡惹出事端，總會有好友拚死相護。就像劉邦還是平民時犯了罪，是蕭何等人護著他。做了亭長之後又惹出禍端，是夏侯嬰護著他。棄職潛逃之後，害得呂雉坐牢，又有任敖跳出來保護他。

劉邦是典型的在家靠父母——實際上是靠守寡的大嫂——出外靠朋友的成功案例。因為他EQ高，善於掌握他人的心理，讓對方無怨無悔地付出。如果對方心理上有動搖，他就會及時安慰，藉由耐心周密的思想教育，打消對方的顧慮，讓對方繼續無怨無悔地付出。

而韓信卻沒有這個眼力，EQ低的人，不懂閱讀空氣，當變化發生時一無所知，所以總是把事情搞砸。韓信也信奉在家靠父母，出外靠朋友，但由於他學的是屠龍術，倘若無劉邦這般的領袖人物願意把他放在屠龍的位置上，他就一無是處。

當時韓信的做法是，每天下鄉南亭亭長家裡做好飯的時候，他就準時出現在門前，讓亭長及妻子只能熱情邀請韓信共同進餐。就這樣連吃了幾個月，吃得亭長一家崩潰，沒見過這種人，連續幾個月都在同一家吃，換一家吃你會死啊？

硬是在一家連吃幾個月，而且連對方崩潰了都一無所察，可見韓信當時的窘境，以及他對人際交往的生疏。

於是南亭亭長的妻子就不在正常時間做飯，提前把飯吃了。等韓信登門，一家人就熱情地陪韓信聊天。聊得韓信肚子咕嚕咕嚕爆響，他悲憤地站起來，說：「我宣布，從現在開始，我要和你家斷絕往來，從此再也不會原諒你們！」

和亭長絕交之後，韓信在當地更找不到白吃的地方，只好到城下釣魚，釣一條吃一條。有個老婆婆在河邊洗棉絮，看到韓信餓得極慘，就拿飯給韓信吃。就這樣一連十幾天，老婆婆每天來洗棉絮的時候，都替韓信帶飯。韓信吃得高興，對老婆婆說：「婆婆，妳待我真好，等我以後發達了，一定重重回報妳。」老婆婆生氣地道：「呸！你一個大男人，連自己都養不活，我是不忍心你餓死才幫助你，誰希罕你報答？」

淮陰有個年輕的屠戶，最瞧不起韓信，因為韓信連飯都沒得吃，身上卻始終佩帶一把劍，好像極有派頭的樣子。每當看到韓信這個模樣，屠戶心裡就升起無名火。終於有一次，他在路上攔住了韓信，說：「韓信，你人模人樣的，裝什麼裝？飯都沒得吃，還帶刀佩劍，你有種就拔出劍來，捅老子一刀，沒種就從老子褲襠下鑽過去！」

屠戶這一手可算是掐到韓信的死穴上了。韓信學的是萬人敵，猶如一個偉大的棋手，能夠端坐於帷幄之內，把千軍萬馬猶如棋子一樣搬過來挪過去。而屠戶卻憑空給了韓信一個終極選擇，要不就殺了他，從此韓信也成為死刑犯，要不就認輸，從此沒臉再混下去。

韓信酷酷地看著年輕屠戶，看了好長一段時間，最後他撲通一聲趴下，從屠戶褲襠下鑽了過去。周圍的人哄堂大笑，從此韓信創造了「胯下之辱」這麼個成語，為中華傳統文化做出了不可磨滅的貢獻。

鑽了褲襠，家鄉就不太好混了。幸好這時候項梁接到陳勝的假命令，渡江北上，挑戰大秦帝國。於是韓信帶著他的劍趕來投奔，但胯下之辱的業績，在項梁團隊是不具競爭力的，所以韓信混入幾萬人中，就消失了。

韓信雖然消失了，另一個人卻浮上了水面，他就是聖人後裔孔鮒的得意弟子，剛剛被秦二世任命為博士的叔孫通。叔孫通從咸陽逃出，原想投奔陳勝，但當他趕到時，陳勝已經被害，而恰好項梁統雄兵而來，於是叔孫通就投奔到了項梁大營。

這時候的項梁隊伍集結了最優秀的人才，駐紮在下邳。聽說秦嘉及他所扶立的楚王景駒正在彭城以東，項梁頓時火了，說：「我們擁有今天的局面，是陳王陳勝率先舉旗抗暴。而今陳王戰敗，不知所蹤，這個秦嘉和景駒，竟然擅立楚王，這是大逆不道，斷斷不能容忍。」

於是項梁驅兵殺向彭城東。秦嘉如何是項梁的對手？被打得逃到胡陵縣——居然逃到了劉邦的地盤——與項梁部隊交戰整整一天，最後戰死了。楚王景駒發現沒人承認他，只好偷偷逃到魏國去，最後死在了那裡。

景駒敗亡，而且這場大戰就在自己的地盤上爆發，劉邦是什麼態度呢？要知道，景駒可是給過劉邦人馬，支援過劉邦的。

劉邦什麼態度也沒有，誰愛死就死，他才懶得管。劉邦的腦子裡只有豐邑，豐邑，借兵打下豐邑，宰了雍齒，占據了劉邦的全部思維。除了這件事，他什麼都不想。

眼看項梁把景駒打敗了，劉邦第一個想法就是：嗯，如此說來，項梁很厲害，那他肯不肯借兵給我，幫我打豐邑呢？

於是劉邦真的找來了，只帶了一百多騎兵，表示他借兵的誠意。

劉邦來到，恰好項羽剛剛殺光了襄城百姓，回來向項梁報告。於是歷史上首次的劉項會面，就在薛縣展開了。

大秦流氓帝國

在薛縣見到劉邦時，劉邦四十九歲，項羽才剛剛二十五歲。

項羽這個年齡正是縱橫沙場、馬上衝鋒的黃金歲月。而劉邦老胳膊老腿，居然還能夠騎馬指揮作戰，不要說秦漢時代的營養條件，即使是現代社會，也令人驚訝。總之，劉邦身子骨再硬朗，也是過了氣的老年人了，沒法跟血氣方剛的項羽比。

在項羽眼裡，這個來自沛縣的劉季，不過是個怪裡怪氣的老頭而已。但項梁卻非常看重劉邦，這從他對劉邦的支持上，就能夠看出來。

對於劉邦的借兵請求，項梁滿口答應，當場給了劉邦五千士兵，同時還派給他十個五大夫級別的將官。五大夫不是官職，是爵位，當時秦國設二十等爵位，五大夫為第九級，是大夫中最高者。項梁對劉邦的重視，可見一斑。

史書上沒有說項梁何以如此重視劉邦，但推敲起來，項梁應該掃一眼劉邦，登時嚇了一跳，心想這誰家老爺子，怎麼跑到這烽火連天的戰場上來添亂？明擺著這老胳膊老腿，上了戰場也是被人打。但在當時，老傢伙代表了民間輿論取向，因為中國是農耕社會，最講究尊老，什麼事情一旦獲得老年人的認可，就意味著站在道義的一邊。所以項梁憐憫之心大起，擔心老頭劉邦被人打死，就多給兵馬，以保護劉邦。

得到了項梁的五千人馬，再加上原來的九千人，劉邦的兵力一下子擴充到一萬四千人。一萬四千人小意思，劉邦帶兵的本事，最多可以統十萬兵。有了一萬四千人，他再次揮師強攻豐邑，守城的雍齒說什麼也頂不住了，只好棄城逃走，逃到了魏國。

雍齒本是沛縣人，卻被迫逃亡魏國，心裡肯定非常後悔——事實的確如此，之後他顛沛流離一段時間，又回到了劉邦旗下。這是後話，暫且不提。

奪回豐邑，劉邦信心大增。此後豐邑成為劉邦最大的本錢，他為此也對項梁感激不已。但有了雍齒的教訓，這次留守豐邑的人，一定要是極可靠的才行。

派誰守豐邑呢？劉邦往身後一看，前沛縣獄卒任敖，進入了他的視線。

任敖的忠誠度，是通過嚴峻考驗的。當初劉邦棄職私逃，連累呂雉被抓入監獄，受到羞辱。正是任敖於危難時分出頭，打傷官吏，保護了呂雉。把豐邑交給任敖，劉邦絕對放心。

此後，任敖真的沒有辜負劉邦所望，就在這座豐邑城中，守護了兩年，掃除了劉邦的後顧之憂。

這時候，項梁終於追查到了有關陳勝的準確消息，得知他是真的死了。於是項梁傳檄各路義軍，齊聚薛地，召開首屆義軍首腦聯合會議，商討重建統一指揮中心的議題。

各路義軍首腦紛紛趕赴薛縣，劉邦也來了。同時來到的，還有專程從巢縣趕來的七十歲老翁范增。

范增，他見證了整個戰國時代的歷史，親眼目睹了秦始皇如何將六國各個擊破，一統天下。他一聲不吭地看了整整七十年，無數滄桑之變，看得他靜久自明，智慧已深，甫一出場，就語驚四座。

范增說：「陳勝敗固當，秦滅六國，楚最無罪，自懷王入秦而不反，楚人憐之至今，故南公曰『楚雖三戶，亡秦必楚』也。今陳勝首事，不立楚後而自立，其勢不長。今君起江東，楚蜂午之將皆爭附君者，以君世世楚將，為能復立楚之後也。」

薑是老的辣，妖是老成精。范增終不愧坐觀七十年，一語就道破了陳勝敗亡的根本。陳勝之敗，就敗在他沒有立起一杆更招風的大旗，卻讓自己挺立於歷史的浪頭之上，結果秦兵出關砍旗，只能追著他陳勝砍。三砍兩砍，就給砍掉了腦袋。總之，拉風是需要付出代價的，想要以小的代價換取更多的成功，就必須要有足夠的隱忍。

范增說這番話實際上是暗示項梁先要忍。項梁接受了范增的建議，就派人去尋找楚懷王的後裔。

其實范增提到的楚懷王，是歷史上一個相當搞笑的人物，簡單來說，愛國主義大詩人屈原，就是被楚懷王氣得投了江。

楚懷王時代，楚國的實力最強大，被山東六國推為縱約長，領導六國共抗強秦。於是秦國就派了縱橫家張儀，來騙楚懷王，說楚懷王只要和列國斷交，秦國就割給楚國六百里地。屈原勸懷王不要上當，楚懷王不聽，真的和列國斷絕外交關係。而後張儀又改口說，他答應楚懷王的，是自己的六里地，而不是秦國的六百里地。而後秦國再向楚國展開攻擊，列國恨楚懷王不是東西，袖手旁觀，把楚國搞得極為淒慘。

再後來，秦國又騙楚懷王去秦國友好訪問，屈原阻攔未果，氣得投了江。而楚懷王去了秦國，就被扣押了。不久楚懷王居然逃了出來，逃到趙國，趙國不敢收留，又逃到魏國，也不被收留。而後秦兵追上來，又把他給拖回去，楚懷王就活活氣死了。

但是楚國人認為，楚懷王是有點傻氣，但是他厚道、仁慈、講誠信。秦國正是利用了楚懷王的這些優點，大耍流氓手段，害死了楚懷王，也害慘了楚國。所以楚國雖然亡國，但人心不服，認為秦國以流氓手段取勝，不是東西。

總之，楚懷王在楚國人的心中印象最深，已經成為楚國悲情的象徵。倘若立了懷王的後人為王，其號召力是無遠弗屆的。

大家找來了楚懷王的孫子熊心，這可憐的王孫，正在給人家放羊呢。立了楚王，第一個受封的是陳嬰，他被封為上柱國——這其實是項梁以前自認為被陳勝封的爵位。陳嬰還得到了五個縣的封邑。之所以封陳嬰，是因為他沒有絲毫利欲之心，兩萬人的部眾說給項梁，就給項梁了，這種高風亮節，誰也比不了。正因為陳嬰不爭，故天下莫能與之爭，這就是人世間獲取利益的最高法則。

項梁把自己封為武信君。這個稱號的意思是，他很能打，而且講信義。

看大家都有封賞，張良坐不住了，就撇開劉邦，站出來推薦韓國的公子韓成，要求項梁幫助韓國復國。現在六國已經恢復了五家，只有韓國還沒有復國，這不公平。

項梁卻不肯幫忙，但又不想傷了情面，就耍了個小心眼，只給了韓王和張良千把人，讓他們自己去奪回韓國的老地盤。張良和韓成去了，還真打下了一兩座城，但秦兵大隊殺至，結果韓王和張良，又淪落為潁川地帶的小股游擊隊。

接下來，秦將章邯大顯身手，上演了一段精采的個人秀。

秦漢殘暴戰

秦將章邯在擊潰了陳勝的殘部之後，隨即揮師，去消滅魏國。

魏國這塊地，是陳勝的老兄弟周市打下來的。周市起初是想打下齊地，但被齊地的田儋搶先一步，占據狄縣復國。於是周市就打到了魏地，大家勸他稱王，但是他很清醒，知道自己分量不足，稱王只會死得更快，就扶立了魏王的後裔魏咎，周市自己做了魏丞相。

西元前二〇八年六月，秦將章邯氣勢洶洶地打來，與周市戰於臨濟。可憐周市起家於戍卒，起點太低，而章邯則是秦國文武全才的將領幹部，雙方的素質相差太大，結果周市不支，退入臨濟城。

魏王咎知道這次麻煩大了，就讓周市去向楚、齊兩國求救。楚國項梁派來個叫項佗的人，看名字，應該是項梁的本家親戚。而齊國是齊王田儋親自率兵趕來增援。兩國軍隊抵達臨濟城下，正秣馬厲兵，準備大幹一場。不料到了夜晚，章邯突然下令每個士兵找根木棍，咬在嘴裡，然後拎著刀子向楚齊兩軍的大營快速進擊，這個叫銜枚疾走，是章邯發明的全新戰法。

楚齊兩國的軍隊正在香甜的睡夢之中，料不到秦兵大半夜不睡覺，一聲不吭地摸了進來，迎頭就是一刀，砍得楚齊兩軍大敗，屍橫滿地，血流成河。齊王田儋被活活砍死，周市被俘，還有個楚將項佗不知去向。

誰也料想不到，原本被人視為傀儡的魏王魏咎，這時候卻煥發出人性的光輝，他派人與章邯談判，要求章邯不可以屠城，不可以傷害臨濟百姓，而魏咎則自裁回報之。使者幾度往返，雙方都在條約上簽字之後，魏咎就坐在木柴上，點起一把火，把自己燒死了。

歷史還欠魏咎一個公正的評價，他是一位仁者，為了保護臨濟的人民，不惜身入火窟。這等菩薩心腸，在這血腥的時代，讓我們得以窺見人性的光明。

仁者死去，血腥氣息再次湮沒了這個時代。

魏咎化魂升天，他的弟弟魏豹逃奔楚國，央求項梁替他主持公道。項梁給了他幾千人馬，讓他回去再奪回故土。

齊國的援軍，除了齊王田儋之外，還有田儋的堂弟田榮，田榮收拾殘兵，向東而走，章邯尾隨追擊，在東阿縣再次將田榮圍住，準備全殲。擔心田榮被殲滅會導致脆弱的齊國再度滅亡，於是東阿成為歷史的聚點，項梁統劉邦、項羽、英布、蒲將軍驅動大軍而來。

這是道道地地的全明星陣容，劉邦項羽各自帶部將衝殺；站在項梁身邊出謀劃策的，是范增和叔孫通；替大家上茶斟酒的，是兵法家韓信。人類歷史上，再也拚湊不出這樣完美的軍隊了，說這支軍隊天下無敵，絕對是謙遜之詞。

東阿之戰，戰略方案如下：項梁親統諸軍，以最勇猛的龍且為先鋒，徑取東阿。劉邦和項羽掃平東阿周邊，以策應中路軍的進攻。照理來說，劉邦和項羽的兩支軍隊應該按其隸屬分為左右兩路，但在實際戰場上，這兩家明顯有點太過親近，大多數仗都是混在一起打的。

最典型不過的，就是攻打蒙、虞二城。劉邦這邊的戰報稱：曹參、周勃進攻蒙、虞二城，又在下邑西攻章邯，全部攻下，在襲擊章邯的車騎部隊時，周勃立了下等功。

從這個戰報上一眼就能夠看出破綻。以當時曹參、周勃的力量，攻擊蒙、虞二城還可以，但要說打下來，可能性不大。至於說到攻章邯，還要攻下，那就近乎天方夜譚了。

實際上，這些仗都是項羽打的。曹參和周勃應該是被劉邦派到項羽軍中的觀察員。項羽攻下虞城之後，就在城中遇到了中國歷史上的傳奇美女虞姬，英雄難得，美女難求，值此兵荒馬亂之際，兩人也來不及登記，就直接相愛了。從此虞姬就跟在項羽身邊，南征北戰，東奔西走，再也沒有分開過。

攻下虞縣，項羽和曹參、周勃在下邑以西攻擊流動的秦兵，襲擊秦兵的車騎部隊，並將這些秦兵統一冠上章邯的名目，以強調自己戰績輝煌。

此後周勃打東緡、打栗縣，勢如破竹。攻齧桑，周勃率先登城，再立戰功。而曹參則走亢父，打下亢父之後，與周勃會於爰戚。這一次輪到曹參先行登城，於是劉邦封曹參為五大夫。

這一路行來，進步最快的是夏侯嬰，他終於學會了車戰，指揮兵車在東阿周邊襲擊秦兵。臨戰時他一車當先，駕車疾撞秦軍，作戰勇猛，劉邦大喜，賜給夏侯嬰執珪的爵位。

在東阿城下的主戰場上，項梁的先鋒大將龍且披堅執銳，勇冠三軍。眼見這夥人如此凶悍，章邯知道遇到了強力對手，立即拔師西走，以避其鋒。

項梁去追趕章邯，同時派項羽和劉邦去攻打城陽。

劉項二人終於在歷史上史詩般地大聯手。我們知道，普天之下，恐怕沒有人能夠擋住他們聯手一擊。所以城陽之戰，史書上寫得極為簡單，只道樊噲率先登城，表示在這場友誼賽中，劉邦未輸給項羽。

由於史書記述得過於簡單，沒人知道項羽和劉邦兩人是如何配合的。但他們合作的結果，卻讓許多人目瞪口呆——兩人聯手打下城陽，就接著屠城。

《史記．高祖本紀》記載：「使沛公、項羽別攻城陽，屠之。」

《史記．項羽本紀》則記載：「項梁使沛公及項羽別攻城陽，屠之。」

《資治通鑑》卷八這樣記載：「武信君獨追北，使項羽、沛公別攻城陽，屠之。」

《漢書．高帝紀第一》則是：「田榮歸，沛公、項羽追北，至城陽，攻屠其城。」

是的，四十九歲的劉邦與二十五歲的項羽展開的首輪愉快合作，就是血洗城陽這座城。

這是項羽血洗的第二座城，第一座城是襄城。而且項羽在襄城特別血腥，打破城池之後，無論男女老幼，統統活埋，一個也不留。

城陽是劉邦血洗的第一座城。目前項羽二比一暫時領先，很快，劉邦就要再屠潁陽城，把業績跟項羽追平。不服老啊，不要以為只有年輕人才會屠城，老年人在屠城方面，也是極有創意的。

這樣就產生了一個詭異的問題，同樣是屠城，而且是劉邦和項羽一起屠城，但屠來屠去，項羽落得個殘暴不仁的壞聲名，而劉邦卻被尊奉為仁慈的長者，這是為什麼呢？

有人疑心這是修史者瞎掰，不敢言明劉邦其實和項羽一樣殘暴，並因此得出結論：歷史是勝利者寫的。勝利者屠城，就是仁慈厚道，失敗者哪怕不屠城，也照樣是殘暴邪惡。胡適更認為歷史是個小姑娘，誰想在姑娘臉上抹幾把誰就來抹，抹得姑娘面目全非。

但實際上，至少在屠城這個問題上，不是這樣子的。

想明確劃出這件事情的分野，就必須先弄清楚秦漢時代的屠城是怎麼回事。

秦漢之前是春秋戰國，春秋是從西元前七二二年開始，到西元前四八一年結束，總計是二百四十二年。這是中國歷史的大黃金時代，而後進入戰國。戰國是從西元前四八〇年開始，到西元前二二一年結束，總計是二百六十年。而我們的主角劉邦，他三十四歲之前，是在戰國時代度過的，三十四歲到四十八歲，是在大秦一統時代度過的。四十八歲以後，秦政崩盤，天下大亂，劉邦的人生才終於開始。

我們應該要問的是，春秋和戰國有何區別？為什麼歷史要這樣劃分？

史學家聽到這個問題，會立即興奮得兩眼發光，馬上寫無數本書，從經濟、政治、文化等諸方面胡言亂語。但實際上，春秋與戰國的區別，不過就是社會規則的不同而已。

怎麼個不同法？

春秋和戰國最大的不同體現在戰爭型態上。

春秋之前的戰爭，不叫戰爭，叫觀兵。套用現在的話，就是看人打架。比如說，商湯滅夏，叫鳴條之戰。雙方都把兵力集中到鳴條這個地方，大殺一場，商湯打贏了，就奪得天下。而周武王滅商，則是牧野之戰，同樣是雙方將兵力集中在牧野，大戰一場，周武王打贏了，於是奪得天下。

仔細想想就會頓生疑竇，咦，你商湯的主力去了鳴條，我不正好去剿你老窩嗎？為什麼要跟你硬拚？

這麼想，就是戰國的戰爭規則了，春秋時不能這麼玩。圍魏救趙是戰國的遊戲規則，如果有誰在春秋年間這麼玩，會被大家鄙視，就沒法混了。所以雖說是春秋無義戰，但這種無義，是指戰爭的目的缺乏正義性。但手段上，大家都要講規矩，不講規矩就會出局。

等到了戰國，戰爭規則變了，圍魏救趙成為戰爭的常態。這時候你如果再將兵力集中到鳴條或是牧野，那就是傻子，人家正好避實就虛，去抄你的後路，剿你的老巢。所以戰國時代的戰爭，遠比春秋年間更血腥——春秋也不乏不守規矩、悍然攻城的案例，但會受到國際公法的譴責。同樣的事情，在戰國卻具有合法性。

而秦國能夠成為戰國時代的贏家，是因為秦國把戰爭的規則朝極端型態又推進了一步，讓戰爭變得更殘酷，更血腥。列國比不過秦國狠辣，所以輸慘滅國。

日本歷史小說家酒見賢一認為，秦國之所以將戰爭型態再向殘暴推進，有可能是因為墨家的戰術最終在秦國生根。墨家只講守而不講攻，而這個守，是極限之防守，意味著要將民眾轉型為戰爭機器的一部分。

簡單地說就是，春秋時代的戰爭，百姓雖然飽受兵火荼毒，但戰爭本身與百姓並無關係。權貴打權貴的，老百姓過自己的日子，冷眼旁觀。而到了戰國，百姓就被強行押到城池之上，充當防守的兵卒。而秦始皇建立郡縣制，則將百姓關入籠子，百姓就徹底喪失了自由，淪為暴君戰爭的工具。

與一般想像的不同，當劉邦項羽攻城的時候，面對的守城者，並非是城裡的守將，而是百姓。就拿被劉邦項羽聯手血洗的城陽來說，當劉邦和項羽打來時，城裡的秦軍就立即拿來戶口名簿，命令每戶百姓出動壯丁，登上城牆守城，與劉項作戰。守軍並不與劉項拚打，只負責監督城裡的百姓，如果有哪個百姓不跟劉項開打，守軍就殺掉這名百姓的家人。這就是商鞅替秦國政改之後的最大成果，從此百姓淪為人質，為避免家人被處死，只能替暴君攻城掠地。

所以，於守城的百姓而言，此城並不為自己所守。秦軍在城裡，自己就得替秦軍守城，倘若劉邦項羽攻進城來，自己仍然得替劉邦項羽守城。誰輸誰贏都沒有不同，誰來了，老百姓就得替誰幹，戶籍管理與居住地固定，讓老百姓喪失了選擇的自由。

所以劉邦和項羽認為，既然輸贏於你百姓毫無差異，就沒必要非拚老命不可。象徵性的，意思意思打一打，能糊弄過城裡的秦兵，別讓秦兵殺掉你的家人，就算是交差了。總之你完全沒必要跟城外的人拚命。

但是城陽的百姓顯然很敬業、很認真，他們既然站在城上，就跟劉邦項羽死鬥起來，全然忘了自己跟城外的人無仇，忘了輸贏於自己無異。

百姓太認真，給劉邦項羽造成了較大的殺傷，這完全是沒必要的事情。所以劉邦和項羽聯手血洗城陽，是為了警告其他地方的百姓。我來打時，你別太認真，太認真會有麻煩的。

雖然劉邦和項羽都有屠城的紀錄，但屠城和屠城也有區別。劉邦屠城，是因為城裡的百姓對抗太認真、太激烈，這不符合百姓的利益，所以劉邦屠城。而項羽屠城，卻是不管三七二十一，管你認不認真，先殺光了再說。

劉邦屠城，是殺其對抗者；而項羽屠城，則是濫殺無辜。這就是二者的區別。

總之，替暴君幹活，千萬不要太認真，太認真會死得很難看。

李斯是隻大老鼠

正值起義形勢一片大好之際，又出了不明不白的糗事。

糗事出在齊國。齊王田儋援魏，被章邯殺掉，只有田榮收拾殘部逃回。回來後驚見齊國又有個齊王，是由田角和弟弟田間哥倆立的齊王假。田榮大怒，於是立即攻擊新王假，新王假招架不住，就跑到了楚國，而田角和田間兄弟去援救趙國，聽說這事後，就留在趙國不敢回來了。

這時候項梁信心爆棚，他擁有一支最強大的武裝，急切需要齊國配合出兵，牽制秦兵，也好讓他一舉打掉章邯。於是項梁要求田榮出兵，不料田榮卻說：「除非楚國殺了齊王假，趙國殺掉田角和田間兄弟，否則我就不出兵。」

楚國不可能殺齊王假，趙國也沒理由殺田角田間，結果大家就僵在這裡，讓章邯趁機休養生息，很快又恢復了戰鬥力。

在這個節骨眼上，秦二世身邊的宦官趙高，覺得這樣下去不行，就提了個合理化建議，殺掉李斯如何？

「為什麼要殺掉李斯呢？」秦二世問。

「因為李斯謀反呀。」趙高回答。

「你說李斯謀反，有證據沒有？」秦二世再問。

「證據這事好辦，」趙高充滿信心地說，「咱們秦國什麼都缺，就是不缺證據。」

於是趙高下令把李斯抓起來，嚴刑拷打。

說起秦國的丞相李斯，他乃中國歷史上有名的「老鼠哲學」大師。他是楚國上蔡人——實際上是蔡國的亡民。曾經有一次，他去廁所，發現廁所裡的老鼠又瘦又小，見人來了就驚慌失措地逃跑。然後他又去米倉，發現米倉裡的老鼠，巨肥巨胖，見到來人也無動於衷。此事讓李斯恍然覺醒：你有多大本事，有多少能力，並不重要，重要的是你處在什麼位置。

同樣是老鼠，落在廁所裡就吃不飽，餓得沒個鼠樣，還要擔驚受怕；落在米倉裡就大吃大喝，大腹便便。同樣是人，成為金字塔頂端的人就吃喝不盡，尊榮體面；落在底層就會累死累活，也未必能夠吃飽穿暖。

所以李斯發誓要做一隻米倉鼠，他選擇了秦國這個大米倉，幸福地吃了好多年。事實上，秦滅六國計畫就是由他策劃並實際執行的。因為秦始皇親政後，下令驅逐列國客卿，李斯捨不得離開這個大米倉，就苦心孤詣，經營盤算，以滅六國計畫為代價，要求繼續在秦國吃米。

而且李斯這個人是出了名的嫉賢妒能。他早年和韓非同時受業於荀子門下，算是同門師兄弟。荀子是著名的性惡論大師，認為人性本惡。李斯和韓非繼承並發展了這一學說，雙雙成為法家刑民思想的領頭人物。但詭異的是，荀子的兩名弟子雖然是法家，但荀子本人卻堅持認為自己是儒家，是道道地地的孔子傳人，視孟子為蔑如也。

現在李斯要退場了，趁這機會簡單介紹一下儒法兩家的思想：

不論是儒家還是法家，其思想的源頭都是孔子。但孔子卻非常狡猾，拒絕在人性上正面表態，導致戰國時代荀子與孟子之間的兩軍對峙。孟子是人性本善派，認為人類的本性是趨善的，是有自我尊嚴的，是積極向上的。而荀子則是人性本惡派，認為人類的天性是邪惡的，是消極、落後而無恥的。

於是從孟子的性本善論，走出了後世儒家思想的派系。該學術流派認為，人性是正面的、光明的、趨善的，所以統治者應當以仁治天下。而從荀子的性本惡論，走出了以李斯韓非為代表的法家刑民思想派系。該學術流派認為，人性是負面的、黑暗的、邪惡的，所以統治者不必跟老百姓客氣，儘管以嚴刑酷法修理老百姓就是了。

中國歷史上，幾乎每一個皇帝都是穿著儒家的衣服，打著儒家的旗號，卻是法家的信徒，幹著法家的勾當。後世的史學家腦袋進水，看到儒家的衣服旗號，就狂批儒家，把法家的髒事一股腦兒地扣到儒家的頭上。但實際上，自從中央集權體制發明以來，儒家的思想從未在中國實行過，也不可能實行。實行了還怎麼集權？

所以，從秦王嬴政時起，統治者就對法家的人才求之若渴。蓋因要讓一個學者對百姓充滿仇恨，無端幫助統治者出陰招禍害百姓，與良知衝突，是違背基本人性的事。所以歷史上，儒家學者的數量蔚為大觀，但法家學者卻是虛席以待，人才難得。

早在秦始皇滅韓國時，韓國派李斯去奉璽納地，秦始皇就打算重用韓非了。此事激起了李斯的危機意識，生恐小師弟來到之後，自己就沒得混了，於是他先誣告韓非居心不良，把韓非打入大牢，而後又端來碗毒酒，把小師弟韓非給毒死了。

幫暴君吞滅六國，毒死自己的小師弟後，李斯從此就安心地在秦國這個大米倉中繼續吞吃。但是現在，輪到他為吃下去的米埋單了。

趙高把李斯抓起來，狠狠地折磨：「你招不招？到底招不招？你敢不承認謀反，就活活打死你。」李斯被打得受不了了，心想，我就屈打成招了吧，等見到秦二世，我再申冤，舉報趙高對我刑訊逼供不遲。於是李斯就招了。

招了之後，秦二世就派使者來調查。李斯見到御史，頓時淚流滿面，大聲呼冤：「御史，求求你告訴皇帝，我沒有謀反，是被趙高刑訊逼供，打得受不了了，不得已才冤招枉屈……」卻不想御史把臉一抹：「哈哈哈，你真以為我是御史呀？傻瓜，告訴你吧，我是趙高的手下，就是怕你到時候又翻供，先來試探你的。你果然不乖，給我繼續打。」

然後又是酷刑折磨，折磨得李斯求生不能，求死不得，被迫再次招認謀反。招了之後，御史又來了，李斯急忙再翻供，不料這個御史還是假的，結果李斯又慘了。

就這樣，每翻供一次，刑訊就更嚴酷一分，最終超過了李斯的極限，他徹底崩潰，堅決認為自己謀反，誰敢說他沒謀反，他跟誰沒完。

御史還是隔三差五地來，李斯認定這都是在試探自己，鐵齒咬定自己謀反，堅決不上趙高的當了。實際上，真的御史已經來過了，只不過真御史混雜在太多的假御史之中，李斯根本辨別不出來。

李斯承認謀反的親筆供狀遞交到秦二世面前，秦二世很痛心，說：「你看這個李斯，大家在一起玩多好，為什麼一定要謀反呢？謀反真那麼好玩嗎？」

李斯及次子被判腰斬！

被捆綁著從監獄裡出來時，李斯對二兒子說：「孩子，還記得在老家上蔡時，我們牽著小黃狗，去山上追逐狐狸和野兔的快樂時光嗎？」

人生如夢，一刀揮為兩段。

李斯和二兒子被處斬了，他還有個大兒子李由，正守在雍丘。不幸的是，項梁派了他手下的黃金組合劉邦和項羽，朝著雍丘殺奔而來。

劉邦項羽第二次握手

雙屠城陽之後，劉邦與項羽的合作漸入佳境，仗越打越順手。

兩人的精采表現，讓項梁信心再次爆棚，命令劉邦和項羽追擊章邯軍隊。

章邯先退到城陽，但由於劉邦項羽先知先覺，提前把城陽城中的男女老幼殺光了，秦軍無法在空城中立足，不得不退回濮陽。劉邦、項羽、曹參、周勃及樊噲窮追不捨，其中樊噲最狠，竟然直追到城上，斬首二十二級，被賜爵為列大夫。

封了樊噲之後，劉邦和項羽站在濮陽城下，仔細一看，頓時倒吸了一口涼氣。也只有劉邦項羽，這兩個當時唯一識貨的人，才知道章邯的軍事才幹多麼非凡。眼見劉邦項羽窮追不捨，章邯據城堅守，他在濮陽城的四周大搞土木工程，挖得到處是深溝壕塹，讓劉項的兵馬無法行走。而後章邯又不知用了什麼辦法，居然把黃河之水引到了壕溝之中，儼然把濮陽弄成了水泊梁山，這下子讓劉邦項羽的步兵也無法通過了。

此時的濮陽城，集中了章邯的主力，而且已經得到了充足的休整，戰鬥力空前強大。但章邯卻深溝壁壘，拒不出戰。其待城外義軍疲憊之後，再一鼓擊之的險惡用心昭然若揭。劉邦和項羽都是知兵之人，頓時察覺到了危險，於是兩個大滑頭拔師而走，假裝自己沒有打過濮陽，徑向西行，去攻打沒有秦兵防守的城池。

西邊就是定陶城，但參加攻城戰役的，卻只有曹參一個人，而且只是試探了一下，發現此城難克，掉頭就走。

如此看來，劉邦所謂的攻打定陶城只是一個障眼法，目的是防範城中奇兵突出，於後面掩殺上來。攻城的目的，一來是試探一下城中的防守兵力，讓自己心裡有個數；二來是震懾城中守軍，恐嚇其不敢追趕。

定陶城中果然沒有追兵出來。於是劉邦和項羽再展身手，發動了七扭八歪的雍丘戰役。

此時劉邦的戰鬥團隊成員都已經成了沙場老將，表現最優秀的還是曹參、周勃和樊噲這三個人。曹參已經是車戰大師，驅兵車狂追小股秦兵，直入陳縣，收復了這座起義的聖地。而周勃則攻下甄城，進攻都關、定陶。他得知宛朐城沒有秦兵，於是長驅奔襲，一舉破城，並且不可思議地在宛朐城裡，俘虜了單父縣的縣令。

不過，在宛朐城中最大的收穫，不是這個莫名其妙的單父縣令，而是獲得了名將靳歙加盟。靳歙的履歷上記載，他起於宛朐，以侍從官員的身分跟在劉邦身邊，職務類似作戰參謀。但很快他就顯露出實戰的不凡天才，並超越殺狗匠樊噲，成為劉邦團隊中作戰能力最強的一員。

除了靳歙，還有個賣絲繒的小商人灌嬰，他撇下自己的攤子不管，跟著劉邦四處征戰，劉邦注意到他的不凡軍事才幹，於是灌嬰開始嶄露頭角。但從他的履歷上來看，他不屬於那種能征慣戰的猛將，最多是個優秀的高級參謀。

此後劉邦北走，與項羽雙雙夾擊雍丘。曹參和周勃聯手奪取臨濟。兩人分頭行動，曹參繞行北路，周勃攻壽張，走卷縣，繞到雍丘後面，斷了守將李由的後路。而劉邦則親率樊噲、夏侯嬰，以及剛剛加盟的靳歙向濟陽方向進攻，目標是戶牖城。

拿下戶牖，雍丘李由就暴露在劉邦項羽的刀口之下，所以戶牖之戰，打得比較激烈。此戰的工作分配是新加盟的靳歙負責掃清周邊，謝絕來援的秦兵。夏侯嬰驅兵車在城下往來狂奔，尋找入城的洞口。而劉邦則指揮樊噲直接攻城。有這些人，再加上項羽的部隊，戶牖城輕鬆拿下了。

接著劉項合兵奔雍丘，曹參兜了個圈子，從北邊繞了過來，周勃卻跑丟了，後來有人在開封城下找到他。

如此縱橫交錯的布署，讓雍丘守將李由頭暈目眩。再加上他的父親李斯和弟弟，已雙雙在咸陽城中被腰斬。李由是李斯的大兒子，摘他項上人頭的使者一時三刻就到，照理說他最應該做的事情就是快點向義軍投降。但是，劉邦這邊太多兄弟急於立功，所以李由失去了投降的機會。

樊噲追殺李由，斬首十六級，被賜上間爵。

夏侯嬰驅兵車狂撞李由，表現英勇，劉邦賜他執帛的爵位。

曹參部殺掉李由，俘虜秦兵軍侯一人。

還有個周勃，迷路了跑到開封城下，劉邦大喜，給周勃也記戰功。

李由被殺，大老鼠李斯全家死絕，就這樣為自己的人生選擇埋了單。

合攻雍丘，殺三川郡守李由，是劉邦與項羽第二次密切合作了。雍丘之戰，說起來聲威赫赫、氣勢堂皇，但實際上仍是劉邦慣用的戰略：避實就虛，大造聲勢而已。要知道，此時章邯的主力部隊全集結於濮陽城中，劉邦和項羽卻繞著濮陽周邊掃蕩個不停，給人一個錯誤的印象，好像劉項之軍天下無敵，無人敢綹其纓一般。

劉邦項羽耍滑頭，最終害死了項梁。他見劉邦和項羽勢如破竹，戰無不勝，攻無不克，就錯估了秦兵的戰鬥力，以為秦兵不堪一擊。卻不知劉邦和項羽都是兵法高手，只挑軟柿子捏，所以才會戰無不勝。項梁不察，就統大軍來攻打定陶。

項梁這麼做也是正確的。定陶是濮陽的衛星城，與濮陽城中的章邯主力遙相呼應。兩個小弟劉邦和項羽都打不下來，而項梁自己是老大，統率著主力軍，理應一鼓而下，展示一下江湖大哥的風采。

為什麼要打壓項羽

殺掉了李由之後，劉邦和項羽的兩支軍隊就以開封為中心，在周邊地區繞來繞去，想再揀個軟柿子捏。

而項梁卻統率著他的主力人馬前來，武將有桓楚、英布、蒲將軍、季布、龍且、鍾離昧等，這些人全都是歷史上赫赫有名的戰將。參謀本部的人員有范增、大博士叔孫通。在這支明星戰隊中，水準最高的是職務最低的韓信。看到韓信還沒混出頭，就知道這支全明星戰隊要玩完了。

大軍抵達定陶。

自古以來，明星戰隊就面臨著管理上的困擾。尤其是項梁統率的這支人馬，戰將無一不是跺一腳地球亂顫的角色，誰也不服誰，所以項梁大軍屯於定陶城下，紀律極為鬆散。

將軍宋義發現不對，就勸說項梁：「打了幾個勝仗，就驕傲地翹尾巴，我擔心將軍會遭遇失敗。」項梁不愛聽這話，就打發宋義去出使齊國。宋義在路上遇到了齊國的來使高陵君，就問對方：「你是去找項梁嗎？」高陵君曰然。宋義就告訴他：「我建議你慢點走，走得慢能逃過一劫，你如果走快了，只怕恰好趕上項梁兵敗，你也會死在軍中。」

高陵君被宋義嚇到了，果然放慢速度。而在此時，秦兵正從四面八方向濮陽集結。秦二世批准了章邯的突襲計畫，出動所有軍隊，準備與項梁決戰。而章邯更絕，他故技重施，仍然是使用攻打魏國臨濟的老戰術，午夜時分命士卒銜枚疾走，突然之間來到項梁大營，不由分說，發聲喊就殺了進去。

項梁當場被殺，他所統率、唯一沒有敗績的最強大力量，是夜土崩瓦解，幾乎是全軍覆沒。什麼英布蒲將軍，什麼桓楚龍且季布，還有什麼韓信，在這個恐怖的夜晚，大家能夠秀一秀的，唯有逃命技巧而已。令人驚恐的是，所有這些明星都逃出來了，可見大家確實有幾手。

這時候劉邦和項羽先是攻打外黃城，發現無法攻克，兩人又去打陳留，聽說了項梁戰死的消息。兩人大為驚恐，生怕章邯乘勝追擊，把起義軍的首腦楚懷王殺掉。於是兩人急忙向東奔走，與陳勝時代的老人物呂臣一起，把楚懷王從盱眙遷到彭城。呂臣屯兵於彭城之東，項羽屯於彭城之西，劉邦則駐紮在碭縣，三支軍隊緊張萬分，準備打一場最艱難的硬仗。

結果等了一段時間，沒見秦兵打來，反倒是魏國的魏豹報來一個天大的好消息，他已經攻下了魏國二十多座城。楚懷王聞之大喜，立即封魏豹為魏王。

封了魏王，楚懷王坐下來，心情激動又澎湃。他忽然發現，自己大概算是天下最有權力的人了。你看連魏國的君王都得由自己說了算，自己是可以封別人為王的王，這豈不是證明了自己非常英明神武嗎？

小牧童楚懷王坐不住了，就開始主持工作。有什麼工作需要主持的呢？嗯，這樣好了，他把項羽的兵和呂臣的兵合併起來，統一由自己指揮。抓過軍權，又發現項羽孤零零地站在一邊，好不淒涼。楚懷王不忍心，於是大肆封官。

先封劉邦為碭地的郡長，封為武安侯，命劉邦統碭郡之兵。

封項羽為長安侯，稱號魯王。

封呂臣為司徒。呂臣的父親呂青也在軍中，封為令尹。令尹是楚國最高的官職，主掌軍政大權。這就意味著呂臣一家，得到了楚懷王的絕對信任。

楚懷王奪了項羽的兵權，卻對劉邦高看一眼，這讓許多史學家愁破了腦袋。他們無法理解楚懷王為什麼要打壓項羽，更無法理解楚懷王為什麼偏偏對劉邦高看一眼。到底為什麼呢？

史學家弄不明白，是因為史學家被司馬遷老人家給忽悠了。舉凡讀過《史記》或是沒有讀過《史記》的，只要知道楚漢相爭，知道劉邦項羽故事的人，腦子裡都有一種錯覺，認為劉邦和項羽是同齡人。

司馬遷之所以刻意為後人營造這種錯覺，是因為幾年後的一件事。

西元前二〇三年，一個三十歲的壯漢，對一個五十四歲的老頭說：「來來來，老頭，你有種過來，咱們倆單挑。」

看到這情景，你馬上會驚訝得合不攏嘴，這個三十歲的壯漢，竟然要找五十四歲的老頭單挑。這壯漢是不是腦子有毛病呀？一點沒錯，這個壯漢，就是腦子有毛病的項羽，而那個五十四歲的老頭，就是劉邦。

三十歲的壯漢，竟然向五十四歲的老頭單挑，你馬上就知道項羽腦子有問題。但是司馬遷希望塑造一個完美的項羽，而不是腦子進水的項羽。為了達到這個目的，司馬遷運用了無數的障眼法，刻意模糊劉邦和項羽的年齡差距。在世人的腦子裡，造成一種劉邦和項羽同齡的錯覺。如果項羽向一個同齡人邀戰單挑，這肯定不是腦子有毛病，而是血性、烈性與剛性。

現在我們問一句：一個氣勢洶洶向老頭揮拳頭挑戰的年輕人，你會把重要的事情交給他嗎？就不怕他把事情搞砸啊？

年齡！年齡！這一年，劉邦四十九歲，項羽二十五歲。相比之下，劉邦肯定要比項羽穩重，更容易讓人信任。所以楚懷王只收項羽兵權，卻不收劉邦的。

除了年齡上的考量，還有一個原因，是劉邦與項羽兩人的戰績比較。

所謂戰績，就是劉邦與項羽哪個經歷過的陣仗比較多，更有臨陣經驗，更有影響力。

先來看劉邦。劉邦目前的戰績是：

自沛縣起兵以來，攻胡陵、攻方輿、戰豐邑、戰薛地、一打豐邑、蕭縣戰司馬夷、打碭郡、攻下邑、二打豐邑、三打豐邑、和項羽聯手屠城陽、占雍丘殺李由。到目前為止，劉邦大大小小的戰役，已經有十二次了。

再來看項羽的戰績：

項羽渡江以來，首次戰績是血洗襄城。然後與劉邦合兵，先血洗城陽，再攻雍丘殺李由。只參加了三次戰役。

劉邦打了十二場仗，雖然贏的不多，但敗績也不多。而項羽只打了三場仗，其中居然有兩場以屠城告終，尤其以襄城之屠最為殘忍，他居然把全城男女老幼全部活埋了。

劉邦十二場仗，屠城一場。項羽三場仗，屠城兩場。這兩個結果相比較，就坐實了項羽殘暴血腥的事實。不要說楚懷王，任何人都不會信任項羽，而劉邦卻藉由項羽的陪襯，價值陡然提升。

因年老而顯得穩重的劉邦，和因年輕逞氣而顯得殘暴的項羽，就這樣比出了高下。

從此劉郎是路人

楚懷王收了項羽的兵權，提心吊膽地等待秦兵找上門來，可等了好久始終沒動靜，於是楚懷王再度召開會議，有重要的事情要跟大家商量。

楚將們進得營帳，就看到每人面前放著一紙合同——所謂盟約是也。楚懷王與眾將誓盟，誰先率兵攻入關中，就可以為關中王。看到這紙盟約，除了項羽，所有人全都痛苦地轉過臉去。

大家為什麼會感到痛苦呢？

因為這時候，項梁戰死，正是秦兵最強勢的時候。大家都曾經被秦兵追得屁滾尿流，根本沒膽子去惹秦兵，全靠人多湊在一起壯膽。不料楚懷王竟然想入非非，想要大家入函谷關，直接去攻打咸陽，這豈不是老鼠抓貓鼻頭，活膩了嗎？

只有項羽和大家的想法不一樣。一來，項羽是天性膽大之人，也是知兵之人。二來，秦兵殺死了他的叔叔項梁，讓他對秦兵恨之入骨，所以想入關報仇。於是項羽提出一個動議，由他和劉邦合兵，向西入關。

項羽之所以想和劉邦合兵，是因為他已經嘗到了兩人合作的甜頭。自從兩人結成搭檔以來，始終是順風順水，不能說戰無不勝，但未有敗績。他還是很有眼光的，知道他和劉邦是這個時代最強大的兩個人。

但是，項羽的要求卻遭到楚懷王身邊的老將們無情否決。

這個所謂的老將，如果不是呂臣，就是呂臣的父親呂青——是呂青的可能性最大，因為他是主掌楚國軍政大權的人物——老將們說：「項羽之為人，彪悍狡猾而且殘忍。讓他去攻打襄城，襄城裡沒有留下一個活人，所有的人都被他給活埋了。凡是項羽經過的地方，沒有不被殲滅的。何況楚軍已經多次發動軍事攻勢，在這之前的陳王、項梁都失敗了，可見單純依靠軍事，是達不到消滅秦國的效果的。不如換個法子，以仁義開道，仁者無敵嘛！派遣忠厚老者，依靠仁義向西前進，曉諭秦國的父老鄉親。要知道，秦國父老受秦國的暴政久矣，無一日不渴望救助。如果我們採用這個法子，不用粗暴的手段，說不定反而能夠取得天下。項羽不是合適的人選，不可以派去。倒是劉邦這老頭看似憨乎乎傻兮兮，實則精明穩重，不妨讓劉邦去試試？」

這個建議獲得了楚懷王的認可。但說句公道話，這個決定對項羽來說是極不公道的。楚懷王明明和諸將簽了合同，先入關者王。但當人家項羽要求履行合同時，楚懷王卻不允許項羽履行，反而把這個履行的特權賦予了劉邦，這不是明擺著打壓項羽嗎？

其實並非大家惡意打壓項羽，而是項羽的業績不佳，聲名太壞，又太年輕，老將們明顯輕視他。此外，就是楚懷王朝令夕改——這個朝令夕改，也是負責制定規則的人，最喜歡幹的事。因為社會上的每個人，無時無刻不在修正調整自己的計畫。制定規則的人往往視規則為自己的計畫，隨時依據情況修改，意識不到規則對別人來說是多麼重要。俗話說伴君如伴虎，說的就是制定規則的人依據自己的利益隨時改變規則，讓人無所適從。

楚懷王朝令夕改，讓項羽很痛苦，幸好這時候秦將章邯再度上演精采個人秀，時局的變化為大家帶來了扭轉尷尬的時機。

話說楚懷王秣馬厲兵，緊張地等秦將章邯來攻打，可是章邯卻遲遲不露面，為什麼呢？因為章邯跑到趙國去了。

說起來趙國真的很慘，它本是陳勝時代的老兄弟武臣開創的根據地，而後武臣做了趙王，張耳陳餘輔佐他。豈料武臣的姐姐喝醉了擺架子，激怒部將李良，大鬧邯鄲城，殺掉了武臣。於是張耳陳餘再立趙歇為王，此後趙國陷入了與叛將李良的拉鋸戰，雙方你來我往，你退我攻，打得不可開交。章邯就在擊敗項梁之後，撇開楚軍不睬，毅然渡過黃河，殺入了趙國。

趙國有幾萬人馬，和李良比畫比畫沒問題。但與章邯相比，差得就太遠了。結果邯鄲城下一戰，趙軍潰敗，章邯引軍入邯鄲，然後進行大拆遷，把邯鄲城中的百姓全部移去了河內，再把邯鄲城牆堆倒，夷為平地。

老實說，章邯真的有一手。他比任何人都清楚，權力是靠剝削人民而存在的，現在他對趙國來個釜底抽薪，外加揚湯止沸，把老百姓全搬走，再扒掉城池，趙國的政權就無所依附了，只能重建根據地。

張耳保著趙王歇，逃入鉅鹿城。陳餘北走，收集常山的潰卒，居然得到幾萬人，回來時發現情形不妙，秦將王離已經包圍了鉅鹿城。而章邯大軍駐紮在鉅鹿以南的棘原。陳餘只好駐紮鉅鹿城北，躲章邯越遠越好。但總躲著也不是個辦法，還得向楚國求援。

新來的這個王離是秦國名將王翦的孫子。當初就是他爺爺王翦，殺掉了項羽的爺爺項燕，滅了楚國。現在到了孫字輩，這個王離也很能打，他是秦國為數不多的幾個因戰功封侯的人，封的是武成侯。王離的戰功是在北方抵禦匈奴，是塞外三十萬大軍的統帥。但是王離入關平叛，帶了十萬人，章邯的兵力比他多一倍，再加上章邯已經和義軍纏鬥多時，論經驗及戰功都在王離之上，所以此役以章邯為主將，王離以副將的名義支援。

總之，三十萬秦軍主力雲集趙國，趙國好像沒希望了，只能向楚國求援，但求援後是不是還有生機，希望好像也不大。

楚懷王接到求援書，很興奮，這再一次證明了自己的權力及重要性，於是決定援趙。援趙就是派將，但派哪個去好呢？

呂臣不能派，他等於是統領楚懷王的衛戍部隊，保護楚懷王的人身安全。劉邦享受著仁慈長者的偌大名頭，正在移師入關，騰不出手來。能派的，只剩下項羽了。

當然，此時楚軍之中，尚有能征善戰的英布，名字非常威風的蒲將軍，名將桓楚，以及成語「季布一諾，千金不易」的主人翁季布。這個季布，最喜歡自我炒作，因惡炒名垂青史，也是一樁奇事。總之這麼多人，好像不愁找不到個統兵的主將。

但問題是，以上人等，自從渡江以來，始終跟在項梁身後，誰也沒有得到過表現的機會。此時諸人沒有業績，自然也就沒有名氣，最多是一員部將而已。只有項羽得到三次機會，屠襄城、屠城陽、打雍丘，所以劉邦一走，項羽就成為唯一的人選了。

可萬萬沒想到，有人對項羽的資格提出質疑，導致項羽喪失最後的機會。

劉邦遙遙領先

對項羽的資格提出質疑的，是齊國使者高陵君顯。

高陵君顯來找楚懷王，說：「你們楚軍，應該是有人才的吧？前段時間我來你們楚國，在路上遇到了將軍宋義。當時宋義斷定項梁必然失敗，果然，沒幾天項梁就兵敗身死。如宋義這樣的人，軍隊還沒有作戰就能預先看到失敗的徵兆，可以說是非常熟悉軍事的人才了。」

聽了高陵君顯的話，楚懷王大喜，立即叫宋義來聊聊，一聊感覺還真不錯。於是楚懷王拍板，封宋義為卿子冠軍，以其為上將，項羽為次將，以七十歲的老頭范增為末將，統桓楚、英布、蒲將軍、季布等人，前去援救趙國。

就這樣，項羽跟宋義向北，前往趙國，劉邦自己跑單幫向西，去攻取秦川。這一對天造地設的黃金拍檔，被人強行拆散了。正所謂「一入秦川深似海，從此劉郎是路人」，原本是戰場上生死相依的親密戰友，卻陰差陽錯莫名其妙地從此走向疏離，走向了生死之仇。

仍然是劉邦先開盤。西元二〇八年九月，四十九歲的劉邦從碭縣起兵，以曹參為先鋒，沿途收集潰散的陳勝殘兵，先期抵達城陽。城陽地帶有零星的秦軍堡壘，被曹參揮師而入，一舉擊破。

這是劉邦三打城陽。到了這時總算能夠明白，為什麼他和項羽，要在打破城陽之後，進行血腥屠城，把城中男女老幼統統殺光了。城陽這個地點似乎是秦軍的中繼站，是軍隊必行之地。澈底摧毀城陽，從此就讓秦軍在這一帶無枝可依，無法立足，遇到劉邦就吃癟。

打敗城陽秦軍，繼續向前推進，這時候前面來了支友軍，是魏國的騎兵，由魏國五大夫傅寬統領。見傅寬所統兵強馬壯，劉邦大喜，立即把傅寬叫過來，要跟傅寬談談。不知道兩人都談了些什麼，但從此之後，傅寬就以騎將軍官的身分，跟隨了劉邦。

傅寬被收服，馬上就派上了用場。前方就是杠里，秦國名將王離的軍隊在這裡有個營盤。以杠里為中心，亳南地帶有座城，河間郡守帶支兵馬與王離遙相呼應。安陽附近也有大股秦兵出沒，氣氛壓抑而緊張。

王離的軍隊，時代的名將，就在前面。

打還是躲？劉邦開始認真思考這個問題。

與此同時，在咸陽城中，人們也高度關注王離軍的動向。有人評價說：「王離，名將也，他爺爺是王翦，趙國和楚國都是王翦消滅的。王離的父親是王賁，燕國、齊國還有魏國，都是王賁消滅的。此前王離鎮守北方，曾斬殺匈奴十萬人頭，威名赫赫，作戰能力更在他的爺爺和父親之上。而今王離又去征戰剛剛成立的趙國，眼下已經困趙王歇與張耳於鉅鹿城中。看來，王離取勝是必然的，不過三五日，就會有捷報傳來。」

這時候，恰好有個人路過，聽到這番話，停下來說道：「差矣，此言極是差矣，古人云，君子之澤，五世而斬。連有德行的人家都延續不過五代，更何況做將領的呢？軍功世家到了第三代，一定會失敗。為什麼這樣說？因為以軍功起家之人殺戮太重，積惡太深，他家的後代定要承受作惡的懲罰。如今王離已經是王家的第三代了，他的父親和爺爺都造下了太重的殺孽，他豈有不失敗的道理？」

這番評價現代人聽來非常怪異，但其中自有道理。這個道理劉邦不知是否知道，但他終於做出決定。

這一仗，打！

其實打是對的，因為杠里一帶確實是王離的軍隊，但王離本人並不在杠里，他在鉅鹿城下。老大不在，就意味著杠里的秦軍作戰力可疑，只要布署得當，打贏應該不是難事。

於是劉邦決定，仍然是打雍丘時的老戰術，兵分四路：

曹參、周勃兩員上將為一路，以兵車的優勢，直搗杠里的王離軍隊。

騎將軍官、魏國五大夫傅寬，統所屬兵馬，繞道安陽，側擊杠里秦軍。

賣絲繒的小商販灌嬰，近來軍事水準大有長進，也給他一個學習進步的機會，統一路人馬，側擊杠里敵軍。

擊。

劉邦及樊噲主力軍，先行悄悄潛入亳南，然後突然衝出，給駐紮在杠里的河間郡守以痛擊。

這場戰事應該由曹參周勃率先發動，而後傅寬與灌嬰的奇兵左右突出，勢必衝亂杠里秦軍的陣腳。這時候河間郡守肯定會慌慌張張地大開營門，準備去支援杠里，但這門一開，恰好可讓劉邦和樊噲衝進來。

以有心算無心，以精確的布署與完美的配合對付烏合之眾，這場仗已經沒有懸念。杠里秦兵一擊而潰，灌嬰因為殺敵英勇，被賜七大夫。

計算劉邦的業績，如果加上項梁失敗前的外黃之戰及陳留之戰，劉邦已經打了十五仗了，而且贏多輸少。項羽業績，加上與劉邦合作的外黃陳留之戰，只有五仗，恰好是劉邦的零頭。

此後大家匆忙趕路，一邊趕路一邊四處弄糧食，行軍速度不比蝸牛快。過了段時間，齊國突然出了亂子，齊國的將領田都反叛，跑到了楚國這邊。而後劉邦抵達城武，遭遇了秦國東郡郡尉的部隊。

老戰術，永遠是一成不變的老戰術。曹參和周勃為一路，已經證明了作戰能力的灌嬰是一路，劉邦等諸人是一路。三路人馬把可憐的東郡郡尉團團圍困，肆意宰殺。東郡郡尉拚死突圍——他很有眼光，發現劉邦這邊是指揮中心，就瘋狂地向劉邦這邊殺來。只要擺平劉邦，這場仗就算他贏了。

危急時刻，殺狗匠樊噲一手執盾，一手持刀，迎著東郡郡尉衝去，只聽乒乒乓乓，雙方你來我往，一番好砍，最終是樊噲更狠，砍退秦兵，斬敵首十四級，俘虜十一人。劉邦喜形於色，賜樊噲五大夫爵位。

劉邦的業績，已有十六場戰事了。

項羽，必須要努力了。

大火拚

項羽的戰績仍然是五次，而且其中有四次是與劉邦合作的。沒有業績，員工的心情就會備受挫折，非常失落。可想而知，項羽非常渴望能有機會上戰場，把業績和劉邦拉平。但當楚軍行至安陽小縣後，上將宋義下令住宿休息，這一停就是四十六天，無所事事。

安陽這個地方，幾天前劉邦的騎將軍官、魏國的五大夫傅寬，剛剛從這裡繞行，側擊杠里的秦軍。此時劉邦已經繼續西進，戰於城武，宋義卻偏偏挑選這個地方停下來，有何用意呢？

有兩種可能，一種可能是，宋義就喜歡這兒，喜歡就是喜歡，沒有理由；另一種可能是，宋義的心機，比之於劉邦絲毫不遜色，甚至更老辣、深沉。他在此地按兵不動，而他的前方，是鉅鹿城中的趙王歇和張耳，牽制了近三十萬的秦軍主力；而他的後方，善戰的劉邦正在西征挺進，步步逼近咸陽。用不了多久，咸陽就會感受到劉邦的森冷刀鋒，並火速傳檄，調回鉅鹿城下的秦軍主力，屆時楚軍以逸待勞，突然發動，必將一役而收全功。

如果宋義真的這樣想，那麼劉邦或許將遭逢最可怕的對手。前提是，宋義要有足夠的能力，壓制住軍中少壯派的血勇衝動，以免他的宏大戰略毀於一旦。

這個所謂的軍中少壯派，就是項羽。

果然，見宋義按兵不動，火爆脾氣的項羽急了，就去見宋義，說：「將軍，現在秦軍包圍了趙軍，戰事十分危急，應該迅速帶兵渡過黃河，我們楚軍攻打秦軍的外線，趙軍則在城內呼應，裡外夾攻，秦軍必敗。」

宋義笑道：「差矣，小項你差矣。你差在什麼地方呢？你差就差在不懂軍事啊。搏擊牛身上的虻蟲，不可能打死蝨子和蝨子卵。現在秦兵攻打趙軍，如果秦軍勝了，就會非常疲憊，我們可以趁機戰勝他們；如果秦軍打不下趙軍，我們就率部隊向西，擊鼓前進，一舉消滅秦軍。因此，上等的兵法是讓秦軍和趙軍再較量幾場。小項啊，你還年輕，血氣方剛，說到披堅執銳，上戰場打群架，這事我比不了你。可說到運籌帷幄，決勝千里之外，你還需要向我虛心學習呀。」

斥退項羽，宋義意識到軍中有一種機會主義的傾向，為了統一思想，加強領導，他下達一道命令：「有猛如虎，狠如羊，貪如狼，強不可令者，皆斬！」

這麼明顯地壓制項羽，打擊項羽的鋒芒，引起了項羽的強烈憤怒。宋義明顯意識到軍心不穩，就派兒子宋襄出任齊國丞相，以便為自己留條後路。他親自把兒子送到無鹽，並舉行盛大酒會，為兒子餞行。當此之時，因天氣寒冷，下著大雨，軍中禦寒的衣服和糧食都不足，士兵們忍飢受凍，心中都頗有怨言。

項羽抓住這個機會，不失時機地攻擊宋義，說：「本來應該合力進攻秦軍，卻停駐這麼長時間。今年饑荒，人民貧困，士兵們吃的一半是蔬菜，一半是豆子，軍中已經糧盡，可他居然還舉辦盛大酒會！不渡黃河，卻要求人家趙國提供糧食，不和趙國密切配合，卻想撿便宜讓趙國和秦國血拚。趙國這麼弱小，肯定會被秦國打敗。打敗了趙國，秦兵更加強大，哪來的疲憊讓宋義利用？況且，我們楚軍剛剛遭受重大挫折，楚王的地位岌岌可危，在這種情況下把楚國所有的軍隊都交給宋義，國家的安危全部寄託在這次擊秦救趙的戰役上。可是他卻置國家安危於不顧，置士卒飢寒而不睬，一門心思徇自己的父子私情，宋義他不是個忠臣。」

項羽逢人就講這番話，謀求支持，等到認同他觀點的人多了，他就動手了。

一天早晨，項羽去進見卿子冠軍宋義，再出來的時候，手裡提著宋義血淋淋的人頭，對目瞪口呆的眾將宣布道：「宋義與齊國合謀，背叛楚國，我接到楚懷王的密令，殺掉了這個大叛賊。」

這情形誰都知道項羽在瞎掰，楚懷王不可能給他什麼密令。但如果你要求看一下密令，就會馬上跟宋義做伴去了。沉寂之中，項羽的支持者立即道：「對呀對呀，是誰建立楚國的？是項羽將軍的家族。又是誰鋤奸誅賊的，還是項將軍你呀，我們堅決支持你。」

於是諸軍齊推項羽為上將軍，先派人去追殺到齊國出任丞相的宋義兒子宋襄，斬草除根。然後項羽派將軍桓楚回彭城，向楚懷王報告。

楚懷王又能有什麼辦法？他弄巧成拙，此前項羽只是個部將，統自己的人馬，可是楚懷王把所有的兵權集中，交給宋義。如今兵權又經宋義之手，落入了項羽手中，項羽說什麼就是什麼了。於是只好任命項羽為上將軍。從此楚懷王再也沒有機會奪回軍權，澈底淪為了傀儡。

楚懷王陰差陽錯失掉兵權，再次驗證了老子的話：「禍兮福所倚，福兮禍所伏。」人世間，任何時候的結果都不是最終的，在每個結局之後，都有一個相反的變局。如果楚懷王不是無事生非，把呂臣和項羽的軍隊合併，把所有的軍權統一抓在手上的話，這個權力也不會這麼輕易地落入項羽之手。

所以為人處世須得淡化自己的競爭心，不管你把什麼爭到手中，時局一變，世事顛覆，都是為他人作嫁衣裳。這條規律在小事上成立，在大事上也不例外。比如說，秦始皇精心打造郡縣體制的國家機器，在他身死之後，卻落入了比他小三歲的劉邦手中。倘若秦始皇泉下有知，鐵定會後悔得恨不能吃了自己。

剛剛說了不可以有競爭之心，劉邦就突然爭了起來——他正意氣風發地西進，在栗縣弄出一樁天大的謎案。西進途中劉邦遭遇剛武侯，並強行搶走了剛武侯的軍隊四千多人，統統併入自己的部隊，這樣劉邦手下，就有一萬八千之眾了。

這個剛武侯是何許人也，沒人說得明白。有種說法稱剛武侯姓陳叫陳武，另一種說法稱剛武侯姓柴叫柴武，這兩種說法都認為剛武侯是楚懷王的部將。但同時還有第三種說法，稱剛武侯是魏將。

這三種說法都沒什麼依據，但也無所謂，總之剛武侯是義軍這邊的武裝，但是義軍碰到劉邦就吃癟。劉邦在搞內鬥這方面是天才，沒人比得上他。但話不能說得太絕對，劉邦在遇到實力強大的友軍時，表現得還是非常合作的。很快，劉邦遇到了魏國的將領皇欣、武滿——這代表剛武侯可能真的是魏國將領，但同樣也表明剛武侯可能是楚國的部隊，總之這次相遇什麼也說明不了——之後劉邦與魏國的友軍密切配合，再一次打了勝仗，為自己的傲人戰績添加第十六朵小紅花。

現在項羽想追上劉邦的戰績已經是不太可能了。項羽只能提高自己的戰績品質，在品質上壓倒劉邦。

中國歷史上最著名的戰役——鉅鹿之戰，終於拉開了序幕。

第四章 西進序曲

項羽取得鉅鹿之戰大捷，一舉登上中國著名軍事將領的頂峰，為自己贏得了不朽的聲望。史書上說，鉅鹿之戰結束後，項羽於營內召見諸侯各軍將領，各將領進入轅門莫不匍匐於地，膝行而走，連頭也不敢抬。但這事，劉邦卻是一無所知，他仍然興致勃勃地統兵向西，準備為自己的業績再添一朵小紅花。

大對壘

大戰在即，先來看看鉅鹿之戰的各軍戰鬥隊伍。

首先，此役分為正方反方，正方是由諸國聯軍組成，參加作戰的部隊有楚軍、趙軍、齊國游擊隊，遙遠地帶還有一支神祕的燕代軍啦啦隊；反方就是秦軍了。

【反方選手：秦軍】

統帥：少府章邯，原本是秦帝國的稅務官，主動請纓，久戰成名，是聯軍最大的剋星。特長是善於臨陣發明戰術，攻其不備，一擊致命。

副統帥：裨將王離，名將王翦的孫子，北方名將，因戰功而封侯。

將領：長史司馬欣。長史是丞相府中的祕書長，也是帝國最高國務機關的事務官。他實際上是秦二世派來牽制章邯的政委，卻與章邯密切合作，相互信任，從無齟齬。

將領：都尉董翳、蘇角、涉間。這幾人也是秦二世派來添亂的，但他們表現得極為明智，甘願服從章邯調遣，反倒成為章邯的核心力量。

秦兵的總兵力二十五萬到三十萬人。

【正方頭號種子選手：楚軍】

統帥：上將軍項羽，就不用介紹了，名氣極大。

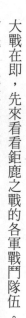

將領：末將范增，歷史上有名的智囊，卻莫名其妙地跟在年輕人後面混，年輕人怎麼可能聽他一個老頭的？後來活活氣死了。

將領：司馬桓楚，他是當時的名將，老成持重之人。

將領：當陽君英布，出了名的狠將軍，但現在他還沒學會鬥狠，非常低調。

將領：蒲將軍，不算太能打，但也是當時的名將。

將領：項伯，項羽的大伯，與張良是好朋友。但他顯然不看好項羽，所以後來被劉邦策反，出賣了姪子項羽，加盟了劉邦團隊。

理論上來說，項羽這邊還應該有猛將龍且、鍾離眛、季布等人，但由於史書無載，這些人的下落就成了謎。再者就是IQ高、EQ低的韓信，有消息說韓信被項羽任命為郎中，當時的郎中不是看病的大夫，而是在首長門外放哨站崗的警衛。史書說韓信不務站崗正業，每當項羽經過，都要上前賣弄兵法，讓項羽疑心韓信腦子不正常。

楚軍的總兵力約十萬人。

【正方二號非種子選手：趙軍】

統帥：趙王趙歇，先前滅亡的趙室後裔，沒聽說他有什麼過人的本事，但中國人對血統迷信得要死，保住了他，就意味著保住了魏國的核心力量，所以此戰又可以稱為趙歇保衛戰。

將領：丞相張耳，當時少有的智識之輩，是憨厚而狡猾的理想主義者，在諸侯中有巨大影響力。他甚至比趙王歇還要重要，有他在，哪怕是趙王死了，他還可以再立一個。如果他死了，別人因為資格不夠，就沒人可以立新的趙王了。

將領：大將軍陳餘。與張耳齊名的智囊，同樣的理想主義者，同樣在諸侯中擁有巨大的影響力。如果趙王歇和張耳戰死了，就輪到他當主角。但如果趙王歇和張耳沒有死，大家肯定會打成一團。

將領：成都君張敖。他是張耳的兒子，這仗打輸了張家就會輸到脫褲，打贏了，將來就由他接收戰利品。

將領：張黶、陳澤、司馬卬。前面兩位皆需要承擔這場戰役的高昂成本，而最後的司馬卬剩了下來，成為時代的幸運兒。

趙國的總兵力說是數萬人，但究竟多少不確定。

【其他】

正方啦啦隊出場，由齊國援軍組成。齊國派來的是跟田榮鬧翻了的將領田都，以及齊王建的孫子田安。這是支需要大家照顧的部隊，正事指望不上，但他們在這裡，就意味著齊國對趙國的鼎力支持，意味著秦軍是非正義的。所以齊國援軍最多代表輿論界的聲討，是標準的啦啦隊。

此外還有支燕代軍，連啦啦隊都算不上，擔任此次戰役的觀眾。

大家都到齊了，差不多可以打了吧？

臨戰第一步的工作，就是要弄清楚各選手的位置，不先搞清楚這個問題會死得很慘。目前諸軍位置，如下布列：

趙王歇和趙丞相張耳，躲在鉅鹿城裡，一日數驚，心膽俱裂。

秦將王離、涉間兩軍正在攻打鉅鹿城。主將章邯，親率主力部隊屯於鉅鹿之南，修築甬道，以防不測，同時也可防止頓兵堅城，久攻不下，過於消耗自己的主力。

趙大將軍陳餘收常山數萬殘卒，沒有實質的戰鬥力，躲在鉅鹿城南，避免和秦軍打照面。齊軍和燕代軍也是躲得極遠，其中燕代軍躲得找都找不到。還有張耳的兒子張敖，他在北地撿來一些流散的士卒，回來後緊貼著陳餘的大營紮寨，怕被打死，不敢返回鉅鹿。

項羽的楚軍居於黃河之南，還沒有渡河，感覺是指望不上了。

臨戰工作的第二步，就是要制訂嚴密的計畫。但是秦軍這邊，兵精糧足——章邯打通了黃河甬道，絡繹不絕地把糧食輸送給攻城的王離軍和涉間軍。可是鉅鹿城中，兵少糧絕，張耳心急如焚，一再催促陳餘攻擊秦軍，都被陳餘拒絕。

最後張耳急了，派張黶、陳澤二人來找陳餘，傳達張耳的話。張耳說：「老陳，你還記得嗎？我們兩人是有生死之約的，富貴同享，死時同穴。現在我和趙王被困於城中，你手中握有幾萬兵馬，竟然坐視旁觀，難道你忘了同生共生的承諾嗎？老陳，如果你還是男人，還拿自己說過的話當回事，那就回來吧，回到鉅鹿城中來，咱們一起死。說不定還會僥倖不死，你快點來吧。」

陳餘聽了這番話，流淚說：「不是我老陳怕死呀，我和張耳是死過多少次的人了，這條命是撿來的，怎麼可能怕死呢？我之所以不入鉅鹿，是因為去了之後，不過是以肉餵餓虎，也是白死。現在這個情形，趙王和張耳是死定了，我之所以還活著，是想在他們死後復國呀！我在趙國就在，如果大家一起死了，趙國就算是澈底完了。所以，張耳你死先，我不能死，不可以死。」

張黶和陳澤聽了這話非常氣憤，就說：「老陳，你這說的是人話嗎？大家明明說好的一起死，臨死你又賴帳。老陳，說死不死，未免太無恥了吧？你要是害怕，我們兩個陪著你，與你一起衝陣而死，非死不可，你敢不敢？」

陳餘說：「這不是敢不敢的問題，難道……你們兩個真敢衝陣？」

張黶和陳澤說：「有什麼不敢的？老實告訴你，我們早已置生死於度外了。」

陳餘道：「真的嗎？我看好你們倆，我給你們五千人馬，你們去衝衝看。」

張黶和陳澤都快要氣死了，率了陳餘給的五千軍出來，商量說：「做人要有底線，不能說死不死。現在我們倆就死給老陳看看，讓天下人知道，這個老陳是多麼無恥卑鄙。」

於是張黶和陳澤真的率五千人向三十萬的秦軍衝了過去，衝呀，殺哇！秦軍很是詫異地看著他們，龐大的軍隊一開一合，這五千人就澈底消失了。

張耳求死，陳餘求活，多年的生死兄弟，到這時出現了價值觀的衝突。但他們誰也沒有能力制訂作戰計畫，只能看楚軍項羽的了。

一戰功成天下知

西元前二〇七年，項羽已經二十六歲了。

他召集部將，商議制定攻擊秦軍的作戰方案。會議中決定先行切斷秦軍的糧道，斷絕其後勤補給，置秦軍於困乏之地，而後再行決戰。

計畫是制訂下來了，但項羽的心裡應該是膽顫心驚的，無論怎麼看，這一仗的勝算都不大，還要不要打呢？

打嘛，只恐怕全盤盡輸，還是打吧……到底怎麼個打法呢？單說這十萬大軍，渡河就是個天大的麻煩，萬一章邯來個半渡擊之，大家就死定了。所以這場仗，首先得抓個冤大頭。哪個傢伙頭大，可以拿來冤呢？項羽眼睛一掃，哈哈哈，發現冤大頭兩名：英布、蒲將軍。

英布和蒲將軍在楚漢時代是赫赫有名的猛將，但這個猛將的名號，就是在這場鉅鹿之戰中打出來的。在此戰之前，這倆傢伙純粹就是混日子的，最早是跟在項梁後面混，項梁死後跟楚懷王混，又跟宋義混，現在跟項羽混。這段時間發生了這麼多的大事，這倆傢伙卻低調得很，堅持不吭一聲。於是項羽點將，派英布、蒲將軍二人各統一萬楚兵，分頭渡過黃河，去章邯建立的運輸甬道上打游擊，切斷秦軍糧道。

英布、蒲將軍接到任務，大喜。因為他倆都是正牌的強盜出身，最擅長的就是打游擊，不過這次游擊戰的規模比較宏大。

黃河很長，有無數地方可以渡河，秦軍只能盯著項羽的主力，便讓英布和蒲將軍輕鬆地渡過了黃河。接著兩人朝著秦軍的運輸甬道殺來，遇到人數不足萬人的秦兵就大砍大殺，搶走糧食，放火焚燒甬道。

這一手讓秦軍頓時束手無策，急忙派部隊來剿匪。來得少了被英布和蒲將軍吞掉；來得多了，單是行軍配合就麻煩得要死。因而讓英布和蒲將軍大搞運動戰，破襲戰，生生地掐斷了秦軍的補給線。

掐斷了秦軍補給線後，英布和蒲將軍覺得自己很能打，還有餘力重創秦軍，索性攻至靠近鉅鹿城處，對攻城的王離、涉間兩軍大行騷擾之事，讓秦軍不堪其擾。英布、蒲將軍兩支軍隊猶如兩隻大號的牛虻，嗡嗡嗡圍著秦軍這頭大肥豬打轉，玩得不亦樂乎。

陳餘守軍屯在鉅鹿城南，看到秦軍雖然人數眾多，卻明顯不是楚軍對手。只不過楚軍來的數量太少……咦，不對呀，不是說來了十萬楚軍嗎？怎麼這裡才兩萬人？其餘的楚軍在哪裡？

仔細一尋，發現楚軍的大部隊仍然屯於黃河之南，沒有絲毫渡河的意思。陳餘急了，就派使者渡河去找項羽，央求楚軍全面進軍。此時項羽也在緊張地觀察英布和蒲將軍的戰況，看秦軍其實也沒什麼本事，就決定渡河而來，與秦軍展開決戰。

陳餘是有點著急，但打仗這種事，時機最重要。項羽既然掐斷了秦軍的糧道，那一定要等到這招奏效，至少等秦軍糧絕，陷入慌亂之後再進軍。去得早了，這招就沒效果了。所以項羽又耐心等了等，估計差不多了，這才渡黃河，涉漳水。在渡過漳水之後，項羽下令把船隻鑿沉，燒毀營舍，把用來煮飯的釜甑統統砸爛，從此創造了「破釜沉舟」這個成語，為中華文化做出了不可磨滅的貢獻。

此時的楚軍，每人只有三日的乾糧，沒有退路，只能拚死一戰了。

看到楚軍黑壓壓地上來，章邯萬分緊張，召開了戰前動員大會。飭令全軍打起精神，為了秦二世，為了秦二世所有的女朋友們，跟楚軍拚了。

大戰開始了，項羽渡河，英布與蒲將軍兩支游擊隊迅速向主力部隊靠攏，三軍合併之後，先將攻打鉅鹿的王離軍包圍了。

章邯率主力衝上來，狂擊項羽的側翼，要把楚軍切割，各個殲滅。

項羽這邊則是拚了全力，包括項羽在內，所有的將領都拎刀子往前衝，不管列陣布局那一套，玩就玩最狠的。是日，鉅鹿城外，殺聲震天，兩支軍隊總數近四十萬人，在鉅鹿城下展開大規模的死戰。但見刀光劍影，殺氣彌天，血染黃土，屍委塵間。到處都是廝殺成一團的人，不死不休地狠命對砍。此時鉅鹿城下，包括陳餘的趙軍，以及齊軍、燕代軍，有十數個營壘。但是看到外面廝殺的慘烈景象，大家全都嚇壞了，連營壘門都不敢打開，蜷縮在壘中瑟瑟顫抖。

一番血戰過後，秦楚兩軍暫時分開，相互憤怒地瞪視著對方，突然間震天的吶喊聲起，兩軍再度絞殺在一起。廝殺一段時間後分開，然後又相互衝擊，糾纏在一起。就這樣，兩軍分分合合，合合分分，總計激戰了九大回合。終於，秦軍頂不住了，在楚軍的拚命攻殺下現出疲態。這時候楚軍得理不饒人，更加瘋狂地衝了上來，斬殺了秦將蘇角，打得章邯不得不向鉅鹿以南退走。

章邯退走，代表秦軍澈底崩潰。至此勝負已定，這時候趙軍、齊軍及燕代軍才終於鼓足勇氣，打開營壘衝出來，參加戰鬥。

被包圍在最裡面的秦將王離、涉間兩軍慘了，霎時陷入聯軍的汪洋大海之中，王離被俘，涉間堅決不做俘虜，自焚而死。其所屬悉數被殲。

鉅鹿之戰結束後，項羽堪稱名震天下，其勇武凶猛，凜凜殺氣，從此不做第二人想。算下來，鉅鹿之戰是項羽打的第六場仗，劉邦已經打了十六場仗了。但劉邦哪怕再打一百六十場仗，其價值也無法與項羽這一仗相比。從這次戰役而後，項羽終於具備了向劉邦挑戰的資格與權力。

不僅如此，這一仗為項羽贏得了巨大的聲望。史書上說，鉅鹿之戰結束後，項羽於營內召見諸侯各軍將領，各將領進入轅門莫不匍匐於地，膝行而走，連頭也不敢抬。史家說這是諸將懾於項羽的巨大聲望。事實上，這種巨大的聲望賦予了項羽生殺予奪的權力。現在的項羽完全能以作壁上觀的罪名，誅殺任何一個將領，而且絕不會有人敢指責他。諸侯將領們只是害怕被追究責任，所以才嚇得膝跪而行。

但是項羽沉浸在一戰功成的巨大幸福裡，心情愉悅到無以復加的程度，並沒有追究任何人的責任。

項羽不追究責任，大家都鬆了一口氣，於是張耳陳餘老哥倆寂寞之餘，百無聊賴，就窩裡鬥了起來。

人性禁不起誘惑

說起張耳和陳餘老哥倆，那可是鐵打的交情。兩人都是魏國大梁人，脾氣愛好一般無二，連身世都雷同。兩人都是愛讀書、有智慧的魯蛇，同樣逆襲白富美成功而改變了命運。

張耳的妻子是個富戶的女兒，因為嫁的丈夫沒文化，缺乏心靈交流，而非常苦悶，於是改嫁給張耳，為張耳帶來了巨額嫁妝。陳餘的情況也差不多，雖然他很窮，卻被一家富戶相中，堅決要把漂亮女兒外加巨額嫁妝送過來。兩名魯蛇逆襲白富美的故事，頓成大梁佳話。

但等到秦始皇掃滅六國，追殺各國優秀的知識分子時，張耳陳餘大名鼎鼎，名列通緝公文榜首。於是兩人結伴逃到了陳縣，在縣衙裡當看門員。每天兩人面對面站立，看了好幾年的門，一扇門板也沒丟。曾有一次，小官吏因陳餘的小過錯而抽打他，陳餘大怒，當場要動手殺官吏，被張耳勸止。張耳說：「小不忍則亂大謀，我們要愛護自己的有用之身，以求將來一展青雲之志。」

再後來，陳勝起事，直入陳縣為王。張耳陳餘終於出山，雖然沒能阻止陳勝稱王，但他們跟著陳勝的部將武臣打到趙國，並勸說武臣做了趙王。此事激怒陳勝，險些殺掉武臣全家，經人勸乃止。再此後，兩人又共同經歷了因武臣姐姐而惹出來的李良之亂，兩人齊心協力，擊退李良，重新建立了趙國。

總之，張耳陳餘這兩人生死與共，並肩作戰，正所謂張不離陳，陳不離張，其相互信任的程度，已經超越了同胞兄弟。

但正因為兩人關係太好，所以才會對對方期望過高，一旦期望落空，就難免生出齟齬。此番鉅鹿之戰大勝，張耳終於長長鬆了口氣，與陳餘相見，責怪說：「老陳，你讓我好失望呀，手中握有幾萬精兵，卻坐視秦兵攻打鉅鹿，你有負我們昔日生死與共的諾言。」

被張耳責怪，陳餘也不敢吭聲，因為這事確實是自己理虧。可張耳憋的氣太大，不是他不吭聲就能了事的。張耳一定要找陳餘的麻煩，逼陳餘承認錯誤。

於是張耳就問：「對了老陳，我派了張黶、陳澤兩人去向你求救，怎麼沒見他們兩人回來呀，他們現在哪裡？」

張耳知道張黶、陳澤衝陣而死的事情，但他假裝不知道，目的就是為了逼陳餘窘迫。

陳餘只能說：「張黶、陳澤，他們兩個衝陣死了。」

張耳哈哈大笑：「別逗了老陳，這怎麼可能？我是讓他們去向你求救，又不是讓他們兩個去衝陣。假如他們真的要衝陣，你還不會攔住嗎？對吧老陳？」

陳餘：「你這……」陳餘發現自己說不清楚了。見陳餘說不清楚，張耳大喜，反覆追問張黶、陳澤二人何在，並暗示是陳餘殺死了這兩人。就這樣反覆無休地窮詰追問，問得陳餘爆發了。

陳餘憤怒地說：「沒想到你怨恨我這麼深啊，難道你認為我捨不得交出將軍印嗎？」

陳餘的表現是典型的惱羞成怒，因為他有錯在先，所以被張耳吃死死。但對於自己的過失，他也有合理的解釋。陳餘的解釋就是要等趙王歇和張耳死後，由他來復興趙國。但這個解釋只能說給自己聽，不可能得到張耳認可，如果張耳聽到會更加惱火。

總之，陳餘認為自己沒錯，卻得不到張耳的諒解，所以憤怒之下，就解下大將軍印，推給張耳。

沒想到陳餘急昏了，張耳也尷尬了，正不知所措之際，陳餘憤怒起身，揚言去廁所。實際上是想借此逼迫張耳，讓張耳也為難一下。不料，他前腳走開，後腳冒出來個傢伙，對張耳建議說：「我聽說，天予不取，反受其害。現在陳餘把大將軍印交回來，你如果不接是不吉利的。」聽了這話，張耳乾脆一咬牙，真的把大將軍印收了起來。

稍過一會兒，陳餘悠悠晃回來，驚訝地發現，張耳居然真的收走了他的大將軍印。陳餘心裡一陣冰冷，心想，說什麼生死與共的好兄弟，都他媽的不是好東西。不僅如此，他更擔心張耳發狠殺了他，於是快步出來，帶著自己一百多名親信，逃到黃河邊的沼澤中，從此狩獵為生。

張耳陳餘把關係弄僵，是人類社會最常見的現象。起初兩人誰也沒想到會有這個結果，只是為了宣洩自己心理的不平衡，不斷地責怪對方。責怪來責怪去，終於逼得對方失去理性，翻臉攤牌。

在張耳陳餘這件事情上，陳餘最大的錯誤，是不應該把大將軍印解下來。他這樣做，是認為張耳愛惜名聲，必定不敢收回大將軍印，於是這一局自己就算贏了。他卻忘了人性是喜歡爭論的，也是禁不起誘惑的。張耳知道陳餘認為自己不敢收印，於是偏偏收了印，借賭氣之機收回權力，結果把一段原本可以流芳青史的兄弟情澈底給搞砸了。

《史記．張耳陳餘列傳》中稱，早在劉邦還是一介平民的時候，就曾與張耳交往，還曾在張耳家裡住過幾個月。這表示劉邦也很欣賞張耳陳餘的智慧，但張耳陳餘的智慧多是來自書本，對於人性的實際博弈還差得遠。而劉邦，才是真正洞悉人心人性的智慧大師。

紙上得來終覺淺，絕知此事要躬行。張耳陳餘是書本型智慧，而劉邦的智慧則是來自實踐。所以劉邦的人生一路上漲，逐步抬升，而張耳陳餘，卻漸漸淡出世人的視線，淪為劉邦人生舞臺上的配角。

組織的祕密

項羽取得鉅鹿之戰大捷，一舉登上中國著名軍事將領的頂峰，為自己贏得了不朽的聲望。這事，劉邦卻是一無所知，他仍然興致勃勃地統兵向西，準備為自己的業績再添一朵小紅花。

這次，劉邦選擇了昌邑縣作為攻擊的目標。在向昌邑行軍的路上，他遇到了猛將彭越。

彭越是昌邑本地人，職業是漁民，兼職客串強盜。人多他就是勤勞熱情的魚販，人少他就衝上來直接搶，日子逍遙又快活。到了陳勝吳廣起事時，巨野澤中聚集了一百多名無聊少年，商量著組織軍隊，趁兵荒馬亂的年月，趕緊撈一票。但是少年們都沒什麼見識，就想讓彭越當他們的頭兒。

於是少年們來找彭越，要求彭越當他們的大頭目，帶他們去搶錢，搶地盤，搶女人。彭越斷然拒絕：「不，我不幹，自己打漁殺家，日子過得多好，幹嘛要和你們攪和在一起？」

少年們堅持，彭越被糾纏不過，只好答應。他與少年們約定，明天日出之時在此相會，遲到者斬。

次日，彭越持劍來到約定地點，少年們紛紛趕來，卻有十幾個人遲到。最晚的是大中午才到。於是彭越說：「抱歉，我彭越年紀大了點，所以諸位推我為首，我們有約在先，遲到者斬。今天有十幾個人遲到，全都殺了？不合適。一個也不殺？更不合適。那咱們就殺來得最晚的那個吧。」

眾少年失笑道：「老大別開玩笑，大家湊在一起為了快活，哪有真殺人的道理？好啦好啦，老大不要生氣了，以後我們不遲到就是了。」

彭越笑道：「錯了，這裡不是讓你們開心的歌舞廳夜總會，這是軍隊。令出隨行，軍令如山，這才是軍隊的特點。」

於是彭越將來得最晚的人拖過來，撲哧一劍，就砍了腦袋。然後說：「大家排好隊，咱們繼續。我讓你們排好隊是命令，不服從命令，就是這個人的下場。」

霎時少年們面如土色，膽顫心驚地聽從號令，再也不敢違背彭越的命令。此後彭越帶這些人轉戰四方，攻城掠地，打下了不小的名號。

這件事可以概述為愚昧喪失自由，無知帶來枷鎖。這群少年愚昧到令人嘆息的地步，當他們向彭越提出要求時，彭越就已經決定斬殺其中一人以樹威權，彭越知道他們會死，而他們自己卻不知道。

為什麼少年們不知道自己會死？因為他們拒絕思考——倘若他們思考，就不會幹這種殺人放火的營生了。正是因為他們不思考，所以才會愚蠢地看待問題。他們只看到如果大夥兒組織起來，就可以威懾別人，強橫霸道，搶男霸女，予取予求，卻全然沒有想過，這一切是需要付出代價的。最可怕的是，他們雖然付出了代價，卻喪失了獲得回報的權利，因為他們已經交出了權利。

他們渴望一個強大的組織，卻不知道組織之強大，是擄有這個組織的彭越之強大。彭越之所以強大，是因為他手中握有權力。而彭越手中的權力，則來自少年們自願奉獻出來的自由。少年們奉獻出多少自由，彭越就擁有多大的權力。當少年們把自己的性命奉獻給彭越之後，自然也就喪失了索取回報的權利。

這就是組織的可怕規律。組織之所以強大，就是因為組織中的人交出自己的權利，最後形成擁有這個組織的個人的權力。而之所以人會甘願奉獻出自己的權利，無非是指望擁有組織的個人，在獲取巨大利益之後會有所回報。

回報也不是沒有，但這種回報，只有像劉邦這樣的人物才有可能獲得。餘者，甚至連彭越自己，最後都會輸得精光，連汗毛都不剩——歷史就是這樣，這個彭越後來被呂后清燉紅燒，做成了肉羹，夷三族！

彭越怎麼會落得這麼慘的下場呢？

因為彭越幹了和被他斬首的少年同樣的事情。

那少年之所以被殺，是因為缺心眼，莫名其妙地跑來找彭越，要把自己的性命交給彭越。你自己送上門來的，不殺豈非沒有天理？所以彭越殺之。

彭越之所以被呂后水煮之後夷三族，是因為他自己缺心眼，跑來找劉邦，並把性命委於劉邦。所以劉邦的老婆呂后，當然不跟你彭越客氣了。

但是在西元前二〇七年的這一天，當劉邦行軍至昌邑時，昌邑本地的豪傑彭越率千餘人來歸，劉邦並沒有急著殺彭越，而是大喜，遂與彭越合兵，攻打昌邑。

老爹大比拚時代

劉邦的昌邑之戰沒打出什麼名堂來，明確地說就是失敗了，昌邑未能攻下。

但劉邦之為人就是這點好，失敗了就失敗了，絕不戀戰，而是拔師就走，去尋找下一個機會。

失敗乃人生常事，任何人一生中都是失敗居多，成功極少。要是有哪個人從來不失敗，天天成功，那還了得？不讓他鬧到火星上去了？正因為大家天天失敗，所以人類社會才一片祥和，你混得一般般，我也是馬馬虎虎，龜不笑鱉，大家心理都平衡，才能凝聚精神意志，謀求下一次機會與突破。

每個人都會遭遇失敗，但優秀的人會視失敗為一個小小的進程，絕不深陷其中。而有些人卻終日徘徊在過去的失敗之中，長吁短嘆，以淚洗面，感覺上蒼待自己太不公平。停留在失敗心境中無法自拔，喪失了尋找新機遇的能力，是這些人與劉邦的區別。

總之，劉邦這人臉皮巨厚，對失敗沒有感覺，所以不管他失敗多少次，都感受不到挫折或是產生心理創傷，這是他屢敗屢戰、不息奮起的最大成因——實際上，劉邦根本沒有承認自己失敗過。想想，這一年他已經五十歲了，而四年前，他還是個一無所有的中年失敗男，天天擔驚受怕，活一天算一天。不過短短四年，他就成為所謂的仁慈長者，率萬人之眾殺奔咸陽，要解放普天下受苦的人民。不過是一兩個城池沒有打下來，對他來說根本不是什麼失敗，而是值得炫耀、不菲的人生成就。

史書上記載，沛公從碭北上攻擊昌邑，彭越援助他。昌邑沒有攻下來，沛公帶領軍隊向西進發。彭越也領著他的人馬駐紮在鉅野澤中，收編魏國逃散的士兵。

和彭越分手之後，劉邦率軍興沖沖地屯於高陽聚，逮了幾個美女，關在小屋子裡享受起來。

事實上，從劉邦的習性風格來看，他老人家最大的心願，就是做個鄉下惡霸，率一群家丁，搶幾個民女慢慢地蹂躪。但他的資質與能力已經遠遠超過他的這個簡單願望，所以總有人對他的愛好提出不同意見。

現在這個對劉邦提意見的，就是高陽酒徒酈食其。

高陽酒徒酈食其是中國古代傳統知識分子的典型，他讀書讀慘了，腹有大才，智計過人，奈何遇上大秦帝國這混蛋的時代，一個人的人生成就跟能力沒關係，只跟血統有關係，總之是個老爹大比拚的時代。所以滿腹才學的酈食其，讀書讀到最後，家徒四壁，一貧如洗。

悲憤的酈食其對社會極為不滿，當劉邦率軍到來時，他認為發洩自己不滿的機會來了。於是就去劉邦的兵營外面探頭探腦，看看能不能找個熟人引薦。嘿，突然間他發現劉邦手下的一名小騎兵，以前跟他認識。

酈食其把那個士兵叫過來，說：「嘿，哥們兒，幾天不見，你發達了。跟你說件事，你幫我在你們老闆面前引薦一下我，如何？」

士兵問：「你怎麼就相中我們老闆了呢？」

酈食其回答：「老實跟你說吧，每次有人帶兵從高陽聚經過，我都去遞求職履歷，但那些人都沒什麼本事，自己器量狹小，卻對別人求全責備，端架子擺排場，根本不值一提。我聽說這個劉邦對人極是輕慢，鼻孔朝天，誰也瞧不起，卻有遠大的謀略，是能夠賞識我的人，所以我來求見。」

士兵問：「怎麼個引薦法？」

酈食其說：「你去找劉邦，對他說：『我們高陽聚有個酈食其，年齡六十多，身長八尺。世人都說他是狂生，他卻說：非也非也，我並不是狂生。』」

士兵回答說：「老酈，我看你還是算了吧。劉邦這個人，最討厭的就是儒生，每次遇到儒生，他都要把儒生的高帽子摘下來，脫了褲子，恭恭敬敬地往帽子裡撒泡尿。而且劉邦脾氣暴躁，動不動就破口大罵。你自己找上門來，恐怕不會有好下場。」

酈食其說：「沒關係，你只管去對劉邦說，老子有辦法擺平他。」

於是士兵去找劉邦，引薦賢士。劉邦聽說高陽聚竟然有此奇人，大喜，趕緊憋足了一泡尿，準備往酈食其的帽子裡撒。然後又故意設下兩個噱頭，準備狠狠地羞辱一下他想像中食古不化的書呆子。

當酈食其來到時，看到的劉邦就是這麼個架式。《史記．高祖本紀》中記載：「沛公方踞床，使兩女子洗足。」

原來劉邦正在洗腳。

事實上，劉邦不是非要挑這時候洗腳不可，而是他要擺一個 poss，這個 poss 就是「踞床」。床在當時是低矮的椅子，並不是現代的床，也就是小板凳。當時劉邦的姿勢是要把兩腿分開，以仰坐的方式，正對著酈食其。

劉邦想把什麼東西正對著酈食其呢？

在劉邦的年代，中國還沒有發明短褲——事實上，中國人到現在也沒有發明短褲，目前穿的短褲是西方人發明的。中國人的智慧沒放在穿衣服上，而是放在脫衣服上了——既然沒有內褲，當劉邦身體後仰，兩腿大開的時候，兩腿中間的部位就完整地展示在酈食其面前。劉邦想讓酈食其看的就是這個，那兩個替他洗腳的女生，不過是道具而已。

酈食其一看劉邦兩腿中間的部位，頓時大喜，問道：「敢問沛公，你是打算幫助秦軍，幹掉諸侯，還是打算率領諸侯，消滅暴秦呢？」

劉邦呸了一聲：「你個賤儒！秦國那麼殘暴，逼得天下四方起兵，只為推翻暴秦，我怎麼可能幫助秦國打諸侯呢？」

酈食其道：「噢，既然你準備站在正義的一方，就應該謙虛一點，禮賢下士呀，怎麼可以把兩腿間的東西，指著令人尊敬的長者呢？」

劉邦故意羞辱酈食其，是因為他見多了食古不化、讀書不成的酸腐文人，打心眼裡鄙視他們，且以為酈食其也是這類型的廢物。現在聽酈食其說話，有點見識，不同凡響，於是劉邦知道遇到真正有學問的人了，急忙停止洗腳，站起來，請酈食其上座，向他道歉：「先生莫怪，剛才我不是……總之，先生是明白人，廢話咱們就甭說了，請先生教我。」

酈食其說：「其實我也沒什麼正經事兒，就是想找個人聊聊天，閒嗑牙。」接著酈食其開始講述自劉邦出生以來的戰國競爭與時局演變。在當時，教育不發達，百姓裡找不出幾個識字的，戰國的歷史只有極少的人知道。劉邦又是身在局中，只知道世界在變，但怎麼個變法還很懵懂。此時聽酈食其分析起來，大惑恍然，如夢方醒。聽到精采之處，劉邦激動地跳起來，叫外面的士兵：「還愣著幹什麼？怎麼這麼不長眼？還不快給先生上酒上菜。」

酒菜上來之後，劉邦小心翼翼地問道：「先生說的，我心裡大概有個數，可現在的情形，我們應該怎麼辦才好？」

酈食其笑道：「我就老實跟你說吧，你現在統兵進取關中，可手下全是些烏合之眾，而且不足萬人。你用這樣的雜牌武裝進攻秦國，肯定是虎口拔牙，有去無回。距此不遠就是陳留，陳留乃天下要衝，是四通八達的大道，而且城中還有充足的糧食。如果拿下陳留這個戰略中心，就可以進退自如了。」

拿下陳留……劉邦想起攻打昌邑之事，自己連個昌邑都打不下來，怎麼可能攻下戰略重地陳留？但他知道酈食其既然提出這個建議，必有相應的解決方案。凡是只有建議，卻沒有相應解決方案的，九成九是書呆子，不可能有出息。於是劉邦就請酈食其為他謀劃奪取陳留之事。

酈食其果然有解決方案，他說：「這個陳留縣的縣令是我的好朋友，我可以去勸說縣令投降。如果他不答應，我就在城中做臥底，配合你進攻。你看如何？」

劉邦大喜，就派酈食其去陳留。酈食其此去，暴露了他的另一個真實身分。

殺手兼職說客

在史書的人物分類中，酈食其被歸為「說客」一類，因為他嘴巴超級能說。但未必有效果。話不在多，貴在恰當的時機，說到關鍵之處，這才是一個說客的基本素養。酈食其在說客的專業度上明顯缺乏火候。

卻說酈食其來到陳留城，與老朋友縣令會面。酈食其說道：「老兄，我真的有點替你擔心呀。你看現在的國際形勢，這個秦政呢，太殘暴了，所以天下共叛之。這時候的你，如果和天下人站在一起，就可以建功立業。但如果站錯了邊，為亡秦嬰城而堅守，那就有點不明智了。」

縣令聽了，當場把筷子一扔：「老酈，你胡說些什麼？這話是你該說的嗎？我問你，咱們秦國有法律吧？有沒有？有法律就該守法！法律是怎麼規定的？是不是規定了老百姓不可以造反？有沒有這個規定？有這個規定就應該執行！少跟我扯什麼惡法善法，甭管是惡法善法，都是法！咱們秦國最大的問題是什麼？不是缺少法律，法律條文多的是，而是缺實踐，有法不依，執法不嚴！這才搞得天下大亂，盜賊四起。如果認真執法，世上哪還有人敢做強盜呢？還有，老酈，你是老朋友了，以後說話要注意。說什麼亡秦嬰城，這話是你該說的嗎？你說這種話，就已經犯下嚴重的刑事罪了，理應嚴打！」

酈食其訕笑道：「你看你，這不是咱們私下聊天嗎？你搞得像什麼似的，真掃興。」

聽酈食其這麼一說，縣令也覺得自己有點太認真了，悻悻道：「總之一句話，老酈你以後要注意點，不能再說那些違反國家法律的言論了。言論自由也是有限度的，不能亂說。好了，喝酒吧。」

於是雙方繼續喝酒，可是酈食其的心裡卻是氣惱不已。自己已經在劉邦面前誇下海口，說自己嘴巴超級厲害，不料第一次出場，就落得這種結果。要是讓劉邦知道了，以後自己還怎麼混？

你不仁，那就不能怪兄弟不講情面了！

為維護一個說客的尊嚴，酈食其心中殺意頓起。

縣令卻毫無所知，到了晚上，就像以前那樣，他留酈食其睡在客房。兩人是多年朋友，對於縣衙酈食其可是熟門熟路。等到了半夜，他摸了把菜刀出來，躡手躡腳走進縣令的臥房，把刀刃按在縣令的頸子上，用力地鋸呀鋸，終於把老朋友的腦袋生生地鋸了下來。他找塊布把腦袋包起來，半夜裡偷偷爬上城牆，跳牆而走，回到高陽聚向劉邦彙報。

見酈食其拎著老朋友的腦袋回來，劉邦回過神來了。原來這個酈食其是用殺手的技巧，維持自己說客的職業尊嚴。可既然如此，你就應該當一個殺手，而不應該做說客，技藝不精，遲早會害死自己呀。

但劉邦沒管這事，也可能是沒想這麼多，總之，這裡有顆腦袋，就可以拿來用一用。於是劉邦統兵去攻陳留，命士卒以竹竿挑起縣令的腦袋，要求陳留守軍投降。守將失其首腦，亂成一團，再被劉邦威逼利誘，終於有些人害怕了，打開城門向劉邦投降。

兵不血刃，智取陳留，這算是劉邦的第十八場仗了，而且是成本最低、收益最高的一仗。

從這天起，劉邦就意識到，仗就應該這麼個打法，拎刀子決戰於兩軍陣前，硬碰硬，那是胸無城府之人的最佳選擇，不是他劉邦的。

拿下陳留，獲得了陳留的軍隊，以及大量的軍資、糧食和財物，劉邦興奮不已，封酈食其為廣武君。現在的劉邦雖然不過是個碭郡長，但楚懷王封他為武安侯。以侯封君，他是有這個資格的。

從此酈食其就加盟了劉邦團隊，專職鼓動脣舌，勸說對方投降。但他真的不該幹這個工作，能力不夠。但酈食其這人很怪，明知自己能力不足，卻非要抓住這個工作不可。這就為他未來的悲劇，埋下了必然的伏筆。

後來酈食其又為劉邦引薦了自己的弟弟酈商。酈商也是個有本事的人，統率傻瓜少年四千多人前來，使劉邦的兵力擴充到兩萬之眾。劉邦大喜，以酈商為將軍，令其統帥陳留軍及自己的少年子弟。

這時候，項羽於鉅鹿大敗秦兵的消息傳來，這對劉邦是驚喜交加、恐懼不已的事件。仗打贏了，秦軍的主力被擊潰，這當然是好消息；但打贏這場仗的不是自己，項羽趁勢崛起，這對劉邦來說又是個壞消息。

於是劉邦不敢再逗留，抓緊時間向西進發，希望能夠搶在項羽之前進入關中。於是新一輪的行軍征戰，又開始了。

步步血戰

出兵高陽聚，劉邦率師西行，步步血戰，步步艱難。

前面是開封城——劉邦面對的這座開封城，距離現在的開封有五十多里。秦將趙賁領一隊兵馬，阻於前方。

劉邦仔細觀察。主要觀察兩件事：一是趙賁軍是不是孤軍，附近有沒有其他秦軍相互配合。二是觀察趙賁的兵員人數，比自己人多就趕緊走開，比自己人少，那就不客氣了。經過觀察，趙賁是一支孤軍，前後沒有與之呼應的秦兵，而且兵員人數少於自己。

群情激憤，人人請戰，劉邦也很激動，於是兵分三路，奔襲趙賁。

第一路是靳歙，他的任務是直闖趙賁大營，與之對決。

第二路是賣絲繒出身的商販灌嬰，他不賣絲繒好多年了，已經成為戰場上威名赫赫的猛將。他的任務是側擊秦兵大營。

第三路是魏國的騎兵，由傅寬統率，從另一側重擊趙賁，務必使其崩潰為快。

餘者統統由劉邦統領，以曹參、樊噲為先鋒，以夏侯嬰的兵車為主力，趁趙賁力絀之際，從後面包抄，並迅速搶占開封城。

大戰開始了，號角驚天，戰鼓齊鳴，四路人馬發瘋一樣向秦兵衝了過去。趙賁不察，頓時陷入慌亂之中，但此人臨危不亂，居然不戰而走，立即捲旗入城，被靳歙銜尾追殺，直砍得天昏地暗，日月無光。據粗略統計，這一仗，靳歙共斬殺了秦軍騎兵十人，大將一人，割下秦兵的首級五十七顆，而且還俘虜了七十三名秦兵。

這個靳歙不是人。他連殺帶抓，去掉了秦兵一百四十一人——但基於他手下有上千個人，做出這個業績是很正常的。

這麼大的戰功，非得獎勵不可，劉邦賜靳歙為臨平君。

唯一能夠與靳歙較量的，只有樊噲。樊噲第一個登上開封城牆，殺死一個偵察兵的小頭目，斬敵首六十八顆，俘虜敵兵二十七人。但是趙賁已經退入城中，劉邦不明城中情形，生恐有失，便急令樊噲撤回。

這時候劉邦的心裡已經對守城的百姓產生了重重顧慮。他覺得應該再提醒百姓們一次：經由秦始皇的成功改造，你們百姓只是工具。誰在城裡管制，你們就得替誰守城。秦兵在城裡，你們替秦兵守；倘若我劉邦進了城，你們就得替我劉邦守。替我劉邦守的時候，認真點沒關係，但替秦兵守的時候，能不能別這麼認真？能不能？畢竟輸贏於你們沒半點不同。

攻開封而未克，是劉邦的第十九場仗了。

這場仗不好說是輸是贏，雖然擊敗了秦將趙賁，但開封未能如願攻克，部隊找不到落腳休整的地方，這讓劉邦心裡很上火。他只能繞過開封，向西而行——希望趙賁不要突然從後面追出來才好。

行至白馬，再遇秦將楊熊阻路，一場激戰又開始了。

楊熊之戰，晦澀難明。從當時的情況來看，又分為上半場和下半場。上半場在白馬打過之後，雙方狂奔到曲遇這麼個小地方，又展開了下半場的賽事。

曲遇之戰，應該還是四路人馬：

劉邦親統一路，樊噲與曹參為先鋒。這一戰立功的是曹參，俘虜了秦司馬及御史各一人。

傅寬統領的魏國騎兵表現極凶，斬殺敵首級十二顆，劉邦賜予爵位。沒說是什麼爵位，但應該是楚國的五大夫。

夏侯嬰的兵車戰隊打得最狠，戰報上說，夏侯嬰俘虜敵兵六十八人，收降士兵八百五十人，還繳獲金印一匣。

第四路的灌嬰表現也很不錯，因其奮力拚殺，受到劉邦通報嘉獎，被賜予執帛的爵位，號宣陵郡。

這場戰事中曹參的收穫值得注意，他居然俘虜了御史一個。御史可是朝官，這說明了什麼呢？

這分明是一支幹部考察團，正在附近一帶的按摩店裡親切慰問女性民眾，不幸遭遇劉邦。所以楊熊在白馬才會不戰而走，他應該是負有保護長官的重大責任，不敢輕易開戰，結果逃到了曲遇，還是被劉邦捉走了一名小幹部。

此事的最大證據，就是秦二世在第一時間知道了這場戰役——能夠把消息報到秦二世的辦公桌上，表示這名長官的級別不小。奈何劉邦眼拙，不識長官真面目，只緣身在戰場上。再加上讓長官先走的傳統作祟，所以劉邦打了半天，只抓住了個小幹部，卻讓大長官溜了。

而且事過境遷，劉邦因為沒有下令復原曲遇之戰，所以此事湮沒於歷史中。

但長官受到了驚嚇，很是悲憤。楊熊保護不力，自然要追究刑事責任。御史從咸陽出發，不辭辛苦來找楊熊，最後在滎陽找到了正積極備戰，準備對抗劉邦的楊熊。失職的楊熊，被當場斬首示眾。

遭遇戰國老將軍

曲遇激戰楊熊，是劉邦的第二十場仗了。

連續兩場激戰，開封城外戰趙賁，曲遇戰楊熊，都是野戰，這讓劉邦心力交瘁。於是他考慮，有必要完成他業績表上的第二次屠城，以便在屠城方面追上項羽。地點，選在潁川郡。

潁川在南，滎陽在西。欲入關中，必要先攻滎陽。而劉邦卻突然掉了個頭，南向而屠潁川。他這樣做，是出於怎樣的考量呢？

屠城的目的是為了表明他進城的真誠願望。劉邦不想再打野戰了，太累。而且一路打過來，留下後方一路的敵人城池，這就叫孤軍深入，再閉著眼睛往前走，會死得很慘。

《史記．高祖本紀》稱：「南攻潁陽，屠之。」

《資治通鑑》卷八稱：「夏，四月，沛公南攻潁川，屠之。」

這次殘暴的屠城，大概是因為劉邦陷入了極度的恐慌。自從他離開陳留，就再也沒找到個落腳的地方，從開始到白馬，再到曲遇，始終是打野戰。這種仗再打下去會很危險，沒有根據地，沒有後勤補給，又是在不熟悉的地盤上，一旦秦軍反撲，只怕大家再也沒機會回家了。

另一種可能是出自張良的建議。因為潁川地處戰國年間的韓國，早在項梁戰死之前，張良就曾向項梁建議派兵恢復韓國。但項梁惡意捉弄，只給了張良和韓王千號人馬。當時張良和韓王成功奪取了幾座空城，屁股還沒坐穩，秦兵就打來了，輕易將他們趕出城。從此張良被迫轉入艱苦的游擊戰。

計算日期，張良率千人之眾打回韓國，淪為游擊疲師，是西元前二〇八年上半年的事，而現在他來找劉邦，已經是西元前二〇七年三月了，整整一年的游擊戰，張良居然沒死，堪稱奇蹟。

所以，張良是絕對不會阻攔劉邦屠城的。相反的，還有證據顯示他就是屠城的主謀——潁川城被屠光之後，全郡震恐，都被劉邦嚇壞了。而張良主持郡內軍政，帶著劉邦的軍隊，去找以前那些不臣服的城池算帳。

張良已經在韓地流浪了整整一年，對當地的秦兵布署比誰都清楚。有他帶路，劉邦終於又進入了戰無不勝、攻無不克的快樂時期。正在攻城掠地之際，突然聽到了一個負面消息：趙國別將司馬卬，於河內有異動，明顯是想要渡過黃河，搶先一步進入函谷關。

先入關者，王也。這是前段時間楚懷王跟諸將的約定。劉邦很想稱王，當然不允許趙軍搶先一步，於是先行搶占平陰。此地有河津南渡口，距離孟津一箭之遙。

據《史記．高祖本紀》及《資治通鑑》記載：「沛公乃北攻平陰，絕河津南。」

後期有武國卿、葛中岳合著的《中國戰爭史》記載：「劉邦為了制止趙軍這一行動，乃北攻平陰，斷絕趙軍渡河通道，阻止其向河南發展。」

但這些記載都沒有解釋，劉邦這樣做何以就斷絕了趙軍的西進之路？劉邦打劉邦的，趙軍自己進函谷關，不可以嗎？

不可以！

劉邦要在趙國的前行之路上，畫一條紅線。這條線內都是劉邦的勢力範圍，倘若趙兵敢越雷池一步，就要掂一掂自己的分量。

要知道，劉邦所率領的是楚軍，和項羽是一家的。而項羽的鉅鹿之戰，破釜沉舟，才救了這個趙國別將司馬卬的老命。縱然是司馬卬有天大的膽子，也不敢碰楚軍一下。一旦楚軍表明了自己要先入關，司馬卬只能乖乖走開。

所以，劉邦為了警告趙軍司馬卬，就繞到洛陽，去堵趙軍的路，行至尸鄉，突然遇到了熟人：開封府秦將趙賁。

原來趙賁一直跟在劉邦後面，這時候突然殺了出來。大家最討厭趙賁這傢伙了，不讓大家入開封城，害得大家沒個地方落腳。見到他，曹參、周勃、樊噲一擁而上，開始圍毆。後面還有個灌嬰，奇兵突出，向趙賁重力衝擊。趙賁招架不住這群狠人，急忙退軍了。

前方就是洛陽，又見秦兵阻路。無可奈何，還得繼續廝殺。《史記．太祖本紀》稱：「當是時，趙別將司馬卬方欲渡河入關，沛公乃北攻平陰，絕河津。南，戰雒陽東，軍不利。」軍不利的意思很好理解，就是打輸了。

功高莫過於護駕，計毒莫過於絕糧。正因為劉邦打輸了，所以手下兄弟拚死保護，反而多人榮立戰功。酈商「絕河津，破秦軍雒陽東」，他居然因大破秦軍雒陽軍隊而立功，真是怪事。

還有夏侯嬰，他的戰功更離譜，「因復常奉車從擊秦軍雒陽東，以兵車趣攻戰疾，賜爵封轉為滕公」（《史記．樊酈滕灌列傳第三十五》）。意思是，夏侯嬰又曾指揮兵車，跟隨劉邦在洛陽以東襲擊秦軍，他駕車衝鋒陷陣，風馳電掣，奮力搏殺，劉邦賜他滕公的封爵。

劉邦自己不過是個沛公，竟然敢封夏侯嬰為滕公，這也太離譜了吧？

絲繒商販灌嬰同樣也在這場戰役中立功。一場所有人都立功的戰役，卻打輸了，這究竟是怎麼回事？

很明顯，這一仗應該是秦兵突如其來，打蛇擊七寸，徑取劉邦頭。劉邦被秦兵困住了，所以曹參、周勃、樊噲、酈商、夏侯嬰及灌嬰等人才拚了老命，死保劉邦，擊退趙賁。所以這場仗大家輸得極慘，但諸位兄弟統統立功。

雒陽城東一戰，劉邦蒙受了很大的損失，不得不繞行轘轅，退到陽城。這時韓王和張良帶著自己的游擊隊跟著劉邦走。劉邦命令韓王成留守陽翟，而他則帶著張良盡收軍中馬騎，向南陽方向挺進。

行至犨縣東，遭遇到了戰國年間的老將：桓齮。

桓齮，他在劉邦二十一歲那年，具體是西元前二三六年，也就是秦始皇推動滅亡六國計畫的第一年，從南陽出發，配合另外兩隊秦軍去打趙國。不料趙國派出戰國時代的第一名將李牧出場，桓齮等人不敢應戰，只好退軍。

隔了一年，劉邦已經二十三歲了，秦始皇又派桓齮去打趙國，結果桓齮慘被李牧包夾，全軍覆沒，桓齮率衛隊拚死逃出。再後來，名將李牧被秦始皇以離間計害死，秦國終於攻克趙國，續下列國，一統六合。而桓齮這老兄，仍然是出任南陽郡守。

桓齮首戰趙國時，劉邦才二十一歲，現在劉邦已經五十歲了，二十九年過去，桓齮居然還活著，還要和劉邦對壘交戰。可見他和秦始皇、劉邦是同齡人，首戰趙國那一年，他應該和劉邦的年歲相差無幾。但是一般印象中，戰國時代的李牧和秦漢時代的劉邦，彷彿兩個時空的生物，現在兩個時空的生物突然相遇，頓時讓人感到極度不適應。

不適應也沒辦法，還是得打。面對這位李牧時代的老將，劉邦下令攻擊。

老將軍愛賣萌

犨縣之戰，戰國年代的老將軍桓齮，面對他的同齡人劉邦，或許心裡會想，眼前這個五十歲的老頭，未必有二十九年前的趙國名將李牧厲害。有本事你不早使出來？都五十歲了，還折騰個什麼勁？

但甫一交手，桓齮就明白了，難怪劉邦要沉寂二十九年才出手，他必須要熬到他唯一的剋星秦始皇死掉。

犨縣一戰，曹參、樊噲及周勃三員猛將殺得極狠，輕鬆攻破犨縣軍隊的陣列。當時老將軍桓齮嘆息一聲，掉頭就走。他不入南陽，而是徑直逃入宛城，緊緊地關上城門，閉關自守。

劉邦氣勢洶洶地追來，將宛城團團圍困，開始攻打。等打起來的時候，劉邦才發現，難怪桓齮老頭要逃入宛城。這座城，桓齮已經苦心經營了二十九年，早在戰國年間他就守在這裡，把宛城修治得固若金湯，根本打不下來。

一旦遇到打不明白的仗，必然有人立戰報。在宛城，這座根本打不下來的城池前，樊噲的軍功表上報稱他率先登城，斬首八級，俘虜四十四人。被賜爵，封號賢成君。

賢成君是個極文雅的爵號，跟斬首八級顯然不是那麼般配，這表明劉邦洩氣了。算了，照老規矩，凡是打不下來的城池，一律放棄不打，去找沒有秦兵守衛的空城，保準打勝仗。

於是劉邦下令軍隊開拔，丟下宛城不理，繼續向咸陽挺進。軍隊已經出發了，不想張良卻突然攔在劉邦的馬前，說道：「不可以，宛城必須要打。我理解你著急挺進咸陽的心情，但這時候秦軍的力量還很大，再往前走，必然會遇到更多秦軍。如果現在不攻克宛城，到時候桓齮這老傢伙突然從城裡衝出來，與前面阻路的秦軍兩面夾攻，你就死定了。」

劉邦一狠心，說：「對，你說得太對了，不過宛城真的打不下來，要不然……要不然咱們乾脆嚇死桓齮這老妖怪吧！」

於是劉邦命令所有部隊收起旗幟，悄無聲息地急行軍，走小道於黎明前趕到宛城腳下，再突然之間亮出旗幟，把宛城團團圍困——圍宛城三匝。

老將桓齮本以為劉邦已經走了，剛剛鬆了一口氣，突然發現劉邦又回來了，而且悄無聲息，來勢凶狠，明擺著是不打下宛城不甘休。史書上說，桓齮絕望了，想要自殺。但桓齮好歹也是見過大陣仗的人，幾次和名將李牧對陣，怎麼會這麼脆弱，說自殺就自殺呢？

這是因為之後還有變局。相關史料稱，正當桓齮準備自殺的時候，他的門客舍人陳恢說：「莫急莫急，還不到最後時刻，等我去找劉邦談談，再自殺也不遲。」

於是這個陳恢縋下城牆，來見劉邦，說：「我聽說，足下和楚懷王有約定，先入關者，王也。而宛是大郡治所，與此相鄰的城市就有幾十座。人口多，糧食足，軍民之所以不降，是因為大家都認為投降之後必被屠城，只有死路一條，所以大家才拚死防守。足下如果死盯著宛城不放，長期停留在這裡攻城，士兵的傷亡一定很多。要是久攻不下，被迫撤走，宛城軍民必然出城追殺，不死不休。這樣一來，不僅足下先入咸陽的計畫落空，還要遭受強大的宛軍襲擊。我替足下著想，最好能夠達成共識，定個條件，允許宛城軍民投降。再封南陽郡守為侯，依然讓他留守南陽，這樣一來，足下就可以帶著宛城的士兵，跟你一道進軍咸陽。那些還沒有投降的城市，聽到這個消息，也一定會大開城門，迎請足下入內。那麼足下就可以不戰而勝，兵不血刃，一路順風，通行無阻地入關。」

劉邦聽了大喜，立即答應陳恢的要求。於是南陽郡守桓齮正式向劉邦投降，劉邦封他為殷侯。陳恢也因此受封食邑千戶，就是他可以領取一千戶人家的稅收的意思。

原來桓齮所謂的要自殺，不過是老頭賣萌，想打悲情牌，不僅要讓劉邦放過他，還想從劉邦這兒弄個爵位幹幹。這位戰國年代的老將軍竟然是個老滑頭，見不得陣仗，難怪他在戰國時代被李牧打得全軍覆沒了。

像桓齮這樣的人物，在秦始皇手下，居然也能夠平滅六國，可知當時的六國多麼沒出息。正所謂滅六國者，六國也，非秦也。秦始皇能夠滅六國，軍事戰場上的勝利只是表面，主要還是亡在各國的權力爭鬥。比如說，當年趙國的大將李牧，秦國根本沒人是他的對手，但是秦始皇派人施離間計，唆使趙王殺掉李牧，自毀長城，最終導致了趙國的滅亡。

當秦國把所有的諸侯國消滅之後，現在終於輪到他自己了。老將軍桓齮對此看得明明白白，所以才不肯為大秦帝國殉葬，從現在起，他正式跳到劉邦這條新船上了。

宛城這個案例叫約降封守，意思就是當地政府投降，但管理階層不動，而且還要封爵許願。條件是從此成為劉邦的後方，為劉邦進軍咸陽提供後勤支援。這筆買賣劉邦賺大了，桓齮投降後，郡西各城均大開城門，迎請劉邦軍隊入內。

於是劉邦繼續前進，直到抵達丹水，又出現了麻煩。但這個麻煩不是劉邦的麻煩，而是史書記載的麻煩。

《史記．高祖本紀》中，記述劉邦接下來的行程，稱：「至丹水，高武侯鰓、襄侯王陵降西陵。」劉邦繼續行進到丹水，高武侯鰓以及襄侯王陵都跑來投奔了。這裡說的王陵，正是早年沛縣的老大，劉邦年輕時就是在大佬王陵手下做小兄弟。現在老大來了，管以前的小兄弟叫老大，此誠人間極快樂事耳。

但是且慢，同一本《史記》，趁人不注意又推翻了這個說法：

王陵者，故沛人，始為縣豪，高祖微時，兄事陵。陵少文，任氣，好直言。及高祖起沛，入至咸陽，陵亦自聚黨數千人，居南陽，不肯從沛公。

這一段記載出自《史記．陳丞相世家第二十六》，內容是說當年的大佬王陵，並不買劉邦的帳，「居南陽，不肯從沛公」。

究竟這個大佬王陵買不買劉邦的帳呢？

他有買，也有不買，介於買與不買之間。

大哥重口味

想要弄清楚王陵是否買了劉邦的帳，就得從一個叫張蒼的人說起。

張蒼是陽武人，他非常喜歡書籍、音律及曆法。早在秦始皇時代，他就擔任過御史，掌管宮中的各種文書檔案。後來他不知犯了什麼罪，害怕被追究，就偷偷跑回家了。不久劉邦起事，攻城掠地，經過陽武，張蒼主動找來求職，以賓客的身分，從此跟在劉邦身邊。

南陽之戰，桓齮投降，張蒼是目擊證人。但張蒼這個人，感覺有點不大可靠，他好像有犯罪的習慣，在秦始皇那邊他犯罪，到了劉邦這邊又犯了罪。

張蒼能從秦始皇身邊逃掉，在劉邦這邊卻逃不掉，他被判斬首。

斬首的程序很簡單，受刑者先把衣服脫下來——那個年代，衣服可比人命值錢。脫了衣服之後，光身子趴在刑具上，等待受刑。當時張蒼就是這個樣子，光屁股趴在刑具上，正提心吊膽地等著鋼刀落下，旁邊卻溜達過來一個人。

王陵。

看到要殺人，王陵起了興致，急忙湊上前細看，卻發現刑具上趴著白花花的一大團。原來張蒼身體肥胖，皮膚白皙，撅屁股趴下的時候，整個人就像一粒碩大的葫蘆籽，「身長大，肥白如瓠」。當時王陵一見大驚，就去找劉邦，替張蒼說情，理由是：張蒼長得肥美，肥美難得，建議不要殺。

昔日的大哥找上門來說情，又是樁可有可無的事，劉邦就賣了王陵這麼個情面。於是張蒼逃過了一劫。這件事，記載在《史記·張丞相列傳第三十六》中：

張丞相蒼者，陽武人也。好書律曆。秦時為御史，主柱下方書。有罪，亡歸。及沛公略地過陽武，蒼以客從攻南陽。蒼坐法當斬，解衣伏質，身長大，肥白如瓠，時王陵見而怪其美士，乃言沛公，赦勿斬。遂從西入武關，至咸陽。

因王陵說情撿回一條命的張蒼突然時來運轉，不久後就發達起來，竟然當上了丞相。做了丞相後，張蒼思前想後，越想越是感激王陵，如果不是王陵說情，救了自己這條老命，當年在南陽就掛了，哪還有機會享受丞相的幸福日子？

從此張蒼以王陵的父親為父親，以王陵的母親為母親。當時漢朝的朝政是每上班五天，休息一天。到了休息日，張蒼就會來到王陵府中，恭恭敬敬地侍奉王陵母親吃飯，等老太太吃完了，張蒼才回家。

張蒼德王陵。王陵者，安國侯也。及蒼貴，常父事王陵。陵死後，蒼為丞相，洗沐，常先朝陵夫人上食，然後敢歸家。（《史記．張丞相列傳第三十六》）

之所以說起張蒼這件事，是為了證明，劉邦在南陽郡的時候，確實與早年的大哥王陵勝利會師了。而且，當時的王陵還為正要被處死刑的張蒼說情，救了張蒼的性命，這事假不了。

既然小兄弟劉邦已經和大哥王陵勝利會師了，怎麼同樣一本《史記》在〈陳丞相世家〉中卻說王陵不肯歸附呢？

答案就是張蒼。請注意王陵替張蒼求情的理由：「見而怪其美士」。就是說，王陵被張蒼一身雪白的五花肉給打動了，因此去找劉邦說情。

一身雪白的五花肉也能成為說情的理由，這豈不是莫名其妙？

從《史記》的內容來看，分明是修史者司馬遷也對這個怪異的理由憂心忡忡，擔心大哥王陵會不會是重口味，性傾向特殊，所以花費精力對王陵和張蒼的私生活認真調查了一番，結果如下：

初，張蒼父長不滿五尺，及生蒼，蒼長八尺餘，為侯、丞相。蒼子復長。及孫類，長六尺餘，坐法失侯。蒼之免相後，老，口中無齒，食乳，女子為乳母。妻妾以百數，嘗孕者不復幸。蒼年百有歲而卒。（《史記．張丞相列傳第三十六》）

這裡顯示出司馬遷對張蒼的私生活非常關注。先是仔細研究了張蒼的父母及家庭情況，最後落在張蒼靡爛的私生活上。發現張蒼年老之後，牙齒掉光，吃女人的奶維生，有妻妾一百多人，妻妾一旦懷上身孕，他就不再接近，馬上換人。可見張蒼是個專注於傳宗接代的男人，他的性傾向很普通。

張蒼口味一般，王陵也不是重口味。大家都是尋常人，但王陵替張蒼求情的理由卻極不尋常。這就只能證明一件事：王陵之所以用這個怪異理由來說情，就是因為這個理由不是理由。

不是理由是什麼呢？

是昔日大哥試探如今發達的小兄弟。看看小兄弟心裡是不是還有大哥，是不是還聽大哥的話。

如果王陵以其他尋常理由來說情，就不是試探了，而是說道理。只有不是理由的理由，完全不講道理，才足以試探小弟的心思。如此看來，劉邦巧妙地應對了王陵這一挑戰，馬上釋放了張蒼，給足了昔日大哥面子。但在這個過程中，劉邦應該是以他自己特有的方式，讓王陵感受到強大的壓力，所以最後雖然王陵和劉邦勝利會師了，但王陵並沒有跟著劉邦走。說起來，他終究是劉邦當年的大哥，跟在小弟身後搖旗吶喊，這種事他彆扭，劉邦也彆扭，大家還是分開來更好些。

雖然兩人分道揚鑣，但是大哥王陵為人厚道，除了在張蒼事件上要求昔日的小弟給自己足夠的尊重之外，再也未難為小弟。而小弟劉邦又是精明過人，用自己漸漸形成的龐大勢力，最終逼迫大哥承認現實——小弟已經是大哥了，大哥必須要承認自己是小弟。

總之，在南陽與昔日大哥王陵相遇，對劉邦來說是一次重大挑戰。人際關係之中，最難處理的就是這種尊卑次序的顛倒。兩人之中，只要有一個人心理稍有不平衡，就會釀成悲劇。但王陵與劉邦都是非凡人物，他們妥善處理了眼前的僵局，巧妙展現了自己的人格魅力。

當然，在這起人際交往的隱密人格爭戰中，最成功的是劉邦，主要獲益的也是劉邦。

此後劉邦引師攻胡陽，又遇到了番君吳芮——他是歷史名人，於鄱陽湖建立了鄱陽城，是項梁起兵的鼎力支持者。他的女兒嫁給了猛將英布的別將梅鋗，梅鋗也來投奔了劉邦。劉邦就帶著大夥兒去攻打析城和酈城，基本上沒有發生實質性的戰鬥，這些城池就主動開門投降了。

雖然敵方急於投降，但樊噲還是找機會殺了個痛快。他在酈縣斬首二十四級，俘虜四十人。劉邦拿他沒辦法，只好再加封賞。

史書稱，因為劉邦妥善處理了南陽郡守桓齮的約降封守，讓秦國人相信，劉邦所率領的楚軍並不凶殘，不會對秦國報復，所以秦國人對於即將到來的改朝換代，表現出相當寬容的態度。

仁者無敵，四夷咸服。劉邦感受到成功即將到手的巨大榮耀。於是他又想出個怪招，遣魏國人寧昌去咸陽，和秦二世談談，希望秦二世能夠認清形勢，主動投降，免得劉邦這邊再費手腳。

寧昌去了還沒返回，一個可怕的消息傳來：秦將章邯率所屬二十萬人，向項羽投降了。此時項羽擁有總兵力六十萬人，已經成為天下獨一無二的軍事巨無霸，沒有人能夠與他抗衡，沒有人！

劉邦在這強大力量面前，頓時顫慄起來。

第五章
權力遊戲

權力就是指鹿為馬，就是顛倒黑白！權力是一個無人能夠受益的社會遊戲，是一種人與人之間極端對立的博弈方式。如果黑就是黑，白就是白，還需要權力幹什麼？不需要權力的強制，人們也知道黑就是黑，白就是白，權力唯一能夠發揮的作用，就是將黑轉為白，再將白轉為黑，唯其顛倒世事，權力才有價值。

進退維谷

鉅鹿之戰，秦將王離全軍覆沒，章邯收攏殘兵，退守棘原。項羽的軍隊則駐紮在漳水以南，兩軍距離極近，卻始終沒有交戰。

沒有交戰的原因，主要是章邯的秦軍深陷趙境，面對著強大的楚軍，已經成為一支孤軍，處境極為危險。這時候最明智的，就是安全撤軍。所以章邯保持全軍備戰狀態，緩步退卻。

不知道是誰，把章邯緩步退軍的戰報，傳到了秦二世的面前。於是秦二世派來使者，嚴厲譴責章邯畏戰，要求章邯證明自己對帝國的忠誠，迅速消滅項羽及趙國，否則後果嚴重。

章邯發現麻煩了，自己統軍在外，與最高指揮中樞溝通不暢，而目前戰爭態勢已經完全扭轉，朝廷必須依據時局的變化，重新調整戰略。但要把這個訊息傳遞到秦二世耳邊，還需要花費心思。於是章邯派他的政委，長史司馬欣。由司馬欣趕到咸陽，親自向秦二世解釋說明。因為事情太複雜，不見面是說不清楚的。

但司馬欣趕到咸陽後，就察覺情形不對。此時國政大權盡落於趙高之手，想要面見秦二世就必須透過趙高，可是司馬欣在咸陽司馬門等了三天，也不見趙高。於是司馬欣知道自己有危險了，立即逃出咸陽，向秦軍駐地狂奔。

趙高果然派出刺客殺手，一路追殺。但因為司馬欣技高一籌，逃走的時候，沒有走來時的路，而是換了條路線。刺客及殺手卻腦袋進水，只沿著司馬欣來時的路追趕，所以才讓司馬欣逃脫。

趙高為什麼要殺司馬欣？

不為什麼，鉅鹿之敗，趙高需要追究責任，需要代罪羔羊而已。

那麼司馬欣又是如何先知先覺地預知危險呢？

這是因為章邯、司馬欣以及他們的老搭檔董翳，是秦帝國時代最有智慧的三個人。看看他們的職務就知道了，章邯，主動請纓統師之前，是少府，主掌山林湖澤稅收的官職。司馬欣和董翳，是長史，長史乃帝國最高機關中的事務主管。他們都不是統兵者出身，可是自從三人聯手以來，不費吹灰之力就將起義軍的指揮中樞陳勝消滅於無形。而後的鉅鹿之戰，名將世家的王離成了俘虜，而他們三人卻安然無恙，這就證明了他們的本事。

章邯的鉅鹿之敗，其實非戰之罪。秦帝國這艘大船，處於行將覆沒之際，章邯、司馬欣及董翳就好比當時水性最佳的水手，卻偏偏處在一條傾覆之舟上，縱使他們有天大的智慧，在這個節骨眼也只能勉強保身而已。

一句話，章邯站錯了隊。他的敵人是天下英雄，他本事再大，一仗接一仗地打，總會輸掉那麼一場兩場。而鉅鹿之戰，就是他輸掉了一場。但問題是，權力的法則永遠是「反淘汰」，章邯、司馬欣、董翳既然是秦帝國中最有本事的人，當然是處於隨時會遭到暗算的境地。司馬欣對此有非常清楚的認知，所以一察覺情勢不對，立即出逃，這才避過了殺身之禍。

司馬欣逃回軍營中，對章邯說：「帝國完蛋了，沒希望了。現在是趙高專權，作威作福，朝政裡再也沒有一個明白人。我們統軍在外，如果打贏了，趙高嫉妒我們的戰功，我們非死不可。如果我們打輸了，被追究責任，更是非死不可。總之咱們已經沒有生路，將軍你看著辦吧。」

我看著辦……這可怎麼辦？當下章邯就傻了眼。

與此同時，從黃河岸邊、沼澤林中，走出來一個漁夫，來給章邯送信。章邯打開一看，嘿，這封信，竟然是和張耳鬧翻、棄職走入深澤捕獵避世的陳餘寫的。

原來陳餘身在深澤，心憂天下，不甘寂寞，專程寫信給章邯指點迷津。他在信中說：

「親愛的老章，你聽過白起這個人嗎？白起，他是楚國人，跑到秦國去賣力。他東征西討，南征鄢郢，北征擊敗了趙國紙上談兵的趙括，一口氣坑殺了趙國四十萬降卒。四十萬呀老章，就是給你四十萬頭豬殺，你也得殺上幾年。總之白起替秦國賣了老命，最後結果如何呢？如何呢？他被秦帝國賜死，把他殺掉了。

「親愛的老章，你聽說過蒙恬這個人嗎？蒙恬，他是當年秦國的大將軍，比你有派頭。他向北驅逐戎人，替秦國開拓疆土幾千里。最後他怎麼樣了呢？怎麼樣了呢？他被殺了！在陽周被殺掉了。

「為什麼白起、蒙恬他們都會被殺掉呢，為什麼？

「就因為他們立下的功業太大！大功無賞，大罪無罰。因為你戰功多，秦帝國沒辦法獎賞你，總不能把整個國家都給你吧？只有殺掉你，才是個一了百了的法子！

「現在你老章任秦國的將軍，統兵作戰已經有三年了。三年來，你部下逃亡戰死的就有幾十萬人，而諸侯卻殺不盡，宰不完，群起而抗暴秦者越來越多。你就這樣一直跟天下人唱反調，到底能堅持多久呢？

「親愛的老章，你還有椿天大的麻煩——趙高！

「趙高欺蒙秦二世，控制朝政已經好幾年了。如今戰事危急，趙高最想幹的就是殺掉你老章，把戰事不利的責任一股腦兒全推到你頭上。現在你的處境是，打贏了就會被殺掉，打輸了還是會被殺掉。輸贏你都會被殺掉，想來你一定非常鬱悶吧？

「總之，老章你必須要明白一件事，老天要滅亡秦帝國，秦帝國非得滅亡不可，沒人攔得住！你老章在內不能取得君王的信任，在外淪為亡國的將領，孤軍想存活於世，這可能嗎？

「親愛的老章，你為什麼不能再聰明一些，轉而和諸侯結盟，掉轉槍頭，大家一起去打秦二世。到時候封疆列土，南面稱王，這和你被人扒光了衣裳，放在刑具上任人宰割，哪個更好些呢？」

陳餘這封信非常令人驚訝，他似乎在章邯身邊伏有間諜，掌握了章邯這邊最詳細的情報。信中的每一字、每一句，都像堅實的鐵釘，牢牢地釘在章邯心上，讓章邯輾轉反側，夜不成寐。

帝國死亡倒數計時

收到陳餘的來信後，章邯考慮了很長時間，接著悄悄派了親信侯成，去找項羽聊聊，看看大家是不是有合作的可能。

但是雙方沒能達成共識。可能有許多原因，但主因應該是項羽這邊糧草還比較充足，可以再吃一段時間。結果是侯成去了之後，反倒把項羽手下的蒲將軍給招來了。史書上說，項羽命令蒲將軍率其部渡過三戶津，向章邯發動進攻。

這時候章邯已經沒有了戰心，自然被蒲將軍大逞威風，殺了個痛快。

眼見秦軍不堪一擊，項羽大喜，遂率全師渡河而來，繼續向秦軍發起攻擊。章邯不停地吃敗仗，繼續派使者去找項羽談判，最終竟然說服了項羽。

於是項羽召集軍吏開會，說：「大家也太能吃了，這麼幾天就吃得米倉見底。現在糧食少，我考慮與章邯訂立盟約，你們大家是什麼看法？」

眾人齊聲道：「將軍英明，將軍的決策太偉大了。」

於是項羽通知章邯的使者，兩軍的最高軍政長官在洹水南面的殷墟相會。到了時間，項羽帶著幾名親信大將趕到，就見章邯、長史司馬欣及董翳三人步行而來。一見項羽的面，章邯頓時淚流滿面，緊緊抓住項羽的手，哭訴道：「趙高，趙高他欺負我，這事小項你得替我出頭，討個公道。」

「行，行，這事我管定了。」看章邯如此委屈，項羽心軟了，就說，「這樣好了，你看這裡不是殷墟嗎？老章，我封你為雍王，從關中平原到這裡，畫個大圈，統統是你的地盤，誰敢不服，我替你打他。」

章邯破涕為笑：「小項，你真夠意思。老子替秦國賣了這麼多年的命，連個屁都沒封上，咱們一見面你就封我為王，以後我就跟你幹啦！」

章邯已經封王了，長史司馬欣也得升官呀。於是項羽把章邯留在楚營，任命司馬欣為上將軍。注意，這時候項羽也只不過是個上將軍，但他已經成了最有實權的人物，所以封王封將軍是不會有人敢有異議的。

項羽之所以任命司馬欣掌軍，是因為雙方此前就有密切關係。秦始皇時代，司馬欣在櫟陽做典獄長，而項羽的叔叔項梁因殺人被關入櫟陽大牢，正歸司馬欣修理。於是項羽就去找蘄縣的典獄長曹咎，讓曹咎給司馬欣寫了封信，替項梁求情，而司馬欣也將項梁釋放了。所以司馬欣是項家的恩人，他既然投奔過來，項羽立即給予無條件的信任。此外，同樣對項家有恩的蘄縣典獄長曹咎，也成為項羽的親信，最終他坑了項羽，但這是後話，暫且不提。

司馬欣回營，統率秦兵，作為先頭部隊，鋒芒遙指咸陽。至此，大秦帝國最後一支戰力，也因為權力內鬥而喪失了。秦帝國進入死亡倒數計時，不再有懸念。

何以大秦帝國，滅亡竟是如此之快速呢？

其中有個祕密，權力的祕密。

大秦帝國是典型標準正宗的專制帝國，這種國家以恐懼作為維繫社會的力量，任何人想從底層推翻，千難萬難。但如果從權力的上層予以摧毀，卻不費吹灰之力。這是因為，舉凡專制帝國，呈現的都是以一馭多的社會博弈態勢。也就是少數掌握權力的人高高在上，恣意欺壓底層，魚肉百姓。理論上來說，掌握權力的人是極少數極少數，怎麼大多數人反倒被極少數欺壓呢？

專制帝國的設立，依靠的是底層民眾相互制約的社會體系。在這樣的國度裡，所有人都是囚徒，但同時，所有的人又都是獄卒，負有檢舉告發的責任。最典型的範例，就是秦政推出的株連政策。這不僅是一個政策，更是一種社會遊戲規則。在這個遊戲中，任何人敢於挑戰不公正的權力，九族俱遭牽連，鄉鄰亦不能保。所以民眾為了避免招災惹禍，就只能相互監視，一旦發現有人挑戰權力，為避免連累，就會在第一時間舉報。舉報者可以減免刑事責任，而攻擊權力挑戰者的人，則可以獲得物質與官職的獎勵。

專制制度鼓勵民眾相互告密，更鼓勵民眾相互攻擊。因為只有民眾相互為敵，才能夠確保權力者高高在上。所以舉凡專制帝國，莫不是風聲鶴唳，四處設敵。專制帝國的臣民就連睡覺都睜著眼睛，警惕地監視著鄉鄰甚至家人，以捕捉任何蛛絲馬跡，尋找並發現敵人。高明的專制統治者，最善於創造敵人，讓民眾疲於奔命，四處捕捉。如秦始皇時代，就不停地為民眾製造敵人，從六國的王室貴族，到讀書識字的知識分子，統統被秦始皇列入敵人的範疇。在這種鐵網一樣的鉗制之下，縱然是劉邦這種帝王之才，也找不到喘息的機會，只能沉默不語，甚至淪為逃犯或盜賊。

假如沒有陳勝重力一擊，將專制的鐵網破開一個大洞，如劉邦項羽等人，仍然不可能有機會。但陳勝為他們帶來的只是機會而已，劉邦項羽如果想要推翻專制的大秦帝國，仍然沒有絲毫可能。除非，帝國自己不想再活了，這時候才有機會。

大人物的機會，是別人給的。正如秦國掃平六國，並非秦始皇英明神武，更非秦國戰無不勝，而是六國陷入權力鬥爭之中，最終自己害死了自己。如趙國，自己殺掉了名將李牧，才讓秦國一舉攻滅趙國。如魏國，自己除掉了最具聲望的信陵君，才導致國家滅亡。如楚國，如齊國，對秦國攻擊趙國袖手旁觀，坐視不顧，等到發現趙國的下一個就是自己，已經為時太晚。還有一個燕國，竟然鬼迷心竅地認為自己是秦國的盟友，屢次三番配合秦國進攻趙國。在這一連串過程中，六國但凡有一步不走錯，秦國也不會有機會。

同樣的，此時劉邦項羽面對秦帝國這個龐然大物，正如秦國當年面對六國一樣，只要秦帝國有一步沒有走錯，劉邦和項羽就會喪失全部機會。要知道，儘管劉邦項羽已成氣候，但秦帝國仍然掌控著不計其數的社會資源，倘若帝國突然發力反撲，劉邦項羽必死無疑！

但是，有趙高在，他不會讓這種事情發生。

宦官趙高，他從權力的制高點切入，矢志置大秦帝國於死地。自從秦始皇死於沙丘那一天，這一切就已注定，沒有人能夠改變。

權力的真相

趙高，其來由是個謎，沒有人能想到，他竟然會是那個終結帝國的人。當大家發現這一點的時候，一切史料均已湮沒，趙高的來歷、行為，以及促使他做出諸多舉動的動機，已經無跡可尋。

西元前二一〇年，秦始皇死在東巡的路上，身邊只有小兒子胡亥、宦官趙高及丞相李斯幾人。趙高抓住這個機會，說服李斯合謀，發動沙丘政變，假始皇帝之命，勒令秦始皇的大兒子扶蘇自盡，扶胡亥登基。而後趙高引導秦二世血屠咸陽，殺光了秦始皇生下的十七個兒子和十個女兒。在這一連串事件中，依稀透露出趙高對秦始皇的殘忍報復。

趙高是最憎恨秦始皇暴政的人，但他更恨的，是秦始皇打造的這個恐怖權力體制。所以趙高想和大家玩個遊戲，為大家揭示權力的祕密。這個遊戲，就是我們耳熟能詳的指鹿為馬。

趙高牽來一隻鹿，獻給秦二世說：「陛下，看這馬，膘多肥，真是匹好馬。」

秦二世睜大眼睛仔細看看，哈哈大笑起來：「丞相你弄錯了吧，這明明是一隻鹿。」

「鹿？」趙高轉身，細心地摩挲著鹿的叉角，「不對呀，這明明是一匹馬嘛。」

秦二世說：「瞎掰，這明明是鹿，不信讓大家來說說。」

所謂大家，就是站在一邊的侍臣了。這些人的工作職務類似於秦二世辦公室的工作人員。他們是為秦二世工作的，不是為趙高，所以理論上來說，不應該幫助趙高胡說。但是，大家都知道秦二世的智力靠不住，更知道趙高心狠手辣。所以有的人默不作聲，有的人睜眼說瞎話，以迎合趙高。

當然，還是有人會說實話。

任何時候，總有會說實話的人，任何時候都會有。

有就好辦了，趙高將這些說實話的人一一逮捕殺害。在這個過程中，秦二世維持他一貫的高風亮節，置之不理，不予過問。從此人人噤若寒蟬，對趙高恐懼到了極點。趙高再說什麼，大家為了保全性命，唯有隨聲附和。

殺掉那些誠實的人，警戒所有人不許再說實話，這種反淘汰，就是權力運行最大的特點。而趙高，則是藉由這個小小的遊戲，為我們提示了權力的祕密。

權力就是指鹿為馬，就是顛倒黑白！權力是一個無人能夠受益的社會遊戲，是一種人與人之間極端對立的博弈方式。

權力就是指鹿為馬。如果鹿就是鹿，馬就是馬，這是基本常識，與權力無涉，那生存就不再需要權力，權力的意義就是扭曲現實。不扭曲現實，要權力何用？

權力就是顛倒黑白。如果黑就是黑，白就是白，還需要權力幹什麼？不需要權力的強制，人們也知道黑就是黑，白就是白，權力唯一能夠發揮的作用，就是將黑轉為白，再將白轉為黑，唯其顛倒世事，權力才有價值。

再來看看，自秦始皇打造出這恐怖的專制體制以來，可曾有一個人從中獲益？

秦國百姓是第一批受害者。早年的秦國，百姓是可以自由遷徙，也有言論自由的。但是民權過大，就意味著君權萎縮。所以秦國的君王渴求能夠把百姓關入籠子的人才。這樣的人才還真的有，商鞅就是這樣走上歷史舞臺的。

《資治通鑑》卷二中記載：「初，商君相秦，用法嚴酷，嘗臨渭論囚，渭水盡赤，為相十年，人多怨之。」說的就是商鞅為了替秦國打造專制的鐵籠子，對抗爭的民眾進行血腥屠殺，將渭水都染紅了。

以血腥暴力將秦國民眾驅入囚籠之後，商鞅也作法自斃，被他親手打造的專制怪獸所吞噬：

> 後五月而秦孝公卒，太子立。公子虔之徒告商君欲反，發吏捕商君。商君亡至關下，欲舍客舍。客人不知其是商君也，曰：「商君之法，舍人無驗者坐之。」商君喟然嘆曰：「嗟乎，為法之敝一至此哉！」去之魏。魏人怨其欺公子卬而破魏師，弗受。商君欲之他國。魏人曰：「商君，秦之賊。秦彊而賊入魏，弗歸，不可。」遂內秦。商君既復入秦，走商邑，與其徒屬發邑兵北出擊鄭。秦發兵攻商君，殺之於鄭黽池。秦惠王車裂商君以徇，曰：「莫如商鞅反者！」遂滅商君之家。（《史記．商君列傳第八》）

這段記載說的就是商鞅以邪惡的株連政策，將秦國人相互牽制在一起，沒人敢收留被通緝的反抗者。而當秦國反過來追殺商鞅時，商鞅逃到客棧央求收容，客棧卻回答說，商鞅法令嚴酷，收留沒有身分證明者會遭受懲罰。直到這時候商鞅才如夢方醒，他精心替秦國打造的專制鐵籠，最終成為滅亡自己的利器。

經由商鞅改造的秦國，從此成為一個極端可怕的怪物。西元前二四四年——那一年劉邦十三歲——中國歷史上發生了一件極恐怖的事，值得我們認真研究。

實際上，這一年的史書上發生兩件大事。疊加在一起會立即讓人毛骨悚然：

是年秦國大饑。

是年秦攻韓，陷十二城。

這兩件事告訴我們：饑荒這類向來足以癱瘓社會體系的大事件，對於被商鞅改造過的秦國，竟然毫無影響，照樣窮兵黷武，攻掠四方。

這就是郡縣制的效果，可以稱之為體制的力量。

饑荒如果發生在其他國家，百姓就會大舉流亡，敵國也會趁機進犯。但商鞅改造了秦國，百姓是不允許自由遷居的，必須在指定地點比鄰而居，每十戶人家為一保，一戶犯罪，十戶人家共同坐牢。每個人都具有奴隸與獄卒雙重身分，任何反抗的言行都會在第一時間被彈壓。縱然是饑荒之年，也不允許去討飯，一戶人家討飯，十戶人家坐牢，所有的人都相互牽制著，縱然餓死，也無法改變境遇分毫。

饑荒可以摧毀任何一個國家的經濟，但對於郡縣制的秦國無損，反而成為秦國又一次用兵的機會，因為秦國最重軍功，如果上了戰場，不僅有飯吃餓不死，做得好立下戰功，從此就爭得了更多機會。

這就是體制的力量。體制不過是一種社會規則，這種規則讓你淪為周邊人群的囚犯，當然他們也是你的囚犯，人們相互監督，彼此憎恨，充滿了絕望與暴力。這種體制會給你一個外部敵人，並鼓勵你快點去死。在這個規則中，受益的唯有君王，把老百姓關入籠子裡，自己高高在上，恣意享受，予取予求，這是多麼快樂的人生啊！

但趙高告訴我們，即使是君王，也不可能從權力中受益。

如前所述，秦國打造出可怕的極端權力體制之後，首先遭殃的是六國百姓，然後是六國的貴族。當秦始皇一統六合之後，他似乎成為了這個殘酷遊戲的唯一贏家。但是，當秦始皇身死沙丘，帝國的權力落入秦二世之手，秦始皇的十七個兒子卻統統被處死，十個女兒被拖到咸陽街市五馬分屍；秦始皇子孫後人𠾍類無遺。這就是始皇帝為獲得至高權力而付出的代價。

權力就是這樣一種東西，所有人都需要為此付出代價，鮮血和死亡，無休無止地付出。最後占據權力制高點的人，則必須以自己的子孫福祉為祭品，才能夠換取此生的恣意妄行。

這就是趙高爬梳權力功能後，最終告訴世人的。權力是一種邪惡的社會法則，不會有任何人從中獲益。

但趙高的這個觀點，不會得到劉邦的認可。因為劉邦正在通往權力的道路上，大步前行，他有望取代秦始皇成為下一個贏家。這時候你突然對他說，「別玩了大哥，這個遊戲不好玩」，他會很生氣的。事實上，劉邦已經生氣了。他第三次屠城，終於在屠城的數量上，超越了項羽。

第三次屠城

劉邦第一次屠城，是在城陽，這事司馬遷將其記載在《史記．高祖本紀》中；劉邦第二次屠城，是在潁川，這事司馬遷也寫在了《史記．高祖本紀》中；但劉邦第三次屠城的時候，司馬遷的手已經有點顫抖了，不敢再寫下去。繼續寫下去，司馬遷就危險了，劉邦的後人、當時的漢武帝，不會放過司馬遷。因為有關劉邦如何奪取天下，是史有定論的。這個定論叫——仁者無敵！可你見過殺戮百姓、屠城上癮的仁者嗎？

就如國內史家陳隆予先生所著《劉邦與大漢基業》一書中所稱：「由於劉邦治軍紀律嚴明，命令所屬起義軍『所過毋得掠鹵（同擄）』，與殘殺百姓的秦軍和『所過無不殘滅』的項羽軍形成鮮明對比。因此，深受沿途百姓的擁護和歡迎。八月（西元前二〇七年，劉邦五十歲），劉邦以破竹之勢，一舉攻克武關，打開了通向關中的南大門。這時劉邦的軍隊已發展到數萬人。」

類似的評價，在相關的劉邦研究史料中比比皆是。這是史學家們堅定不移的信念。仁者無敵，不仁者有敵，你看項羽竟然屠了兩次城，於是成為了不仁者，就有敵，不可能受到百姓的歡迎。你看劉邦……也才屠了城陽和潁川兩座城，雖然屠城數目與項羽齊平，但劉邦是仁者，就無敵了，所以擁有天下。

史學家們得出這個莫名其妙的結論，是因為他們只看了《史記．高祖本紀》，這裡提及劉邦攻克武關時，是這樣說的：

因襲攻武關，破之。又與秦軍戰於藍田南，益張疑兵旗幟，諸所過毋得掠鹵，秦人喜，秦軍解，因大破之。又戰其北，大破之。乘勝，遂破之。

這段記載沒有說屠城，反而說了「諸所過毋得掠鹵，秦人喜」。連秦人都喜了，這豈不證明劉邦軍隊是仁義之師嗎？

如果史學家們肯多費點腦筋，再打開同一本《史記》，看看〈秦始皇本紀〉，就會目瞪口呆，不知所措：

高前數言「關東盜毋能為也」，及項羽虜秦將王離等鉅鹿下而前，章邯等軍數卻，上書請益助，燕、趙、齊、楚、韓、魏皆立為王，自關以東，大氐盡畔秦吏應諸侯，諸侯咸率其眾西鄉。沛公將數萬人已屠武關，使人私於高，高恐二世怒，誅及其身，乃謝病不朝見。（《史記．秦始皇本紀》）

司馬遷因為擔心遭到劉邦後人的毒手，竟然把劉邦第三次屠城的記載，藏到〈秦始皇本紀〉裡來了。沛公將數萬人已屠武關，這是何等的凶殘與可怕！

還有《資治通鑑》卷八，也有同樣的記載：「八月，沛公將數萬人攻武關，屠之。高恐二世怒，誅及其身，乃謝病，不朝見。」

如此就一目了然，其實劉邦在進軍關中時，所發布的命令並非「所過毋得掠鹵」，而是完全相反的命令，是所過統統掠鹵，毋得不掠鹵——就是對於抵抗的城池，所有的百姓官吏統統殺光。

百姓殺光了，剩下來的只有劉邦及他的小兄弟們，小兄弟們齊聲高讚劉邦是仁義之師，對兄弟們所過毋得掠鹵。被掠鹵者已經徹底被消聲，殺光屠光，你再也聽不到一聲哀鳴或反抗的呼號。

如此而已！

一次屠城，我們已經替劉邦找過理由，責怪城內百姓反抗太激烈。兩次屠城，我們也成功地把責任推到了百姓身上，責怪百姓不快點開門，敲鑼打鼓歡迎劉邦入內。到了第三次，如果再替劉邦辯解下去，那未免太過於喪心病狂了。

為什麼劉邦屢屢屠城，卻被稱為仁者？為什麼許多史學家沒有注意到，或是沒有發現劉邦三次屠城的記載呢？

這是因為，劉邦知道權力的祕密成因，而史學家不知道。

史學家們之所以沒有注意到劉邦三次屠城的紀錄，甚至將劉邦血屠武關描述成「深受沿途百姓的擁護和歡迎」，是因為史學家被秦始皇、劉邦之類的權力狂給糊弄了，堅信仁者無敵——史學家們也只能信這個，不信這個，難道他們還能信不仁者無敵嗎？

實際上，劉邦是歷史上為數不多、洞悉權力祕密的人。這個祕密有可能是張良告訴他的，也有可能是他自己悟出來的。他知道所謂的仁者無敵，只是用來騙騙沒心機的史學家，權力真正的祕密就在其成因上。

什麼叫權力的成因？就是指權力形成的過程。

劉邦比任何人都清楚，權力的形成只有三個來源：一是藉由智慧與思想獲得；二是藉由商業財富獲得；三是藉由暴力殺戮獲得。

先說權力的第一個來源，智慧與思想。這實際上是仁者無敵的變形表述，仁就是最大的智慧，但智慧本身是排斥權力的，當然權力也排斥智慧。掌握了智慧的人知道，權力所帶來的恣意享受，是需要以後人的福祉為代價的。如果劉邦真的是仁者，他就會對權力忌憚三分，絕不可能為了自己的享受，而讓後人付出慘烈的代價。

權力的第二個來源，就是商業財富。財富具有顛黑倒白、左右人心的力量，這就是權力的特質。所以無論是秦始皇還是劉邦，都對商人充滿了警覺。秦始皇是將商人劃為罪犯，直接抓去服苦役。相比於秦始皇，劉邦確實仁慈許多，他只是不允許商人穿絲綢衣裳，不許騎馬，以示羞辱，並沒有以酷刑相加。

權力的第三個來源，就是十足的暴力。無論是戰國史還是秦漢史，都是典型的暴力史。秦始皇能夠稱孤道寡，就是因為他駕馭著當時最恐怖的暴力機器。經歷過秦始皇消滅六國歷史的劉邦，對這一切看得清清楚楚。他知道，如果自己想要取代秦始皇，坐擁天下的話，就需要比秦始皇時代更凶狠、更殘暴的戰爭機器。

正是因為知道暴力機器所具有的強勢力量，所以儘管武關並沒有表示出絲毫的抵抗意識，劉邦仍然下令屠城。

屠城，殺光武關城中的每一個老人、每一個兒童和每一個婦女。不理會他們的痛苦和哀號，統統殺光。血屠武關，只因為武關是通向關中的南大門。當婦孺老者被屠殺的哀號之聲遙遙飄入咸陽，劉邦能想像當地居民的戰慄與恐懼。

中國人有一種錯誤的觀念，認為暴力不會讓人屈服，這個觀念大錯而特錯。事實上，暴力是讓人屈服的最主要力量，在暴力的凌壓之下，人的心理會產生極度恐懼，恐懼的力量會把正常的人格擠壓破碎，扭曲變形，最終形成無可救藥的奴性人格。自秦始皇而始，中國陷入皇權專制而不可自拔，最重要的原因就是，暴力擠壓之下的民眾形成了奴性人格，一個由奴才組成的國家，從此生生不息地繁衍著權力這隻怪獸。

這就是歷史的真相。

只不過，這一切與劉邦無關，他正大步朝向權力的頂峰挺進，誰也別想攔住他。但有一樁麻煩事，他在武關屠城，難道不怕激起咸陽民眾的反抗心理，橫豎是死，莫不如死守一戰？如果有誰這樣想，那就太低估劉邦了。「沛公將數萬人已屠武關，使人私於高」，劉邦一邊在武關屠城，一邊派使者祕密聯繫趙高，咸陽城內，自然有趙高替他摧毀權力體系，在咸陽城中形成巨大的權力真空。咸陽城內的百姓，民權早已被剝奪得一乾二淨，喪失了填補權力真空的能力。

那麼，趙高又是怎麼配合劉邦的呢？

帝國毀滅者

確切地說，配合劉邦摧毀大秦帝國的，並非趙高，而是秦始皇。

這話是什麼意思？

我們來看看《史記》中的一段記載：

秦王聞高彊力，通於獄法，舉以為中車府令。高既私事公子胡亥，喻之決獄。高有大罪，秦王令蒙毅法治之。毅不敢阿法，當高罪死，除其宦籍。帝以高之敦於事也，赦之，復其官爵。（《史記．蒙恬列傳第二十八》）

這裡說，秦王嬴政聽說趙高能力極強，精通獄法——所謂精通獄法，就是精熟法令條文，再無辜的人落到他的手中，也有辦法讓對方乖乖認罪。於是秦王嬴政提拔趙高為中車府令。從此以後，趙高就成了秦王嬴政小兒子胡亥的家庭教師，專門教授胡亥刑獄理論知識。可不知怎麼搞的，趙高犯了大罪，雖然不知道到底是什麼罪，但秦王嬴政非常在意，令蒙毅以法令制裁。此案由秦王嬴政親自捉拿，蒙毅豈敢怠慢？於是判決趙高死刑，除其宦籍。等判決書下來，秦王嬴政卻又一筆勾銷，對趙高犯法之事，不予追究，官復原職。

原來這是秦王嬴政惡意設計的一個圈套！

由於秦國當時的法令隨意，秦王嬴政的話就是法，所以官民觸犯刑律，完全是無厘頭的事件，說你犯罪你就犯罪，連說理的根據都找不到。而秦始皇之所以故意親自捉拿此案，目的就是為了讓蒙毅判趙高死刑，然後他再來個大赦，他做了善良厚道的好人，讓蒙毅做了惡人。

秦始皇這樣做的目的，是為了讓趙高對他感恩戴德——是我留了你的性命，你憑什麼不感恩？既然感恩，就不會再有二心，就會死心塌地。但這樣做卻也帶來了惡果：趙高和蒙毅結仇。

蒙毅的哥哥蒙恬，是秦王嬴政大兒子扶蘇的親信，屬於太子黨。於是趙高和蒙毅之間的私仇，就成了秦王小兒子胡亥，與大兒子扶蘇之間的死仇。正是因為秦王嬴政的這個布局，導致他死後，小兒子胡亥和趙高發動沙丘政變，殺死大哥扶蘇及蒙毅、蒙恬兄弟，緊接著又殺害了秦始皇的其餘兒子，車裂了秦始皇的十個女兒。

如果說這一切是秦始皇想要達到的目的，那倒未必。但秦始皇是一切事件的開端，是仇恨規則的制定者，卻是不爭的事實。

深諳權力祕密的秦始皇，非常清楚他之所以高高在上，就是因為被他壓制的人民彼此仇恨殘殺。所以他總是不失機宜地挑撥手下相互仇恨，沒有仇恨就憑空創造出仇恨。

大兒子扶蘇和小兒子胡亥，原本沒有仇恨，蒙氏兄弟與趙高也沒有仇恨，但沒有仇恨不符合權力的法則，所以秦始皇在蒙氏兄弟和趙高之間，設置了一個仇恨副程式。這個程式一旦運行起來，就順理成章地走向最終的結果——大秦帝國被秦始皇規制的仇恨法則所吞噬。

滅六國者，就是六國自己；而滅亡大秦帝國的人，則是秦始皇自己。

種瓜得瓜，種豆得豆。秦始皇居心險惡，在人民中播下仇恨的種子，猶如燎原之野火，將他的家人籠罩在仇恨的怨毒之中。倘若他九泉下有知，目睹自己親生的十個女兒，被拖到集市上活生生地分解成屍塊，不知道他會說什麼。他會不會說：「女兒啊，為了讓老爹玩得開心，妳們就犧牲了吧……」這太違反人性了，但權力就是具有顛覆人性的力量！

總之，趙高不過是秦始皇精心設計的仇恨副程式，他之所以摧毀大秦帝國，只是程式運行的最終結果而已。這件事，真的不能怪罪趙高。

劉邦對此洞若觀火，所以派使者送信給趙高，對趙高的行為表示高度嘉許，並希望趙高再接再厲，再立新功，配合他完成最後的流程。但趙高並沒有配合劉邦，他也沒有配合秦二世，而是躲起來，裝病不露面。

史書上說，這是因為趙高欺瞞秦二世，總是說起義軍只是小毛賊，不成氣候，如今起義軍勢力坐大，趙高生恐秦二世追究他的責任，所以躲起來不敢露面。實際上，趙高躲起來，只是在思考如何配合劉邦除掉秦二世。

大限將臨，秦二世是有預感的。他做了一個奇怪的夢，夢到一隻白色的老虎，衝上來咬自己車乘的左邊驂馬，把驂馬咬死了。這個夢讓秦二世憂心忡忡、心驚肉跳，就叫來負責占夢的官員，卜一卜這個夢是怎麼回事。

官員占卜後，說：「此乃涇水作祟。」

涇水作祟？這個結論實在有點莫名其妙，但秦二世信之不疑，認為是涇水之神對自己有意見。於是秦二世決定去找涇水之神談談。他起駕離開皇宮，來到了望夷宮。

望夷宮距離咸陽很遠，是秦始皇在世的時候，為了北望夷而建造的。想想看，從這個宮殿能夠看到北方的游牧民族，可見秦二世離開權力中心有多遠。但望夷宮就在涇水邊上，能夠滿足秦二世要和涇水之神談談的要求。

抵達望夷宮後，秦二世沐浴齋戒，不近女色，不吃大葷，以免涇水之神討厭他。他打算在涇水之上，為涇水之神建立祠堂，並先把四匹白色的馬捆起來沉入涇水中，作為贈送給涇水之神的禮物。

秦二世正忙著和神靈對話時，不知是誰把前線的戰報傳給了他。他發現自己這邊的軍隊居然全部成了起義軍，很是生氣，就派使者去咸陽訓斥趙高，要趙高認真點，快點解決這個問題。

送走使者之後，趙高命人把自己的女婿閻樂和弟弟趙成叫來。趙高的女婿閻樂？趙高不是太監嗎？怎麼會有女婿？這件事，實際上是秦漢史上一個饒有趣味的難題。

最後的談判

涉及趙高女婿的問題，我們還得回到《史記》的原始文本：

趙高者，諸趙疏遠屬也。趙高昆弟數人，皆生隱宮，其母被刑僇，世世卑賤。秦王聞高彊力，通於獄法，舉以為中車府令。高既私事公子胡亥，喻之決獄。高有大罪，秦王令蒙毅法治之。毅不敢阿法，當高罪死，除其宦籍。帝以高之敦於事也，赦之，復其官爵。（《史記．蒙恬列傳第二十八》）

有關趙高的身世，全在這段文字裡。這裡說，趙高，是趙國王室中較為疏遠的親屬。他家裡兄弟幾人，都生於隱宮，而他的母親遭受懲罰，世世代代淪為賤婢。而當秦王嬴政讓蒙毅判趙高死刑，故意唆使二人結怨時，蒙毅的判決中還有一項：削掉趙高的宦籍。

圍繞著這段簡單的文字，引出秦漢史上的三大門派：

第一派稱正常派。此派人士認為，秦始皇時代的宦官並非太監，而是家庭教師的意思。看看這個宦字，就是家中臣子的象形字。試想，如果宦籍是太監，這東西能削掉嗎？只有家庭教師的資格才有可能被註銷。此派人士還認為：所謂的隱宮只是穩宮之誤，穩宮就是皇宮中的苦刑室，趙高的母親就是被送入苦刑室中勞作，被人奸汙後生下趙高的。所以趙高壓根不是太監，既然不是太監，當然可以有女兒了。

第二派稱反常派。此派人士認為，秦始皇時代的宦官就是太監。隱宮就是隱宮，不是什麼穩宮，就是把男人喀嚓，去勢閹割的殘酷場所。趙高就是生於這麼個古怪的地方，是他母親被人淫汙之後，生下來的。但趙高本人很反常地沒有被閹割，所以才會入朝為官，他當然可以有女兒。

第三派稱異常派。此派人士認為，趙高就是被閹了，落到秦始皇手上，豈有倖存之理？不閹割就太異常了！但閹歸閹，閹了之後固然不可能再生育，可是他可以收養乾女兒。既然有了乾女兒，再有個女婿，也就從異常轉為正常了。

總之，大家說來繞去，觀點雖然千變萬化，但最終的結果，是大家都承認趙高有女兒——不管是親生的，還是收養的。沒人敢改這個結論，改了的話，就沒辦法解釋趙高的家庭機密會議了。

當時的情況就是，趙高趁秦二世沒察覺，不在咸陽，遠離權力中樞的機會，叫來女婿閻樂及弟弟趙成，商量說：「你看這個秦二世，真不是個玩意兒，把國家弄成這樣。沒辦法，秦二世必須為國家現狀承擔歷史責任，就讓他下臺吧，別讓他再折騰下去了。秦二世下臺之後呢，我考慮讓宗皇子嬰出任領導人，你們幾個都非常支持我的建議，對吧？」

趙高突然推出個子嬰，又讓史學家們措手不及，亂成一團。有關這個子嬰，學界也有三大門派。最有勢力的是孫子派，該派人士認為，子嬰是秦始皇大兒子扶蘇的兒子，是秦始皇的孫子，所以稱孫子派。目前此派的觀點為學界主流。

但還有兩個支流，一個支流稱弟弟派，說子嬰是秦始皇的弟弟。還有一個少年派，認為子嬰是秦始皇的兒子，是秦二世漏殺的一個哥哥。這兩個支流也不是毫無依據，雙方都有可靠的史據。

總之，有關趙高的正常派反常派異常派，及子嬰的孫子派弟弟派少年派，都是枝節，重要的是，大秦帝國在趙高的主持下，真的要改朝換代了。

不過，趙高的女婿很不給力，不配合。所以行動伊始，趙高先行派人殺入女婿閻樂家，把閻樂的媽媽，也就是自己的親家母給抓來——從這件事情上來看，趙高其實打親家母的主意很久了，趁這機會滿足心願。

老媽被老岳父抓去做人質，閻樂感覺家裡好亂。萬般無奈下，只好帶著官吏士兵一千多人，來到望夷宮，先把負責秦二世安全的衛令僕射抓起來，斥責道：「你惹上大麻煩了你知不知道？有盜賊入宮，你為什麼不阻攔？」

衛令僕射很詫異，辯解說：「怎麼可能？周圍士兵的巡邏很嚴密，我也沒有接到警訊，怎麼可能會有盜賊闖入宮中？」

閻樂斥責道：「情況如此危急，你還在這裡跟我抬槓，叫你抬槓，叫你抬，你抬，抬抬抬……不由分說，就把衛令僕射打死了。」

而後閻樂入宮，命令士兵引弓搭箭，瞄準宮裡的太監侍衛，逐一射殺。宮裡的太監們驚慌失措，有的逃跑，有的與閻樂搏鬥，須臾間死了幾十人。

接著閻樂來到了秦二世的寢殿，朝著秦二世居坐的帷帳瘋狂射箭。秦二世很生氣，命令侍衛還擊，可是侍衛都嚇破了膽，沒人敢上前。這時候秦二世才醒悟過來，左右一看，看到個多年來跟隨在自己身邊的宦官，埋怨道：「怪你，都怪你，事情已經到了如此嚴重的地步，你為什麼不早告訴我？」

那宦官回答說：「拜託大哥，我正是因為不敢說，才活到今天。以前告訴你實情的人，都被你殺掉了。」

「這個……總之都怪你！」秦二世憤憤不平之際，閻樂已經持劍大步上前，走到了他的面前，斥責道：「胡亥，你個沒腦袋的王八蛋，你驕橫妄為，濫殺無辜，大逆不道，天下皆反，現在你自我了斷吧！」

秦二世淡定地道：「先別急，我能不能見丞相一面，大家再聊聊？」

閻樂道：「別做夢了，快點自己動手吧。」

秦二世笑道：「要不這樣好了，就給我一個郡，讓我稱王吧。」

閻樂道：「你做什麼大頭夢？門都沒有！」

秦二世笑道：「要不然，就給我一萬戶人家的稅收吧，當個侯爺也滿逍遙的。」

秦二世又道：「那我再退一步，就讓我和自己的老婆當個善良厚道的老百姓吧。」

閻樂道：「這也不可能。」

閻樂說：「你怎麼這麼麻煩？我奉丞相之命前來，替天下人誅殺你，你再怎麼賴皮，也救不了你的老命，還是快點自己動手吧。」

秦二世嘆息了一聲：「何必呢，你說這是何必呢？」

秦二世被迫自殺，退出歷史舞臺。他在位僅僅三年，史家評述說，三年之中，他竟然沒有做一件像樣的事，也算是難得了。

打不死的趙高

秦二世自殺之後，趙高在咸陽主持並召開了高階主管會議，通報了這一不幸事件。宣布說：「秦國，原本就是個王國，只是因為始皇成為天下的君主才稱帝。可現在人家六國都已經恢復了，各自建立了國家，咱們秦國地方狹小，再用此前的名稱稱帝，不妥當。」所以，秦國不能再稱帝了，認清現實，改稱王吧。

趙高提名子嬰為秦王，與會官員舉手表決通過，事情就這樣定了下來。

子嬰出任秦王，第一件事是將秦二世下葬，以平民的身分，將秦二世埋在了杜縣南的宜春苑。

然後趙高來找子嬰，通知他說：「你，子嬰，從今天起不許吃肉，不許和你老婆上床，聽見了沒有？」

子嬰垂手而立：「是，是，我一定不和老婆……為啥呀？」

「這還用問嗎？」趙高惱火地道，「因為你要齋戒沐浴，要到宗廟受禮，接受傳國玉璽。告訴你，這傳國玉璽可值錢了，是當年楚國那塊和氏璧雕成的。你要齋戒五天，以示鄭重。」

子嬰：「是，是，請老闆放心，我一定認真齋戒。」

趙高走了，子嬰先清湯沐浴，換了寬鬆乾淨的衣服，將老婆趕走，然後坐在空室中齋戒起來。齋戒了幾天，感覺心驚肉跳，就把兩個兒子，以及一個叫韓談的宦官叫來，說：「兒子，你們聽說外面有什麼動靜了嗎？有沒有人跟你們說起楚國那邊已經派人潛入咸陽，祕密聯絡趙高，說是要消滅秦國的宗室，然後瓜分土地，在關中稱王，這事你們有沒有聽說？」

看看這個子嬰，他齋戒沐浴了幾天，竟然齋戒出如此精確的情報，連劉邦派使者入關來找趙高的事，都被他知道了。

子嬰依據他所掌握的情報，進一步推理說：「現在趙高讓我齋戒，說是要到宗廟祭祀祖先。這分明是想把我引入宗廟之中殺掉，我不能這樣由他宰割，我要反抗。」

兩個兒子問：「現在人家大權在握，要風得風，要雨得雨，連秦二世都是說殺就殺，我們又有什麼能力反抗？怪就怪秦始皇這個王八蛋，弄出這麼個可怕的集權體制，一旦權力落入人手，那就是人為刀俎，咱們家是魚肉。你說秦始皇是怎麼想的呢？他作威作福的時候，怎麼就不替子孫後代想想？」

子嬰道：「少來了，暴君這種動物是滅絕人性的。他們不是不知道自己的享受是以子孫後代的福祉為代價，但他們只要自己爽，連親生女兒被撕成碎塊，他都沒有感覺。」

兩個兒子道：「那我們現在怎麼辦？難道只能等死不成？」

子嬰道：「沒錯，我們就在家裡等死。」

等趙高死！

齋戒的日期過去後，趙高派人去叫子嬰，吩咐子嬰去宗廟。可是派去的人卻沒有回來，也聽不到子嬰那邊有什麼反應。再派幾個人去，還是沒動靜，趙高就有點火大了，親自來找子嬰：「子嬰，你怎麼回事？不是告訴你馬上去宗廟嗎？你怎麼還不快點動身？哼，無組織無紀律，簡直要反了你……」話音未落，齋宮大門突然關閉，只見子嬰的兩個兒子率領家臣，宦官韓談則引著他的支持者，各個持刀操槍，跳了出來，不由分說就朝趙高連砍帶戮。

趙高不察，當場被殺。

如果這時候把趙高揪起來，請他留下一句遺言，他一定會說：「唉，冤冤相報何時了啊，秦始皇害我全家，我再害他全家，現在他的家人繼續害我……唉，這事都怪秦始皇，同在一片藍天下，為什麼不能和大家和平相處，而要開創相互坑人害人的規則呢？」

總之，現在說什麼都晚了。

趙高，隻手摧毀暴秦政權的人，就這麼輕易地被殺掉了，這讓許多人無法接受。人們認為，像趙高這樣的人，能夠在秦始皇身邊生存下來並最終反噬始皇子孫，必然有其過人之處。遂有《拾遺記》一書說道，趙高當時並沒有被殺掉，而是被子嬰抓了起來。子嬰把趙高懸於咸陽監獄的枯井之中，餓了七天後打開一看，嘿，趙高正在筐中做著吐納，皮膚白裡透紅，與眾不同，健康到不能再健康。於是子嬰下令將趙高放在大鍋裡，下面添了柴火燒。烈火燒了七日七夜，那鍋水卻始終沒有燒開，再看趙高，仍然是活蹦亂跳，笑咪咪地看著大家。這下麻煩了，這人怎麼死不了，怎麼辦呢？只能拿刀割了。「子嬰囚趙高於咸陽獄，懸於井中七日不死，更以鑊湯煮七日不沸，乃戮之」。

這個記載不過是齊東野語，道聽塗說，但可見後人對趙高的景仰。如果不是他摧毀大秦帝國，劉邦又怎麼可能有機會？

殺掉了趙高之後，子嬰以秦王的名義發號施令，將趙高家誅殺三族。然後子嬰召集軍事將領，商討對策，並派了部隊抵達嶢關，狙擊劉邦的軍隊。

帝國滅亡

嶢關，在武關的西面，藍田的東南。

劉邦見狀大怒，就要強攻。這時候張良出來，勸道：「不可以，現在秦兵正是最強勢的時候，與之硬拚，未必能打贏。不過呢，秦兵那邊帶兵的將領我知道，他是屠戶的兒子。這世上有兩種人物最容易被眼前的利益打動，一是商人，二是眼界狹小的人。我建議暫且按兵不動，咱們這邊不是攻城掠地，搶了不少金銀珠寶嗎？留著這些金銀珠寶幹什麼？咱們又不開珠寶店！還有個說客酈食其，他好像閒在一邊好久了吧？不如讓酈食其拿著這些金銀珠寶，去秦兵那邊談談（酈食其持重寶啗秦將）。還有，咱們這邊人手好像不夠多，快點派人在所有山上插上旗幟，假裝我們人好多的樣子，嚇唬秦兵，如此拉攏兼嚇唬，應該會有效果。」

劉邦聽了大喜，就命令士兵出身的周昌，在各個山頭上廣插旗幟，假裝自己這邊好多人馬。同時酈食其懷揣大量金銀珠寶，去找秦兵和談。秦兵見到如此多的珠寶，登時大喜，覺得人家劉邦就是夠派頭、大手筆，忍不住想要跳槽，過來和賞識自己的劉邦幹。於是秦兵承諾，願意和劉邦一起西攻咸陽。

劉邦正要答應，張良突然又跳出來了，說：「不可以，這時候是進攻的最佳時機，趕緊消滅秦兵，趕快！」

張良建議攻襲秦兵的理由是：「此獨其將欲叛耳，恐士卒不從。不從必危，不如因其解（懈）擊之。」（《史記．留侯世家第二十五》）張良的分析是，將領欲叛，而士兵不從。那麼士兵為什麼不從呢？因為士兵沒理由服從。要知道，戰爭是違反人性的，人性具有躲避死亡，追求和平與舒適的特質。而秦漢時代的戰爭，卻是強行把人送到戰場上去，讓你和素不相識的陌生人拚個你死我活。士兵的心裡是很悲涼的，感覺自己好似落進了險惡的圈套，被人坑害了一般。

與劉邦對峙於嶢關的秦兵，這輩子連劉邦的面都沒見過，而秦始皇及秦二世的無邊富貴又是以奴役他們為特點。為了讓秦王朝更加殘忍地奴役自己而來和劉邦血拚，是全無道理的事。而秦兵們之所以來到這裡，是因為他們的家人被扣為人質，如果不上戰場，家人就會遭到報復。所以來是來了，但對統兵的將領，是懷有強烈仇恨與怨懟的。

這個時候，將領卻突然命令他們倒戈，就會出現大麻煩。對士兵來說，倒不倒戈並不重要，重要的是，他們終於發現了將領不是好東西。你看，他欺騙我們來到戰場上，流血犧牲，他卻收了人家的珠寶，說投降就投降，假的，一切都是騙人的。這時候士兵心裡積攢的仇恨與怒火就會突然爆發出來，究竟會發生什麼事，誰也不知道，但肯定不是好事。

事實上，這個問題項羽也遇到了。但是由於項羽考慮不周全，處置失當，結果又落得個殘暴不仁的血手屠夫之名。而張良的腦子轉得比較快，他知道這裡有問題，就要在問題爆發之前，予以解決。

於是劉邦命曹參、周勃和樊噲，繞過嶢關，穿越蕢山，長途奔襲抄秦兵的後路，發動突擊。可憐秦兵不察，頓時亂作一團。

秦兵亂了，逃出嶢關，朝咸陽方向逃竄。剛逃至藍田南口，突然聽到鼓聲驚天，只見夏侯嬰與灌嬰，各統一隊車兵殺出，再加上四面山峰頂上，迎風飄揚的全都是義軍的戰旗，驚得秦兵魂飛膽裂，只能繼續狂奔。

逃至藍田北，此地距咸陽只有一箭之遙了。突然又一隊軍馬從斜向裡殺出，卻是劉邦麾下的頭號悍將靳歙。

靳歙和樊噲是劉邦身邊最凶殘的兩個人，他們都有割人頭的愛好。而曹參、周勃、夏侯嬰及灌嬰，在割人頭這方面就缺乏興趣——對割人頭感不感興趣，是劉邦時代文臣與武將的分水嶺。劉邦時代，文臣也上戰場，有的比武將還能打。而在割人頭方面興趣不足的，多少能混個丞相做做；過於喜歡割人頭的，明顯有點變態，劉邦是不敢用這種人來治國的。

此役，靳歙又割下一大堆人頭：斬秦軍車司馬二人，騎兵長官一人，斬獲二十八顆首級，俘虜五十七人。

追過了藍田北，前方就是灞上，就在咸陽城外，又稱藍田西。

殺狗匠樊噲不甘心在割人頭方面落後於靳歙，凶殘地殺奔而來，殺秦都尉一人，斬首十級，俘虜一百四十六人，收降卒兩千九百人。

西元前二〇六年，冬十月，劉邦五十一歲。大秦帝國在立國十四年後，宣布滅亡。

劉邦與秦始皇是同齡人，在秦始皇恐怖權力的淩壓之下，他活到四十八歲，熬到秦始皇一命歸西，才終於有了自己的生命，有了自己的追求。只用了短短三年，他就大跨步地走到自己的人生頂峰，滅了大秦帝國。倘若秦始皇泉下有知，一定會後悔得以頭撞牆。

唉，幹嘛要死那麼早呢？應該再多活幾年，先熬死劉邦，自己再死不遲呀。正所謂機關算盡太聰明，反誤了卿卿性命。秦始皇花費畢生心血，辛苦打造的郡縣制皇權體系，全數落入劉邦之手，這多不值啊。

現在說什麼都晚了，誰讓秦始皇死得那麼早？才五十歲就一命歸西，有必要這麼急嗎？

總之人生要淡定，死得太早，鐵定要吃大虧。

秦王子嬰白馬素車，頸繫組帶，捧著象徵皇帝權力的玉璽和調兵遣將用的符節，出咸陽城，到軹道亭邊，向劉邦投降。不知是誰向劉邦建議殺掉子嬰，因為這個建議太不聰明，被劉邦斷然拒絕，他笑道：「當初，楚懷王之所以選擇我引兵西進，滅亡強秦，就是因為我仁義，夠寬容。何況人家子嬰已經投降了，殺降不吉呀，會讓後人罵死的。」

於是他將子嬰押下去，交由監守的官吏看管。

接下來就是接受戰利品。咸陽城中的無邊財富，皇宮中的無數美女，終於到手了。衝啊！

約法三章

義軍入城，兵分三路。

劉邦是一路，他徑直撲向皇宮，去搶宮裡的美女。其餘眾家兄弟是一路，蜂擁而入官家庫府，秦始皇費盡一生搶奪及搜刮的無數金玉財物，全都在庫府裡。大家趕緊搶，錯過這一次，這輩子絕不會再有第二次機會。

還有個蕭何，他自己一路。他直奔丞相府，去把所有的地圖戶籍、人口地圖資料統統收了起來。在未來的楚漢相爭中，如果劉邦想要知道天下的險要關塞、戶口多少，以及各地的實力強弱，就只能來找蕭何問個清楚了。他是當時最清醒的人，避免了跟這群烏合之眾一起落入狗屁倒灶的下場。

當時頭腦第二清醒的，是殺狗匠樊噲。

劉邦進入皇宮後，眼見數不清的嬪妃宮娥、華麗宮室、輕紗帳帷，還有許多狗和馬等寵物，劉邦一下子就愛上了這裡，決定這輩子再也不離開。可是很不幸，樊噲突然闖了進來。

別人來，劉邦是不怕的，他原本是個火爆脾氣，破口大罵，一腳踹出，是他對手下人最常幹的事。但是樊噲有點不一樣，因為他娶了呂雉的妹妹當老婆，和劉邦是連襟。所以每當劉邦擁美女在懷，遇到樊噲，心裡就有點忐忑，擔心被樊噲捅到呂雉那裡，後院起火，就划不來了。

果然，樊噲一進來，就問道：「沛公，你是想享有天下呢，還是只想做個鄉下土財主？」

「這個……」劉邦支吾道，「怎樣都行，樊噲你先出去，等一會兒我叫你你再進來。」

樊噲不肯走，繼續勸道：「沛公，這些奢侈華麗的陳設器物，正是導致秦國滅亡的東西呀。沛公你要振作起來，抵抗這種奢靡生活的誘惑，趕緊跟我回到灞上去吧。你不知道，現在兄弟們亂成一團，全都搶瘋了。」

劉邦說：「好了好了，我都知道了，你先出去吧，我一會兒就來，就來……」不由分說，硬是將樊噲推了出去。

唉，不怪劉邦不給連襟面子，都怪美女太多，太漂亮。

可是沒想到，樊噲出去後，竟然把張良給招來了。張良進來，很嚴肅地對劉邦說道：「沛公，咱們先弄清楚一個問題，以前咱們老是說暴秦暴秦，這個秦國怎麼個暴法？就是像你現在這個樣子，沉迷於溫柔鄉，不管天下人死活。咱們再來說第二個問題，沛公你帶著義軍，苦歷血戰，殺入咸陽，你為什麼來？就是為了消滅暴秦。什麼叫消滅暴秦？就是要讓秦國的統治者不能再像你現在這個樣子。可你消滅了暴秦，自己反倒成了這個樣子，豈不是自打嘴巴嗎？更何況，良藥苦口利於病，忠言逆耳利於行。希望沛公你冷靜冷靜，不要再沉迷於這溫柔鄉、富貴巢了。」

話說到這個分兒上，劉邦終於明白了，他不能再留在宮裡了，再待下去，後面還會有好多人絡繹不絕地跑來勸他離開。大家既然選擇了跟著他幹，當然希望他能夠保持清醒的頭腦，帶領大家繼續在權力的道路上衝刺，而不是半途而廢，中道而止。

劉邦無奈，還軍灞上。

過了段時間，劉邦召集各縣的父老、豪傑，召開了一個全民大會。會議上，劉邦說：「父老鄉親們，我對不起你們，來得太晚，讓你們在暴秦的統治下受苦啦！你們主要受到了什麼苦呢？就是法令條文細密、嚴苛，稍不留神就犯法，犯了法懲治極嚴，正所謂動輒得咎，無所適從呀。所以從今天起，我和大家約法三章，我劉邦的法律只有三條：一是殺人者死，二是傷人的視情節嚴重給予判刑，三是偷盜的也視情節輕重給予判刑。除此三條之外，所有的官吏仍然在自己的崗位上履行職責，等到諸侯們全都來到之後，咱們再商量下一步的辦法，大家看如何？」

成語「約法三章」，就這樣讓劉邦創造了出來。

劉邦對咸陽父老所講的諸侯們，其實就是指項羽。此時項羽正提兵西進，直入關中。

項羽大軍有六十萬之眾，順利經過兩河地區，但行至新安地區時，項羽遇到了麻煩。這個麻煩和劉邦在嶢關遇到的麻煩，在人際關係的層面上是完全一樣的。劉邦因為有張良相助，輕易化解了當時的險局；而項羽，卻因為解決這個麻煩的策略有誤，導致了更大的麻煩。

血腥坑殺

在嶢關，劉邦遭遇秦兵阻路，張良獻計，以酈食其攜金銀珠寶以啗秦將。秦將果然見利心喜，答應投降，要與劉邦聯合進軍咸陽。消息傳回後，張良立即要劉邦進攻秦兵，理由是雖然秦將投降了，但秦兵未必願意。與其等秦兵秦將鬧事，不如趁此敵對態勢突襲。一來秦兵沒有防備，此戰必勝。二來在戰爭中消滅敵軍，不管手段多麼凶殘，都能被人接受。如果秦兵已經投降，再行騷亂，到時你出手彈壓，輿論就會抨擊你殺降不吉。

總之，所謂秦軍投降，有時候是個假命題，因為秦軍不是一個人。有的秦兵已經投降了，有的只是順應局勢，但心裡充滿了敵對情緒，一旦時機來臨，就會率先發難。這是統兵之人必須知道的常識。

張良有這個常識，但是項羽卻沒有。他太年輕了，他收服二十萬秦兵的時候，才二十六歲。這個年齡的人急於向世界證明自己的能力，對人性缺乏足夠的觀察和了解。

事實上，很多年輕人對於認知人性感到排斥。他們認為這種算計太齷齪、太陰暗、太骯髒，卻忘了這種齷齪、陰暗與骯髒，正是人的一部分。不了解自己且拒絕了解自己，完全憑主觀想像——事實上，大多數時候連想像都沒有，更沒有思考，只是依本能行事。一旦遭遇人性的黑暗面，發現現實與理想落差太大，就會產生巨大的壓力。在這種極端態勢下，年輕人為了逃避壓力，擺脫責任，就會杜撰出完全憑主觀解釋的罪名，強加於對方，並給予殘酷無情的傷害。

傷害對方，只是為了擺脫自己的心理壓力，這樣的心態已經扭曲得不成樣子，更加顯現出齷齪、骯髒與陰暗的一面。但人性永遠是自我的，再壞的人也不會認為自己壞，只會把責任推到別人身上，強化對方的錯誤，淡化自己的殘暴——這就是當時項羽的心路歷程。

項羽與秦將章邯在殷墟握手言和的時候，他的心裡是光明的、透亮的、充滿了喜悅幸福的。他封章邯為雍王，還讓長史司馬欣繼續統領二十萬秦軍，就說明了他對秦軍中的每一個人都是毫無保留地信任。他一次信任了二十萬人，沒有考慮過這個數量是不是超出了他的信任額度。

劉邦和張良，這兩個對人性洞若觀火的謀略大師，才不會一次信任這麼多人。按他們倆的風格，會大張旗幟，四布疑兵，一邊和秦軍談判，一邊向秦軍猛烈進攻，擊潰秦軍之後，再一路追殺攻城掠地。劉邦和張良在嶢關就是這麼幹的。因為他們知道，不可能一次信任太多人。

但是項羽全然沒有這個意識，事實上，在他這個年紀的年輕人，腦子裡根本沒有別人，只有自己。他只想到自己善良厚道，一次就收容了二十萬秦軍，如今擁有六十萬人馬，已經是天下獨一無二的軍事巨無霸。這種榮譽感賦予他強烈的信心，大步向關中挺進。挺進之際，二十萬秦軍卻出事了，他們私底下嘀嘀咕咕，議論紛紛，對於主將投降導致他們追隨項羽，表示強烈的不滿。

秦軍士兵有什麼不滿的呢？

原來，早在大秦帝國滅亡之前，諸侯各國都是秦國的屬郡，諸侯的官吏士卒，護送徭徒的人，以及屯戍役卒，凡是經過關中的，秦國官吏士卒都對他們極不禮貌，欺壓凌辱，等閒視之。諸多仇怨在大家心裡已經憋屈太久了，所以才會追隨陳勝聚義而起，與秦國拚個你死我活。而如今，竟然有二十萬秦兵落入自己手中，諸侯、軍吏、士兵大喜，就把秦軍士兵當成俘虜奴役，還彼此較勁地虐待秦軍中的官吏。

總之，諸侯軍把自己以前所受的窩囊氣，統統發洩到這二十萬秦軍士兵身上。活該這些人倒楣，讓他們落入諸侯軍之手。

可是秦軍士兵們冤啊，他們又沒招誰惹誰，被推上戰場來打仗送死，領隊的主將偷偷向項羽投降，也沒和他們商量過啊。莫名其妙地成了諸侯軍，卻過著被奴役的可怕日子。這到底是為什麼呀？

秦軍士兵感覺自己被主將出賣了。章邯投降之後封了王，卻讓士兵落到如此悲慘的地步。大家悲憤莫名，紛紛議論說：「我們太可憐了，無端被章邯出賣，被迫去打秦國。打贏了什麼都好說，萬一打輸了，我們就會成為俘虜，被帶到東邊，而秦國又會視我們為叛軍，殺掉我們的妻子兒女，我們到底該怎麼辦啊？」

秦軍士兵們的議論都被項羽手下的軍官偷偷聽到了。軍官們感覺苗頭不對，生恐秦軍反叛，急忙向上面彙報。

得知秦軍士兵騷動不安，隨時可能叛亂的消息，項羽大驚，立即找來親信猛將英布和蒲將軍，商量說：「現在的情形很危險，都怪我太善良，太輕信別人，太相信人性的光明了。我信任秦軍，沒想到他們卻不聽命令，怨氣沖天。他們有這麼多人，倘若入了關中後突然發難，我們可就慘了。所以這件事只能快刀斬亂麻，把二十萬秦軍士兵統統殺掉。只留下章邯、司馬欣和董翳。留下他們三個，就代表咱們的聯合政策是有成果的，證明了我們此次行動是出於無奈。」

人坑殺就這樣開始了。

這是中國戰史上，繼秦將白起坑殺四十萬趙國降兵之後的又一起殘忍事件。入夜，以英布為首的項羽手下諸將，向沒有防備的秦軍士兵發動突襲，就在新安城南，二十萬秦國士兵統統被活埋。

此事震驚天下。老實說，劉邦的屠殺行為絲毫不遜色於項羽，但劉邦是屠城，是戰時事件，而項羽卻是對沒有防備的降卒下手。更清楚地說就是，劉邦的屠殺是在戰場上，戰場上就是要殺人，所以沒法責怪他。而項羽因為考慮得少，挑在秦兵投降後動手，結果引發關中震動，秦國百姓怕死了項羽，都渴望劉邦當秦王，不希望項羽入關。

你不希望項羽入關可不行，項羽手下有四十萬人，這關是非入不可。行至函谷關，發現關口閉鎖，原來是劉邦下令封關，欲阻項羽於函谷關外。項羽怒不可遏，揮師而入，攻破函谷關，抵達戲水。在此之際，前面來了個人，求見項羽，卻是劉邦的左司馬曹無傷。

曹無傷對項羽說：「劉邦打算在關中稱王，讓原來的秦王子嬰做相國，現在，秦國的美女珠寶，統統歸劉邦所有了。」

原來曹無傷背叛劉邦，跑來找項羽說這件事，是因為他跟隨劉邦，卻沒撈到什麼好處，所以想要跳槽來項羽這邊。

項羽的殺心正盛，聽了曹無傷的話，怒不可遏，當即下令犒勞士兵，約定第二天早上，向劉邦的軍隊發起攻擊。

此時，兩軍的態勢如下：項羽擁有四十萬人馬，號稱百萬，駐於新豐鴻門；而劉邦擁有士兵十萬，號稱二十萬，屯兵於灞上。

第六章 再戰天下

范增找來項羽的部將項莊：「你現在進去，給大家敬酒，敬酒後就請求舞劍助興，乘人不備，殺掉劉邦。」項莊立即闖進酒會，先敬酒，再舞劍。他一邊舞，一邊向劉邦靠攏，這時候劉邦的線人項伯也拔劍上前，和項莊玩起了雙人舞。「項莊舞劍，意在沛公。」這個成語就在華麗雙人舞中，迅速流傳開來。

蠢人是需要捧的

大戰在即，范增來找項羽，說道：「劉邦這個人，以前在山東之時，是出了名的貪財好色。如今他進了關，財物也不要了，美色也不貪了，可見他的志向不小啊。我曾請人觀望過他的雲氣，都是龍虎之形，形成五彩，這是天子之氣。所以呢，項羽你一定要趕快進攻，殺掉這個強大的對手。」

項羽說：「好，等明天早晨，我們打過去之後，抓住劉邦就殺掉。」

兩人在軍帳中商量，卻不知道外面有個人，正悄悄地離開了軍營。這個人就是項羽的叔叔，項伯。他出了大營，上馬直奔劉邦的營地，好在兩地相距不遠，很快就趕到了。到劉邦營後，他就去找張良。

項伯和張良的私交已經很久了。早在秦始皇時代，張良曾聘請大力士，攜一百二十斤重的大鐵錐，於博浪沙刺殺秦始皇，卻誤中副車。此後張良逃到了下邳藏身。恰好項伯當時也因為殺了人，逃到下邳，兩個逃犯相逢於下邳，從此結下深厚的感情。

項伯來找張良，告訴他明天一早，項羽就要向劉邦發動攻擊。劉邦的兵力不過是項羽的四分之一，必然失敗。如果張良仍然留在劉邦軍營，恐怕也會一起陪葬，所以項伯要張良立即跟自己離開。

張良卻說道：「我因為韓王的緣故，相送劉邦，一直送到這裡。現在劉邦有了急難，我不能說走就走，走之前一定要和他打個招呼。」

於是張良進去，把項羽明早來進攻的消息告訴了劉邦。劉邦壓根不知道這事，聞言大驚。然後張良問他：「沛公，你自己尋思，你的軍隊，能夠抵擋住項羽的進攻嗎？」

劉邦沉默了好長時間——他應該是在腦子裡排兵布陣，計算以自己的十萬人馬，如何才能打敗項羽的四十萬人馬。計算了半天，他終於認輸了，說：「當然不如項羽了，可是現在怎麼辦呢？」

張良說：「那你最好藉由項伯，遞個話給項羽，就說你是不敢背叛項羽的。」

劉邦很精明，立即問道：「你和項伯是怎麼認識的？」

張良說：「是秦朝時候的事了，那時候項伯殺了人，是我救了他。現在事態危急，所以他特意來告訴我。」

劉邦又問個問題：「你和項伯，誰的年齡大？」

張良回答：「項伯年齡大。」

劉邦一拍大腿：「好，從現在起，他就是我大哥了！」

注意劉邦問的這幾個問題，他首先要確定項伯與張良的私交情誼有多深，而張良的回答更多一些，甚至說出了項伯殺人的事情。於是劉邦就對項伯的為人性格，有了初步的判斷。他知道，像項伯這種好勇鬥狠、忍不住氣的暴戾性格，說好聽了是率真，說難聽了是膚淺。膚淺的性格，緣於對自我認知的不足。自我認知不足的人，急切需要別人肯定，第一受不了別人瞧不起他，第二受不了別人捧他。

現在劉邦就要好好地捧捧他。

張良出去，替劉邦把項伯請進來。劉邦捧著酒向項伯問好，問起項伯的兒女年齡，非要和項伯結成兒女親家。當項伯礙於面子，答應了之後，他就被迫跳到劉邦的這條船上來了。

然後劉邦低聲下氣，真誠地向項伯解釋說：「我進入關中，絲毫不敢私自占有，登記好了官民的戶籍，封存好官府的府庫，為的就是要等項羽將軍到來。我之所以派人把守函谷關，是為了防止盜賊出入以及其他意外。總之，我早也盼，晚也盼，天天盼著項羽將軍到來，怎麼會有膽子反叛他呢？希望項伯你能夠替我在項羽面前解釋幾句，我真的沒有反叛的念頭。」

劉邦這番話，每一字、每一句都是假話，沒有一句真話。比如說他派兵把守函谷關，本意就是阻止項羽入關，然後再徵收關內兵以擴充實力，重演秦始皇之歷史，再行吞併天下。豈料事易時移，秦始皇時代那堅不可摧的函谷鐵關，到了這時候卻如紙糊的一般被項羽輕鬆戳破。

被項羽破關而入，劉邦可以說是黔驢技窮了。如果不是項伯自己送上門來，他只有坐等項羽殺過來，而後落荒而逃。如今憑空獲得了項伯這個得力臂助，劉邦打算把項伯利用到極致。

而項伯呢，他是那種糊塗透頂的人，對劉邦想要稱雄天下的野心毫無所察。他只知道劉邦夠意思，拿自己當哥們兒，而且自己又是項羽的叔叔，在項羽面前有影響力，於是他答應了劉邦的要求，並吩咐劉邦道：「明天一早，你要早點去項羽大營表達歉意。」

劉邦點頭不迭：「一定去，一定去。」

回來之後，項伯就去找項羽，轉達劉邦的話。

項羽太年輕，剛剛二十七歲。事實上他的智力與項伯相差無幾，對別人的要求就一個：你要服我，服了我什麼事都好說，不服就跟你拚老命。總之項羽和項伯是完全沒有政治頭腦的人，具體來說就是，他們對於自己的人生缺乏思考，對別人的更沒有認識。劉邦正是看透了這兩人頭腦簡單，所以才會恣意玩弄他們。

而且，項伯轉達了劉邦的話之後，擔心項羽醒悟過來，追問他怎麼會大半夜跑到劉邦大營，於是惡人先告狀，先發制人地指責項羽說：

「人家沛公不先攻破關中，你敢入關嗎？現在人家有了大功，你卻要攻打他，這是不義。你應該要好好招待人家劉邦。」

項羽腦子不夠用，被叔叔訓得點頭不迭。他又怎麼會想得到，自己這條命，遲早葬送在叔叔手中。

華麗雙人舞

第二天一早，劉邦帶著張良、樊噲、夏侯嬰、靳彊、紀信五名親信，以及一百多名騎兵，算得上是輕車簡從了，來到項羽大營，求見項羽。

項羽命其入內。

劉邦見到項羽後，伏拜於地，真誠地忽悠道：「項將軍，咱們兩個可是老搭檔了。還記得咱們聯手在城陽屠城，殺得老百姓哭號震天……這事就甭提了，總之，我和將軍你協力攻打秦軍，將軍轉戰黃河以北，我征戰黃河以南。就連我自己都沒有想到竟然能夠先入關而攻破秦國，還能夠與將軍在這裡相見。怎麼我們這麼深的交情，竟然會因為小人挑撥而產生了隔閡呢？」

猜猜項羽說了什麼？

項羽說：「這個……是我錯怪你了，都是你自己的左司馬曹無傷，對我說了一些話，不然的話，我又怎麼會誤解你？」

好了，來比較一下劉邦和項羽的敵情觀念吧。項羽這邊並沒有劉邦的線人，但是項伯自己送上門去，劉邦能夠在第一時間內，策反了項羽的叔叔，讓項羽的叔叔替自己幹活。如果你認為項伯這樣做不妥當的話，看看曹無傷的下場。曹無傷是劉邦的人，主動投奔項羽，卻被項羽不假思索地轉手就出賣了。當然，項羽這樣做，或許可以解釋為他的本性太磊落，瞧不起曹無傷這種吃裡爬外的小人。但戰場可不是什麼老夫子學堂，講的是用兵的詭詐與陰狠，而不是誰的道德感更強！

說到底，劉邦和項羽的區別，就在於劉邦更陰險、更老辣，早已將項羽列入頭號敵人的名單。但在發動之前，他能夠不動聲色，甚至笑臉相迎。而項羽，他要的只是天下最拉風的名頭，而且得到就已經足夠了。

項羽就是這種人，只要你肯承認他最拉風，什麼事都好商量。可憐曹無傷竟然看不清楚，想要投奔他，這下子可就死慘了。而且，曹無傷被項羽出賣，導致了再也沒人敢為項羽當間諜——你潛伏敵營十八年，冒著生命危險替他收集情報，他老兄心情一好就把你給賣了，這種人誰敢跟他幹？

鴻門宴，劉項交手第一仗，項羽完敗，只是見面寒暄，就被劉邦玩慘了。但是項羽卻不認為自己完敗，相反的，他認為自己完勝。因為劉邦真誠地表態，認可他是天下最拉風的人，這對項羽來說超有面子。於是他誠邀劉邦入座，大家喝幾杯。

酒宴開始了，范增落座，一直看著項羽，示意項羽動手，立即殺掉劉邦，項羽卻轉過頭，假裝沒看見——如果殺掉劉邦，世上就少了一個承認自己拉風的人，就少了一個讓自己有面子的人。如果這個世界上沒有人承認自己拉風，沒人讓自己超有面子，這世界又有什麼意思？

如果用水來形容劉邦和項羽兩人的智慧，那麼劉邦就是一口井，黑不見底、陰寒難測，其深不知幾許。而項羽就是一個碟子，淺到不能再淺，一眼就能望到底。照理說，這一年范增已經七十二歲了，他經歷了從戰國到秦始皇的漫長時代，以他的人生閱歷和智慧，應該能對項羽的智力做出準確的判斷，但是范增卻執意跟著項羽，要求他快點殺掉劉邦。見項羽沒有反應，范增再三拿起佩掛的玉玦，暗示項羽。

為什麼范增要舉起玉玦呢？玦者，決也！范增是想讓項羽速下決斷。

這時候的項羽，其實心裡很痛苦，他下不了手。這並非是他心軟——他一舉坑殺秦兵二十萬，連眼睛都不眨一下，豈是心軟之人？他下不了手，只是因為他無法想像一個沒有人承認自己拉風的世界。

范增的建議和要求，違背了項羽的世界觀、人生觀與價值觀。除非讓他砍掉重練，否則他是不會改變的。

看項羽這個怪模樣，范增大為惱火，立即起身走了出去。

范增找來項羽的部將項莊，對他說：「你家老大項羽，心不夠狠，不肯殺劉邦。但如果劉邦活著，你們這些人就死定了，遲早都會淪為劉邦的俘虜。當斷不斷，必遭其亂，你現在進去，給大家敬酒，敬酒後就請求舞劍助興，乘人不備，殺掉劉邦。快去吧，這是你們為數不多的機會了。」

項莊顯然是欽服范增的人，他立即闖進酒會，先敬酒，再得到項羽的許可，舞起劍來。他一邊舞，一邊向劉邦靠攏，準備一劍劈死劉邦。這時候劉邦的線人項伯立即衝了出來，也拔劍上前，和項莊玩起了雙人舞，用自己的身體擋住項莊，使其無法下手。

「項莊舞劍，意在沛公。」這個成語就在華麗雙人舞中，迅速流傳開來。

為什麼輸不起

鴻門宴上劍拔弩張，殺氣騰騰。張良感覺到危險，就悄悄地出來，到營門口去找樊噲。樊噲問：「現在情形怎麼樣了？」

張良說：「項莊舞劍，意在沛公。」

樊噲急了，說：「這太緊急了，讓我進去，和沛公生死與共。」

樊噲立即帶劍持盾，向軍門衝去，門前的士兵上前阻攔，被樊噲用盾牌一撞，孱弱的士兵被撞得滿地亂滾——這個滿地亂滾的士兵，如果不是韓信也是韓信的同事，因為目前韓信在項羽大營，就是負責把門站崗的——樊噲衝進酒會，掀開帷帳，站在那裡對項羽怒目而視。

項羽見了樊噲，竟然不認識，挺身按劍問：「這人是哪位呀？」

項羽竟然不認識樊噲，這怎麼可能？要知道，早在項梁渡江，殺掉第二任楚王景駒之後，劉邦就投奔了項梁，此後與項羽聯手合兵，血屠城陽，轉戰定陶，還一起在雍丘殺掉了李斯的大兒子李由。樊噲是劉邦的第一親信，麾下第一猛將，而項羽竟然不認識他，這代表了什麼呢？代表項羽從未仔細研究過劉邦，對劉邦興趣缺缺。

此前項羽不了解劉邦，倒也罷了，畢竟讓一個二十七歲的年輕人，去了解五十一歲的老頭，實在太難為項羽了。可現在劉邦已經首入關中，證明了其人不可小覷，而且項羽先是做出攻打劉邦的決定，現在又拿不定主意。他不知道自己要攻打的是什麼人，也不知道自己放棄攻打的是什麼人。總之他的大腦是一片空白，完全憑本能行事，沒有絲毫考慮。

其實樊噲也不是擅長思考的人，但相比於項羽，樊噲有個好處，他知道有人腦子比他更清楚，並願意聽明白人的話。這個腦子清楚的明白人，當然就是張良了。他替樊噲回答：「是沛公隨車的衛士樊噲。」

項羽說：「好，賜他一杯酒。」

項羽的手下人使壞，故意拿過一斗酒。

漢代的一斗，大約相當於現在的兩斤。不過漢代的酒是有機食品，純穀類釀造，酒精濃度不是太高。但兩斤酒喝下去，對一般人來說，仍是個嚴峻的考驗。

不過，樊噲是市井殺狗匠出身，最喜歡玩的就是敞著上衣，露出胸前的捲毛，端起洗腳盆咕嚕咕嚕地灌酒。真正的男子漢，要的就是這個風格。這兩斤酒，正合了他的心思。但他不是頭腦簡單的粗漢，喝酒前先向項羽伏地拜謝，然後站起來，先禮後酒，一飲而盡。

樊噲這一手，立即吸引了項羽的注意力，說道：「賞他條豬腿。」

項羽手下仍然惡作劇，給樊噲拿來一條沒煮過的生豬腿。樊噲只好假裝豬腿已經煮熟，把盾牌放平當砧板，拿刀切下一片生豬肉，吃了起來。

樊噲的調調果然是項羽喜歡的，他又問：「壯士還能再喝嗎？」

於是樊噲趁機放下嚼不動的生豬肉，站起來發表演說，道：「我死都不怕，難道還怕一杯酒嗎？那秦王虎狼之心，殺人唯恐不夠多，懲罰人唯恐不夠狠，所以天下英雄群起叛之。懷王與將領們約定，先入關者，王也。現在沛公已經攻破了秦國，進入咸陽，卻不敢拿咸陽城中的一草一木，屯軍灞上，等待將軍到來。如此勞苦功高，也沒有得到封爵的賞賜，而你卻因為小人挑唆，想殺有功之人。這是滅亡了的暴秦才會幹的事，我個人覺得將軍這個做法不合適。」

這番話說出來，讓人頓時驚訝於樊噲的裝假水準。這個表面上粗莽的傢伙，實則精明詭詐無比。他瞪著兩個真誠的眼珠子，站在那裡公開撒謊，連臉都不紅。

樊噲有這麼一番說詞，應該是來項羽大營之前，劉邦張良召大家開過一個小會，在會議上統一了口徑。首入關中，分毫不取，屯軍灞上，以待將軍，這是精心推敲過後的關鍵字。此來項營的幾個人都已經把稿子背得爛熟。

連一個殺狗的都比項羽精猾，遇到這麼一群撒謊不打草稿的混世魔王，項羽又怎麼可能會贏？

為什麼連個殺狗的樊噲都能夠算計項羽，而項羽卻毫無所察呢？這就叫以有心算無心，算死人不償命。歸根究柢還是年齡，劉邦這邊有個平均年齡在四十歲以上的團隊，而項羽卻沒有絲毫的團隊意識，儘管他率領著四十萬之眾，但仍是形單影隻，獨自行走在寂寞的路上。他從未想過把身邊的人組織起來，這是他在劉邦面前必然吃癟的根本原因。

再來比較劉邦和項羽兩人，劉邦的特點是百敗不撓，不怕吃敗仗，不怕被追殺，失敗對他幾乎沒什麼影響。而項羽則不然，項羽只能一仗仗地贏下去，卻輸不起，為什麼呢？

因為劉邦是憑自己的能力走到高位的。不管遭受多少次失敗，只要人還活著，他的能力就在，位置就在。而項羽之所以輸不起，是因為他登臨權力高峰，完全是誤打誤撞——這個誤出自於鉅鹿之戰，他贏了這場關鍵戰役，從此形成了巨大的懾服力。但他不具有主宰天下的能力，主宰天下意味著以少馭多，以一馭眾，這時候靠的是腦子，耍脾氣鬧情緒可不行。

輸不起的人是因為位置高於能力，一旦被打下去，就再也沒有可能爬上來。

簡單說就是，項羽是典型的戰鬥型人物，動手打架是他的最愛，但論耍心機，他連個殺狗匠樊噲都不如，又如何跟劉邦鬥？

但這場鴻門宴正朝著戰鬥模式轉變，所以劉邦當機立斷，決定離開這裡。

項羽是個原始人

眼見飯局越來越凶險，劉邦就站了起來，假裝上廁所，叫上樊噲，出來商量說：「如果咱們現在就跑，項羽他不開心怎麼辦？」

樊噲說：「此時人為刀俎，我為魚肉，能逃回去就算咱們贏了，還顧及什麼禮節？」

於是劉邦把張良叫過來，說：「情況危險，我走先，你斷後……那什麼，從鴻門到灞上，是四十里地的路程，我從小路逃回去，大概有二十里地。你先不要進去，算算等我逃回營裡之後，你再進去跟項羽打招呼。」

讓老闆先走，就是劉邦的鮮明管理風格了。留下張良一個人，應該是沒有危險的，有線人項伯在，諒項羽拿張良也沒辦法。

接著劉邦獨自上馬，沿驪山下的小路一徑狂奔，樊噲、夏侯嬰、靳彊及紀信四人，各個手持刀劍盾牌，跟在劉邦的馬屁股後面飛奔——他們不敢取回自己的馬匹，生恐驚動項羽，到時候想走也走不了。算了算劉邦已經逃回了大營，張良才拿著禮物，進去辭謝。

張良說：「沛公不勝酒力，怕酒後失態，不敢當面辭謝。他讓小臣張良，恭恭敬敬地奉上白璧一雙，獻給將軍你。玉斗一雙，獻給亞父范增足下。」

項羽問：「咦，沛公現在在哪裡？」

張良回答：「聽說大王有意要責怪他，就一個人先回去了，估計現在已經回到了軍中。」

項羽沒再作聲，接過了禮物，放在自己的座位旁邊。其實他現在腦子很亂，他不太明白范增為什麼非逼他殺劉邦，也不明白項伯為什麼要保護劉邦。不習慣思考的人，一旦遇到利益衝突的事情，就會很煩躁。

范增對項羽更是怒不可遏，他接過張良的禮物，放在地上，拔劍把玉斗擊得粉碎，恨恨地說：「唉，小孩子沒腦子，不值得與他謀取大事。奪取將軍天下的人一定是沛公，我們這些人將來都是他的俘虜。」

史書沒有記載項羽當時的反應，但項羽聽了這話，心裡肯定不痛快。你想想，所有人都承認自己最拉風，都給自己面子，只有這個范增，他非貶斥自己，說自己是個小孩子……唉，看在他年齡偌大的分兒上，就不跟他計較了。

鴻門宴的歷史盛景，就這樣勝利閉幕了。

隔了幾天，項羽無所事事，就驅師西進，在咸陽城展開大屠殺，殺掉已經投降的秦王子嬰，焚燒了秦國宮室。烈焰熊熊，三月未熄。然後項羽又盡情地搜刮了秦朝的財物珠寶，還有許多年輕漂亮的女子，統統擄到軍中，得勝歸來。秦國人民對項羽的做法大失所望。

尤其項羽殺子嬰，非常讓人難以理解。秦帝國已經滅亡，子嬰在秦王的位子上，充其量才四十六天，根本沒機會做什麼壞事。更何況，俘虜子嬰的是劉邦，項羽殺他的理由何在呢？

推敲起來，項羽的心裡一定是認為劉邦臣服於自己，算是自己的手下了。所以劉邦捉住子嬰，就是手下人捉住子嬰，功勞當然算自己的。再者，項羽的聲望正如日中天，他希望自己能夠吸引更多的關注，大屠戮，殺子嬰，焚宮室，這些事件都可以解釋為他向暴秦的報復。而擄財物婦女，這事還是劉邦最先幹出來的，倒也無可厚非。

但接下來，項羽的真面目終於暴露了。

有個儒者韓生，主動投靠項羽，建議說：「關中土地肥沃，山河險阻，是稱霸的基業之地，建議以後駐紮在這裡，行秦國之故事，內斂自強，吞併四方，再成帝王之業。」這條計策，最開始有人獻與劉邦，劉邦欣然接受了，只是最終未能守住函谷關，所以這條策略的受益人，很可能就是項羽了。

沒想到，項羽回答了一句：「富貴不還鄉，猶如錦衣夜行。」意思是，人生的價值和意義，就是活得很拉風，很有派頭，讓人天天圍繞著你，看著你羨慕到令人髮指的程度。所以人生富貴發達了，就要回返家鄉，在鄉親四鄰面前炫耀一番。不然的話，就好比穿著華麗的衣裳走夜路，沒人看到你的榮耀，活著又有什麼意思？

項羽的話，把韓生驚呆了，出門對人說：「都說楚人是沐猴而冠，果然沒錯。」

有人把這句話告訴了項羽，項羽怒不可遏，立即把韓生抓回來，放在大鍋裡，活活煮死了。把人活活煮死，那得是多麼深的仇恨，才能下得了手。韓生說的，到底是什麼意思？項羽又為什麼如此憤怒？

韓生的話，正戳到了項羽的痛處。所謂沐猴而冠，是指項羽的智力不過是長臂猿大猩猩的水準，遠未進化到智人階段。原始人不能理解抽象的事物，只能做具象思考。就是說項羽無法對人類的智慧、思想產生共鳴，只能夠接受具體的事物，所以他的人生成功，必須靠觀眾的羨慕才能夠體現出來。如果沒有別人的認可，他就無法肯定自己，就會陷入極度的痛苦。

最了解自己的人，莫過於自己。項羽知道自己的智力缺陷，思考讓他痛苦，他渴望一種暴力的公正規則，暴力規則簡單明瞭，比的是誰胳膊更粗，力氣更大，不需要動腦子。潛意識中，項羽是知道的，卻無法修正自我，所以他選擇逃避，離這個話題越遠越好，一旦觸碰到這個話題，他就會感受到強大的壓力，就會發作。所以聽到韓生的評價，項羽爆發了，把韓生抓住，扔進大鍋裡咕嚕咕嚕煮了。他希望煮熟了韓生，從此就再也沒有這個問題，遠離痛苦，永遠快樂了。

劉邦心裡很清楚，項羽注定不是他的對手。

十八路反王

在咸陽這邊玩得差不多，項羽就派人向楚懷王報告，實際上是暗示楚懷王封自己為王。不料楚懷王卻說：「按既定方針辦。」

楚懷王仍然信守當初的約定，堅持按合約辦事，先入關者，王也。意思就是，最先攻入咸陽的人，是為諸侯之首，有權力大封天下。這有點類似於封神榜，姜子牙輔佐周武王奪取天下之後，就懸榜封神。

項羽希望楚懷王把封神權賦予他，雖然先入關的是劉邦，可劉邦是自己的小弟，小弟先入關，就是自己先入關。難道劉邦入關，是他自己先走進去的嗎？肯定也是兄弟衝殺在前面，他在後面背著手，悠悠晃進去的。

沒人說先入關的是劉邦的小弟，而不是劉邦。為什麼卻有人說先入關的不是項羽，而是項羽的小弟呢？什麼世道？為什麼這麼不公平？

遭遇如此不公正的待遇，項羽快要氣瘋了。他召集手下諸將，開會討論這件事。會議上他說：「那個誰，那個小牧童，就是那個楚懷王，他是怎麼成楚懷王的？是我們項家把他推上去的。推翻暴秦，他可曾有一點點的功勞？他沒有，他連個屁功勞都沒有！之所以能有今天的局面，是因為我和你們，披堅執銳，風餐露宿，在荒地裡激戰了三年之久。消滅秦國，平定天下，是我和你們大家的功勞呀。」

眾將齊聲道：「然！」

獲得了大家的支持，項羽忽然間又心軟了，說：「雖然楚懷王沒有一點功勞，但苦勞……他苦勞再多，能有放牛的時候苦嗎？不管怎麼說，好歹大家共事一場，我的意思，還是要封他為王。」

眾將齊聲道：「然！」

但到了要著手封王的時候，項羽心裡還是彆扭萬分，糾結不已。再怎麼說，楚懷王也是自己的老長管，大家都封王，楚懷王怎麼也得稱帝。不讓楚懷王稱帝，太沒道理。

最終楚懷王被項羽封為義帝，意思是起義軍的皇帝。項羽發布命令：古代稱帝的，擁有土地千里，一定要居於上游。於是命義帝搬去江南，以郴縣為國都。

就這樣，先入關者雖然是劉邦，但最後獲得封神權的，還是靠實力。論實力無人可與項羽相比，欲自王，先王諸將相，所以自立為西楚霸王，據有梁、楚九郡，定都彭城後，他當仁不讓，義不容辭地封了天下十八路反王。

哪十八路反王？

第一路：漢王劉邦，據巴蜀、漢中，定都南鄭。劉邦為先入關者，照理說應該封為關中王。但項羽和范增料其有取天下之心，關中土地肥沃，一旦劉邦乘隙起事，萬難克制。而巴蜀道險，秦之遷人皆居蜀。所以項羽藉口巴蜀亦關中之地，實際上是把劉邦封鎖於巴蜀，囚於籠中，令其插翅難飛。此外，巴蜀門外，項羽還埋伏下三路反王，監視劉邦。

第二路，雍王章邯，轄有咸陽以西之地，都城設在廢丘，是監視劉邦的第一路人馬。

第三路，塞王司馬欣。司馬欣原為櫟陽縣的主獄官，早年項梁入獄，司馬欣釋之，待項家有恩。項羽命其轄咸陽以東至黃河之地，定都櫟陽。是監視劉邦的第二路人馬。

第四路，翟王董翳。因勸章邯投降有功，封翟王，轄上郡，定都高奴。是監視劉邦的第三路人馬。

第五路，西魏王魏豹。魏豹原本是魏王，居於梁地，現在項羽占據了梁地，改魏豹為西魏王，管轄河東，定都平陽。

第六路，河南王申陽。申陽是張耳的寵臣，因為他打下河南郡，並在黃河邊上迎接楚軍，所以被封河南王，定都洛陽。

第七路，韓王成，依舊居於舊都，都城陽翟。

第八路，殷王司馬卬。司馬卬是趙國將領，平定河內，屢立戰功，因此封殷王，轄河內，定都朝歌。

第九路，代王歇。趙歇原本是趙王，遷為代王歇。

第十路，常山王張耳。張耳是趙王歇的丞相，但賢明天下，又追隨項羽入關，所以封為常山王，轄原來的趙國疆土，定都襄國。

第十一路，九江王英布，作戰勇猛，勇冠三軍，所以封九江王，定都六縣。

第十二路，衡山王吳芮。番郡吳芮，率百越族人輔佐諸侯，又跟隨項羽入關，因此封衡山王，定都於邾。

第十三路，臨江王共敖。共敖本是義帝的上柱國，進攻南郡，屢立戰功，所以封臨江王，定都江陵。

第十四路，遼東王韓廣。韓廣本是燕王，遷為遼東王，定都無終。

第十五路，燕王臧荼。臧荼本是燕王韓廣手下大將，獲封燕王，定都薊。

第十六路，遷齊王田市為膠東王，定都即墨。

第十七路，齊國將領田都為齊王。田都追隨楚軍援救趙國，又隨楚軍入關，所以封為齊王，定都臨淄。

第十八路，濟北王田安。田安曾攻克濟水以北幾座城池，率領軍隊投降項羽，所以獲封濟北王，定都博陽。

項羽分封天下，標準簡單，指標清晰，就看你是否跟他關係好。如果跟他關係好，普通的戰功就可以封王。關係不好，抱歉，哪怕你早已是王，這時候也要挪挪地方。

此外，齊將田榮，數次違背項羽，又不肯帶兵跟項羽走，雖然戰功多，資歷老，但堅決不封王。還有陳餘，因為他棄印而去，又沒有追隨項羽入關，項羽認為他不給自己面子。你不給我面子，我就不給你封王，有本事你去死。所以陳餘不封王。

這個分封結果出來，眾人大驚，紛紛上前勸說：「項羽你可不能這樣意氣用事，說起陳餘，他對於趙國的功勞，絲毫不小於張耳。現在張耳已經封常山王，你讓人家老陳以後怎麼混呀。」

勸說的人太多，項羽無奈，聽說陳餘在南皮，就下令割南皮的三個縣給陳餘，算是補償吧。但王已經封完了，這次陳餘沒趕上，下次有機會再說吧。還有番君吳芮的部下梅鋗，戰功比許多封了王的人要多得多，項羽卻提也沒提他。因為太多的人替梅鋗說話，項羽只好給他封了個萬戶侯。

分封完畢，天下乃定——項羽認為乃定，就攜了自秦宮中搜得的財帛珠寶與婦女，回到彭城，享受他快樂幸福的人生去了。

諸侯死亡榜

項羽回到彭城，就該義帝倒楣了，因為義帝一直居住在這裡。

項羽將義帝遷走，暗中命令衡山王吳芮、九江王英布及臨江王共敖於江心截殺。可憐一個小牧童，有牛不放跑來玩政治，結果搭進了一條老命。

還有一個韓王成，雖然項羽名義上保留了他的王位，但心裡恨他跟了劉邦，不跟自己。

所以項羽不讓韓王成回封地，帶他回到了彭城。此後韓王成就淪為項羽出氣發火的玩具，先是廢除了他的王位，改封他為穰侯，又隨便找了個藉口，把韓王成給殺了。

這就是項羽行事顛三倒四、不可理喻的性格。你既然視劉邦為敵人，殺掉劉邦不就完事了嗎？可是他殺不掉劉邦，他在劉邦面前舉止失措，張口就說錯話，所以他挑老實的韓王成下手，卻沒有考慮到，殺掉無辜的韓王成，反而讓諸侯心寒齒冷。

而劉邦得知項羽將自己封鎖於巴蜀，當下就氣壞了，大吼大叫，要跟項羽拚老命。周勃、灌嬰和樊噲都勸他，蕭何則說：「封在巴蜀，雖然說地方艱險，可總比死了強點吧？」

劉邦大怒：「怎麼會死呢？」

蕭何說：「如今我們的軍隊不如人家百戰百敗，不死還能怎麼樣？我希望大王你能夠淡定點，稱王巴蜀又有什麼不好？只要大王能夠廣集天下賢士相助，取用巴蜀的財富，到時候再打回來，由大王你重新分封天下，不也是一樣嗎？」

劉邦：「這……那就這樣吧。」

劉邦無奈接受現實，但他的聯合戰線工作繼續進行，他給了張良一百鎰金子，兩斗珍珠。張良把這些東西統統送給了項伯。劉邦趁機走項伯的後門，要項伯向項羽請封給劉邦漢中的全部土地，項羽居然答應了。沒辦法，劉邦是精通人性的黑色大師，項羽明明知道他對自己有著莫大的威脅，但一旦和劉邦打照面，就被劉邦擺平，無法對他下手。

諸侯們開始動身了，各自趕赴自己的封國，去享受勝利的果實。這時候各路諸侯中不得志的員工開始大跳槽，有的離開劉邦去投靠項羽，有的離開項羽來投靠劉邦。長期在項羽手下鬱鬱不得志的韓信，也帶著他的寶劍，滿臉悲憤地跑到了劉邦這邊，但劉邦也沒有重用他，他還得繼續考慮跳槽的事。

奇怪的是，項羽又主動給了劉邦三萬士兵。而劉邦進入漢中之後，聽從了張良的建議，燒毀了通過的棧道，一方面是防備從諸侯方來的盜兵——實際是怕項羽對他突襲。另一方面可以向項羽顯示自己沒有向東用兵的意思。

可是項羽，他為什麼要給劉邦三萬士兵呢？

史家陳隆予先生分析說，這三萬士兵其實是監視劉邦的。項羽對劉邦充滿了警惕。這個解釋，乍聽起來古怪非常，劉邦又不是孤家寡人，手下有兵有將，派來的三萬士兵，又不可能將劉邦的十萬人馬團團圍起來，怎麼監視劉邦？而且，這三萬士兵，連個主將都沒有，項羽就是把三萬士兵派過來，讓他們成為劉邦的軍隊，這叫什麼監視？

推敲起來，項羽可能是真的想用這三萬士兵監視劉邦。因為項羽沒什麼特工經驗，更不懂得聯合戰線，他手邊的親信又統統封了王，不可能派出將領去漢中，只能派上一堆大頭兵。他心裡想的是，我有三萬人監視著你，諒你劉邦不敢輕舉妄動。他顯然忘了劉邦是個大活人，能夠舉重若輕地把這三萬人改造成戰場上的殺手，再帶他們回來殺項羽。

可見項羽的思維是不連續的、非邏輯的。做事情只能想到第一步，沒有能力研判出此後的變局。這種做事顧前不顧後的鮮明粗人風格，體現在他分封天下上，就會引發一連串的亂子。

最先鬧起來的是田榮。田榮辛苦征戰，卻因為不聽項羽的話，什麼也沒有封到，氣憤之餘，又聽說項羽把原來的齊王田市，改封為膠東王。而和項羽關係比較鐵的齊國將領田都，被封為了齊王。

田榮怒不可遏，就去攻打田都，田都被打得星夜狂奔，逃到了楚國，去找項羽哭訴。而後田榮獨霸齊國，不允許齊王田市去膠東改任膠東王。可是田市害怕項羽，就偷偷地跑了，逃到了膠東。田榮發現田市不乖，不聽話，勃然大怒，就追到膠東，乾脆把田市殺掉了。膠東王田市，在分封後不足一個月，就被除名了。此後田榮自立為齊王，不需要你項羽的分封，以表示憤怒。

項羽封了一大堆，還漏掉了一個梟雄彭越。這時候彭越手下有一萬來人，沒人搭理他，他也不知道怎麼辦。幸好自立的齊王田榮，給了彭越將軍印，讓彭越去攻打濟北。彭越總算找到了老闆，當然要賣力幹，當即驅兵入濟北，殺掉了濟北王田安——他榮幸地成為第二個被除名的王。

眨眼工夫，十八王就已經死了兩個。但分明是還嫌不夠熱鬧，被冷落的陳餘終於出山了。陳餘出山，專門來找項羽的麻煩，因為項羽封了他的老夥計張耳為常山王，自己卻只是封侯，這對陳餘來說是極大的羞辱。於是陳餘找自立的齊王田榮借兵，要求攻殺現在的趙王張耳，再把被排擠成代王的趙歇接回來，繼續當趙王。

這正是「坑灰未冷山東亂，原來項羽笨如豬」。眼見大封天下沒幾天，又亂成這個樣子，項羽心裡好煩。為了排解壓力，他乾脆殺掉了無辜的韓王成。於是韓王成淪為第三個被除名的王。

短短幾個月，從義帝開始，膠東王被殺、濟北王被殺、韓王被殺，封王榜竟然成了死亡榜，拉開了諸侯死亡的序幕。

諸侯們死了也就算了，此時漢中，投奔劉邦的韓信，居然也被拖到刑場上去，正要開刀問斬。

追韓信

至此，韓信也算是經歷過大世面的人了。

他在項梁渡江時投軍，經歷了攻殺第二任楚王景駒的戰役，追隨項梁參加過東阿戰役，並在定陶戰役項梁敗死之際，於星夜亡命奔逃。他逃回楚懷王身邊，從此成為上將軍宋義的部下。項羽殺死宋義，韓信又成了項羽的部下，並在鉅鹿之戰中奔前跑後，累得像狗。隨後他追隨項羽入關，但項羽壓根不認識他。悲憤的韓信從此投奔劉邦，隨軍來到了漢中。他在漢軍中弄到了管理糧倉的小官，卻又不知何故，觸犯刑律當斬。

負責監斬的，就是當年沛縣的典獄長夏侯嬰。夏侯嬰現在的身分地位已經不同以往，他看著死刑犯們一個接一個地走過，喀嚓喀嚓，連續十三個腦袋被切掉。接著是韓信被押上來。看到夏侯嬰，韓信很鬱悶地問了句：「喂，不是說你們家漢王欲取天下嗎？為什麼要殺壯士呢？」

咦？聽了韓信的話，夏侯嬰很吃驚。因為在當時，了解劉邦心事的人只限於漢軍高層。夏侯嬰是劉邦的親信，當然了解，但一個小小的死刑犯，竟然也知道劉邦的心事，這有點意思。

於是夏侯嬰把韓信叫過來，聊了幾句，感覺很不錯，這個韓信，是個人才。夏侯嬰就去找劉邦推薦，劉邦也懶得理會這些小事，就隨口吩咐了句，讓韓信做治粟都尉——還是個管糧倉的小官。然後劉邦就把這事給忘了。

這段時間劉邦真的很煩，自從他來到了南鄭，部下就開始勝利大逃亡，士兵逃，軍官逃，謀士逃，將領也逃。總之大家都不樂意待在這個兔子都不拉屎的地方，都想逃回家去，做個團圓富家翁。

重要將領越逃越多，劉邦的心裡越來越恐慌，壓力越來越大。忽然間門外有人來報：「報，丞相蕭何逃走了。」

什麼？這個消息猶如當頭一記悶棍，打得劉邦當下就坐地上了。蕭何比他年長一歲，在沛縣時多年照顧他，是他的智囊，是他的左右手。如今蕭何竟然也逃了，可見自己的畢生志業……多半是沒戲唱了。

絕望、沉悶，劉邦度過了他人生最艱難的兩個日夜。到了第三天，正準備繼續絕望，忽然間有人報說丞相蕭何門外求見。當時劉邦又喜又怒，衝過來揪住蕭何就打：「他媽的，別人逃就逃了，咱們是什麼關係？你怎麼可以棄我而逃呢？你辜負了我們五十多年的生死交情，我打死你，打死你……」

蕭何架住他的手，說：「大王，我沒有逃，我是追趕逃跑的人去了。」

「你去追人？」劉邦問道，「追哪一個？」

蕭何回答：「追韓信。」

劉邦：「追哪個？」

蕭何：「韓信。」

劉邦：「你說清楚點，到底是追哪個？」

蕭何：「已經說三遍了，是追韓信。」

「不可能！」劉邦悲憤地大吼起來，「現在逃跑的將領已經有幾十個了，你說追誰我都信，居然說什麼追韓信，你為什麼欺騙我？」

蕭何說：「我怎麼可能騙你？逃跑的那些將領都是無關緊要的，只有這個韓信才是舉國無雙的人才。你如果想要爭奪天下，除了韓信，沒有第二個可以商量的人，就要看你有什麼計畫了。」

劉邦呆滯半晌，才說：「唉，我也不願意待在這地方啊，如果能有機會，我希望向東發展。」

蕭何說：「你既然計畫東進，那麼一定要留下韓信。如果你不信任他，他還是會失望逃走的。」

劉邦說：「好啦好啦，看你的面子，就讓這個韓信當個將軍吧。」

蕭何說：「那不行，區區一個將軍，還是留不住他。」

劉邦：「啥意思？你還想推薦這個韓信當大將？」

蕭何：「為什麼不可以？既然韓信有這個能力。」

劉邦：「算了算了，我不跟你吵，那就讓他當大將好了。」

蕭何：「這也不行，漢王你脾氣出了名的火爆，對人傲慢無禮，現在任命韓信為大將，像使喚個小孩子一樣。你這樣對待他，他還是會逃走的。」

劉邦：「你到底啥意思？」

蕭何：「我的意思很簡單，就是要選個良辰吉日，漢王你得心懷虔敬，齋戒沐浴，建築法壇，具備禮儀。然後登壇拜韓信為大將，這樣才能留住他。」

劉邦：「你這簡直是胡鬧……行，我再依你一次，看看這個韓信究竟有什麼道行，讓你鬼迷心竅。」

劉邦接受了蕭何的建議，準備登壇拜大將，卻不敢公布韓信的名字。消息傳出，漢軍中群情激動，多數將領都認為自己符合大將的條件，漢王要拜的大將就是自己，心中充滿了期待。到了任命的時候，見到漢王拜的大將，竟然是個聞所未聞的韓信，眾人心裡都很受傷。

登壇拜大將

拜將儀式結束，劉邦坐下來，好奇地看著眼前的韓信，說道：「丞相多次向我推薦你，請問你以何計策教我？」

韓信謙虛道：「韓信才疏學淺，不敢班門弄斧。」

劉邦：「不要客氣，務請指教。」

韓信繼續謙虛：「韓信見寡聞陋，豈敢見笑方家。」

劉邦：「本王固請。」

韓信第三次謙虛：「韓信年少無知，不敢獻拙於長者。」

劉邦：「你他媽的有完沒完？別蘑菇了，有話快點說吧。」

韓信：「……我想請問漢王，你欲向東爭奪天下，對手豈不正是項羽？」

劉邦：「……沒錯。」

韓信：「那麼請大王自己估量，在勇猛仁愛等方面，大王與項羽孰強？」

劉邦半天沒吭聲，實際上他心裡懷疑蕭何推薦錯了人。瞧瞧韓信問的這怪問題，勇猛和仁愛，哪個跟爭奪天下有關？統統無關。可是登壇拜將這麼大的事，大家都出神地觀看呢，只能順著韓信的意思，給他一個標準答案，就回答說：「我比不上他。」

韓信立即向劉邦作揖行禮：「恭喜大王，賀喜大王，我也認為大王你比不上項羽。」

「唔……」這時候劉邦的心裡肯定是泛起了強烈的殺機。但是韓信接下來的話，馬上吸引了他。

韓信說：「請允許我為大王分析一下項羽的為人吧。項羽拔山力，舉鼎威，暗嗚叱吒千人廢。但是他不能信用賢將，所以他終不過是匹夫之勇；此其一。項羽待人恭敬慈愛，說話和氣，士兵生病，他流著淚送上飯食，但到了將士立功，需要封賞時，他卻把印信拿在手上，不停地摩挲，摩得稜角都光滑了，也捨不得給人家。這種仁愛，不過是婦人之愛；此其二。項羽封王天下，不據關中卻占據彭城，違背了楚懷王當年的約定，而且只封自己喜歡的人為王，不喜歡的人就殺掉或是趕走，做事不守信用，不公平，可見他是無信之人；此其三。再有，項羽所過之處無不殘滅，名義上是霸王，實際上不得人心，這證明他是不義之人。總結起來項羽一共有四個特點：匹夫之勇、婦人之仁、無信不公、殘暴不義。

「知道了項羽的這四個特點，只要大王你跟他對著來。他匹夫之勇，你任用天下賢士。他婦人之仁，你心懷天下。他無信不公，你主持公道。他殘暴不義，你是慈愛長者。就一定能夠戰勝他。」

劉邦聽得入神，說：「好，你這些理論很有建設性，蕭何你快點記下來，要大力宣揚，廣泛宣傳，以發揮瓦解項羽，提高我軍士氣的作用……不過韓信，除了這些理論的，你有沒有實戰的？」

韓信道：「實戰有，當然有。你看啊，大王你被封鎖於關中，堵住你出入門戶的，是三個秦王。這三個秦王是什麼來歷？他們原本是秦國的將軍，率領秦國士兵與義軍作戰，被殺死和逃亡的將領士兵不計其數。後來他們又欺騙了自己的士兵，投降了諸侯，於新安將自己的二十萬部下統統坑殺，換取了他們三人的功名富貴。章邯、司馬欣和董翳這三個人，關中父老對之可謂是恨之入骨。西楚霸王憑藉自己的威勢，強行將他們三人封為秦王，秦地百姓根本不可能買他們的帳！而大王你本是率先入關之人，按照早年和楚懷王的約定，據有關中稱王的，應該是大王你呀。而且你入關之時，廢除秦政苛令，與父老約法三章，這些舉措大受秦地父老歡迎。所以如果大王你現在起兵東進，三秦之地，只需要一道檄文就可以擺平。三秦王對你的封鎖，根本不值一提。」

劉邦聽了，激動地站起來說：「韓信，你分析得太透澈了，這些日子以來我苦思冥想，也想不明白的問題，聽你這麼一說，真是迎刃而解呀。韓信啊韓信，你怎麼不早點來跟我說這事呢？」

韓信翻著白眼：「我說了，丞相蕭何一次次向你推薦我，你不理人家嘛！」

劉邦：「亂講，哪有這種事？現在傳本王命令，各將軍立即著手布署出兵路線，蕭何你留在漢中，收取巴蜀租稅，供應軍隊糧食。」

破關而出，再戰天下。

時值西元前二〇六年。這一年劉邦五十一歲，項羽二十七歲，韓信二十六歲。

激戰三秦

西元前二〇六年二月，項羽大封天下。到了八月，劉邦就已經沿故道北上，重擊雍王章邯。和平，僅僅維持了半年光景。

楚漢相爭，具有戰爭空間極限拓展、多支線多戰場共同作戰的鮮明特點。說白了就是，劉邦找來更多的人手圍毆項羽。項羽雖然年輕力壯，又特別能打，但是好虎架不住一群狼，他幾次將劉邦打得滿地找牙，但一旦他找劉邦單挑，後背及兩側空門大開，就會被人趁機猛打。最後項羽遭受的打擊超出身體的承受能力，終於被亂拳打死了。

楚漢相爭總計持續四年半的時間，主要是兩條戰線開打，一條是支線，一條是主線。支線戰場有四場具規模戰役，分別是三秦戰役、安邑戰役、井陘戰役及濰上戰役。主線戰場打得雖然慘烈，卻只有三場戰役，分別是彭城戰役、成皋戰役及垓下戰役。

首戰三秦，是因為劉邦欲出漢中，必與三秦王正面相撞。此役關乎重大，必須穩、準、狠、短、平、快。如不能迅速解決堵塞著漢軍北上之路的章邯雍軍，司馬欣的塞軍和董翳的翟軍就會迅速趕來增援；如不能迅速將三秦王消滅，項羽就會率諸侯大軍及時趕到。到時候劉邦就等於是連門都沒出，就被人當頭一棍打了回去，再也不會有機會了。

基於此，大將韓信制定了明修棧道、暗渡陳倉的戰術。表面上派出大批農民工，絡繹不絕地開赴已經燒毀的棧道動工修建，漢軍主力卻悄悄沿褒斜以西故道出關。漢中出關之路實際上有三條，一條是已經燒毀的棧道，又稱子午道。一條是褒斜道，又稱北棧道。還有一條儻駱道。這麼多道，劉邦想走哪條就走哪條，可不解何故，大家都堅定不移地認為，劉邦只能走老路，從子午道進來，就得再從子午道出去，不可以走別的路——為什麼不可以？

明修棧道，暗渡陳倉，是韓信的第一招。他的第二招相對來說簡單些，就是不宣而戰，打了再說。

再來看看漢軍與三秦軍的作戰隊伍及兵力配比：

【正方選手：漢軍】

統帥：大將軍韓信。

將領一：將軍曹參。

將領二：將軍周勃。

將領三：隴西都尉酈商。

將領四：郎中樊噲。

將領五：中謁者灌嬰。

將領六：騎都尉靳歙。

將領七：右騎將傅寬。

漢軍兵力總人數約五萬人。

【反方選手三秦軍：一號雍軍】

雍王：章邯。

將軍：章平，章邯的弟弟。

雍軍兵力總人數二萬至三萬人。

【反方選手三秦軍：二號塞軍】

塞王：司馬欣。

將軍：趙賁，他是劉邦的老對手了，早在劉邦入關前，就和他打了一路，從開封打到尸鄉北。後來秦國滅亡，趙賁孤軍難立，就投奔了老長官司馬欣。剛剛坐下鬆口氣，豈料老朋友劉邦又打上門來。正所謂有緣千里來交戰，無緣對面也相掐，趙賁想必極度鬱悶。

塞軍兵力總人數一萬人至二萬人。

【反方選手三秦軍：三號翟軍】

翟王：董翳，沒有部將，自己帶隊，兵力總人數一萬人至二萬人。

戰爭開始了，章邯毫不知情，等他得到消息的時候，漢軍已經通過故道要隘，奪取故道城，迅速推進到陳倉附近。章邯吃驚得差點尖叫起來，這是搞什麼，你漢中王幹嘛來打我雍王？我又沒招惹你。無可奈何，他急忙向老夥計司馬欣、董翳求援，同時和部將章平，率軍匆匆趕往陳倉，想問個究竟。

甫到陳倉，還沒等章邯發問，就見漢軍嘩的一聲衝上來了，仍然是以曹參和樊噲為先鋒。曹參擅長車戰，樊噲愛殺人，都不是講道理的人。章邯沒有任何準備，立刻顯露出敗象。於是他兵分兩路，一路逃向廢丘，一路逃向好畤，看你漢軍追哪路。

漢軍還真不知道該追哪路，就回來找韓信的麻煩，要韓信給他們個答案。

韓信分析道：「這個廢丘呢，是座大一點的城，而好畤則是座小城。擺明了，這是章邯統軍來的路上，就已經商量好的。一旦發現咱們是玩真的，他打不過，就分兵而逃。章邯應該是逃向大城廢丘，部將章平則是逃向小城好畤。分兵而逃的目的，就是為了化解我們的攻勢。

「眼下的情勢，如果去廢丘打章邯，肯定特別費力。不等廢丘打下來，司馬欣的塞軍和董翳的翟軍就到了。既然這個章邯是逮不住了，還不如抓個小的，乾脆在塞軍和翟軍趕來之前，先把章平滅了。」

緩攻廢丘，強取好畤，對於塞軍和翟軍，則派出幾個遊動哨監視；這就是當時漢軍的策略。

漢軍先鋒曹參駕兵車疾追章平，在好畤城南雙方交手，章平不支，嘩啦啦逃進城裡，把門緊緊地關上。曹參開始攻城。這時候塞軍司馬欣的部將趙賁，以及翟軍統帥董翳，兩支軍馬向好畤飛趕而來。章邯得到消息，也開門衝出廢丘，去援救好畤。

不想章邯出來得太早，塞軍和翟軍還沒抵達。結果章邯行至壞鄉一帶，遭遇漢軍，應該是樊噲的部隊，結果章邯又吃了個敗仗，無奈只好再返回廢丘，繼續關門等待。

章邯敗回，塞軍趙賁和翟軍董翳也到了。曹參讓周勃繼續圍攻好峙，他自己率車騎迎上，與傅寬、靳歙會合，大戰趙賁董翳。塞軍和翟軍人數太少，實在招架不住，只好後撤。

這下章平可慘了，所有的漢軍全衝著他來。曹參樊噲周勃，圍著好峙發瘋一樣打個不停。樊噲仍然是嗜血如狂，殺人成性，他率先登城，衝入三秦軍，斬殺縣令一人，縣丞一人，砍下十一顆首級，還俘虜了二十人。

連縣令縣丞都被樊噲殺了，這就意味著好峙城被攻破了。章平無奈，只好收拾兵力，撤出城來向北疾走。行進之際，前方突然衝出來漢軍中的二號殺人狂靳歙。靳歙衝上來一陣好砍，當場宰殺章平的車司馬四人、軍侯四人、騎長十二人。

三秦戰役的第一階段，到此勝利閉幕了。剩下的工作就是清掃戰場，修建戰俘營，替章邯、司馬欣、董翳兄弟三人準備客房。

士為知己者死

漢軍首戰開盤，奪下了陳倉及好峙，趕走了章邯。於是韓信下令召開作戰會議，眾人來到，氣呼呼地看著這個傢伙，諸將都認為首戰順利是自己打得好，但居功的居然是韓信，心裡很受傷，看韓信這傢伙胡扯些什麼。

韓信說道：「大家好，你們辛苦了，希望你們戒驕戒躁，繼續努力，公而忘私，打出水準……廢話不說了，現在我命令漢軍分為兩軍，一為圍攻軍，負責拿下廢丘，活捉章邯。二為三秦略地軍，趁此機會四方出動，去搶地盤搶城池，搶得越多越好。

「圍攻軍由曹參、樊噲兩軍擔任。此外，你二人還須抽出部分人馬，支援咸陽戰役。
「略地軍周勃向汧、隴方向移動，把握戰機。
「略地軍靳歙，沿隴西追擊章平，借追殺之機撈取地皮。
「略地軍酈商，向北方略地。
「略地軍灌嬰，相機朝塞國首都櫟陽發動進攻。
「好了，大家有意見沒有？沒意見就快去幹活！」
眾將拿了令箭出來，你看看我，我看看你，感覺韓信這傢伙真的有點門道。聽他這麼一分配，這場仗特別好打。
於是曹參和樊噲猛攻廢丘，並抽出部分兵力配合咸陽戰役。漢軍的老對手趙賁，此時已經逃進咸陽，於是出來作戰，曹參卻是打趙賁已經打得很順手，劈里啪啦，打得趙賁灰頭土臉，漢軍趁勢奪取了咸陽。
曹參把咸陽改名為新城，興沖沖地率軍抵達景陵。還沒坐下來，就見支援廢丘的塞王司馬欣氣勢洶洶地殺來。曹參大為驚訝，不理解司馬欣跑景陵來幹什麼，遂與之大戰，擊潰司馬欣。
而後曹參揮師向漆地，去追趕三秦軍章平。很快就追上了，但等追上才發現，章平已經不再是章平，而是章邯、董翳及章平的合軍了。難怪司馬欣不在廢丘，原來章邯這廝也跑出來了。此時三秦軍三路人馬，曹參明知不敵，卻想憑藉此前的勝績嚇唬對手。可是章邯不吃這套，大砍大殺，砍得曹參掉頭飛奔。
章邯率三秦軍興奮不已，銜尾追殺。不料前面突然又殺出一隊人馬，原來是周勃。章邯見勢不妙，急忙掉頭飛逃，曹參和周勃在後面窮追不捨，弄得三秦之地飛土揚塵。

漢軍這邊還有個賣絲繒起家的灌嬰，他奉韓信之命，略地於櫟陽。櫟陽卻是塞國司馬欣的老巢。而司馬欣援雍失敗，又在景陵被曹參追殺，回家一看，老窩又被灌嬰給剿了。塞王司馬欣怒不可遏，立即下令投降。

快投降吧，別打下去了，打了半天還搞不清楚是怎麼回事。

塞王司馬欣第一個投降。而雍王章邯的部將章平，一路狂逃到北地，不幸又遭遇漢軍中的二號殺人狂靳歙，生怕靳歙殺得狂性大發，章平急忙高舉雙手，就這樣被俘虜了。

還有個翟王董翳，他被追得一會兒往東奔，一會兒往西逃，實在找不到地方落腳吃飯，也宣布投降了。

漢軍欣喜若狂，紛紛報捷。劉邦問：「那誰，章邯呢？」

「章邯……」大家轉過身來，仔細尋找，赫然發現章邯那廝不知何時又逃回廢丘，仍然是城門緊閉，負隅頑抗。當時漢軍氣得呀，這個章邯，可真夠耐打的，出入不定，忽東忽西，實在是太氣人。

拿不下廢丘，抓不到章邯，廢丘就成了一枚刺在漢軍心裡的釘子，讓劉邦心慌不已。他不敢讓大軍齊擁東進，先派了兩個名不見經傳的小將領，一個叫薛歐，一個叫王吸，兵出武關，試探風頭。卻遇到項羽派了支隊伍到陽夏，薛歐和王吸無法前進半步。

沒辦法，還是得拿下廢丘章邯。

可是這個章邯，真是太讓人火大了，他躲在城裡死不出來，大家說什麼也攻不進去。一座小小的廢丘足足打了十個多月——占楚漢相爭全程的近四分之一。就在這段時間裡，劉邦實在等不及憋不住，冒險出關，結果關東漢軍在楚軍的凌厲攻勢下，遭受了重大挫折，連劉邦都差點被項羽活捉，東進軍基本上全軍覆沒。

劉邦氣瘋了，下令韓信下狠手，不要再跟章邯客氣。戰爭不是請客吃飯，不是做文章，不是大姑娘繡花，要玩就玩最殘忍、最血腥的！

韓信看劉邦已經急瘋了，不敢怠慢，遂下了狠手。命樊噲掘開渭水河堤，引水沖擊廢丘城垣。城牆崩塌，漢軍擁入城中，章邯見大勢已去，嘆息了一聲，仗劍自刎了。

章邯不為秦國殉節，而為項羽戰死，這是因為秦國待他沒什麼恩德。他在前方打仗，趙高在後方準備砍他腦袋。而項羽，卻是封了章邯雍王，對章邯有恩。所以章邯願意為知己者項羽而死。

支線戰場的第一戰三秦戰役，由於章邯死守廢丘，拖延的時日過長，導致此戰的下半場，與主線戰場上的彭城戰役重疊。而彭城之戰則是項羽完美的個人秀——如果他不是過早流露出他殘暴而膚淺的本性的話，或許此戰足以奠定歷史。

第七章 戰神無敵

漢軍殘部潮水一般潰向南部山區，項羽不依不饒，持續追殺。追至靈壁東睢水岸邊，漢軍走投無路，前面的被擠入水中淹死，後面的被樓煩騎兵砍死，中間的相互踐踏把自己踩死。此戰驚天動地，血流成河。睢水被漢軍的屍體填塞，河水為之斷流。漢軍差不多砍光了，只剩下劉邦呆立當場，面如死灰，呆若木雞。

心理戰的智力分野

彭城之戰，是楚漢時期繼支線首戰三秦後的第二場戰役，也是主線的第一場戰役；同時也是項羽重演鉅鹿之戰、再一次以少勝多的戰事典範。事實上，這是楚軍與漢軍的一次總決戰。理論上來說，決戰這種事是澈底了斷，是最終的結果，但由於劉邦和項羽兩人的個性，導致這個必然的結果，竟然出現了反覆。

劉邦與項羽的性格對抗，已經持續了很長一段時間。到了漢軍激戰三秦的時候，這種對抗終於達到了頂峰。

漢軍盡掃三秦，困雍王章邯於廢丘之際，南陽一支獨立武裝兵團的作用，突然間凸顯了出來——

王陵！

昔日沛縣的黑社會大佬，漢王劉邦最早追隨的大哥。劉邦進軍關中的時候，曾與大哥王陵相逢，當時王陵還為犯罪當斬的張蒼求情，理由是張蒼脫光衣服後的肥肉很白嫩。這奇異的理由勾勒出昔日大哥與新近崛起的小兄弟之間難以相處的人際關係，於是王陵提師而走，沒有追隨劉邦。此後，王陵聚黨徒幾千人，盤踞南陽，沒有參加戰鬥，所以項羽大封天下的時候，王陵自然也被排除在外。

但當漢軍兵出故道，逐戰三秦時，劉邦開始考慮有效利用王陵這支生力軍。同樣的，項羽也在打王陵的主意。由於地緣政治的關係，不管誰拿下王陵，都意味著戰事將朝有利於自己的方向邁進。

劉邦用的法子極盡精妙，他派人送信給王陵，要求王陵護送自己的父親劉太公和老婆呂雉到三秦。

劉邦這一手，可謂非常陰狠。你王陵，不是不肯認我這個新近崛起的小弟為老大嗎？那好，咱們是從小的交情對不對？小時候你見了我爹，也要垂手恭立，叫一聲爹是不是？是就好辦！我爹就是你爹，是你爹你就得管，你管就得給我送回來，你聽我的話，把我爹送回來，你還敢說你不是我的小弟嗎？

狐假虎威，兒借爹勢。劉邦這一手，可稱為拚爹之貧寒版本。蓋因人類歷史上的老爹比拚，從來都是拚爹的權勢。劉邦卻反其道而行之，拚爹之貧寒，用鄉情關係，一招就陷王陵於認輸之地。王陵如果拒不服從劉邦的指揮，不理會劉太公的死活，那未免太冷血、太無情，鄉人背後說長道短，他無論如何也受不了。所以王陵只能任劉邦擺布，這就意味著他淪為了劉邦的小弟。

總之，劉邦這一手就是狠，連自己的親爹都能當成征服對手的棋子。正所謂武功練至絕境，飛花摘葉，飛嫣摘爹，均可傷人於無形。

令人驚訝的是，在對王陵軍的爭奪戰中，項羽的思路與劉邦一般無二，也是走親情路線。

劉邦和王陵的家鄉沛縣，被西楚霸王項羽劃進了自己的管轄區，所以項羽派人把王陵的母親抓了來，以期逼迫王陵就範。王陵聽說了，急忙派出使者去項羽大營探望。項羽讓王陵的母親東向而坐——這表示項羽也認王陵母親為長輩，用意是我瞧得起你王陵，你也得給我項羽面子，乖乖帶手下兄弟歸順我。

沒想到，王陵母親送使者走時，哭著說：「漢王劉邦是有德行的長者，最後一定會取得天下，告訴我兒子，不要因為我在項王手中就動搖不定。我以死來送別使者。」說話間，王陵母親不知從哪拔出劍來，自殺了。

項羽取陵母置軍中，陵使至，則東鄉坐陵母，欲以招陵。陵母既私送使者，泣曰：「為老妾語陵，謹事漢王。漢王，長者也，無以老妾故，持二心。妾以死送使者。」遂伏劍而死。項王怒，烹陵母。陵卒從漢王定天下。以善雍齒，雍齒，高帝之仇，而陵本無意從高帝，以故晚封，為安國侯。（《史記．陳丞相世家第二十六》）

這段記載讀起來疑竇重重，令人難以置信。有點像是劉邦的宣傳部門發的統一新聞稿，文稿中的王老太太大義凜然，一身正氣，竟然說什麼劉邦是有德的長者。這種話，豈是鄉下老太太能說得出來的？更何況，一個老太太怎麼會說自己看著長大的小流氓是有德長者？

總之，這段記載有問題，但結論是沒問題的，王陵之母在項羽營中自殺，激怒了項羽，下令把王老太太扒光衣服，放在鍋裡，下面生火，把老太太給煮熟了。項羽水煮王老太太，證明了王老太太自刎時並沒有死，死了再煮，又有什麼意義呢？只有沒死，煮起來才能夠宣洩項羽心中的怒氣。

這已經不是項羽第一次煮人了。最早被他水煮的，是儒士韓生，因為說了句楚人沐猴而冠，而慘遭水煮。王老太太是項羽煮的第二個，以後項羽還會繼續煮下去。

項羽為什麼喜歡水煮活人呢？

因為水煮可以讓死亡變得漫長，讓受害人臨死之前承受莫大折磨。殺人只是一刀，一了百了。而水煮，卻是讓你坐在鍋裡，聽著鍋底下劈啪啪的火燒聲，而項羽笑咪咪地俯身看著你，不時用手試一下水溫，溫柔地說一聲：「不要急，再過一會兒水就開了。」在這個過程中，水溫慢慢上升，先是愜意的溫暖，讓你四肢百骸舒服得慢慢伸展開來，然後水溫逐漸升高，升高，升高……這實在是太變態了！

這就是項羽，一個年輕的變態狂。

比較項羽和劉邦的手段，在爭奪王陵事件上，兩人走的都是親情路線，但劉邦的方法更人性化，讓人難以拒絕；而項羽的方法卻讓人毛骨悚然，避之唯恐不及。這個小小的細節就勾勒出了劉邦與項羽性格的分野——其實是智力的分野。劉邦知道人們能夠接受的是什麼，而項羽想的是如何強行讓人接受自己。所以劉邦精心選擇人們能夠接受的，而項羽則是因為人們拒絕接受自己，變得狂暴而喪失人性。

坑死人不償命

劉邦突然破關而出，爭霸三秦，這讓項羽煩不勝煩，因為項羽這邊早已是亂成了一團。

亂局從齊國向四周蔓延。當初，項羽將齊國一分為三，分了三個王：以田都為齊王，原來的齊王田市，改任膠東王，還有一個田安，任臨濟王。卻故意不封齊國握有實權的田榮與田橫為王，結果田榮悲憤，起兵追殺新齊王田都。田都力不能支，逃到項羽處求援。

而後，臨濟王被田榮策動梟霸人物彭越所殺，原齊王田市又被田榮親自斬殺於膠東國。這樣一來，十八王中已經少了兩個，然後項羽自己也跟著湊熱鬧，殺了韓王成，十八王只剩下十五個了。

再接下來，自立齊王的田榮，與被冷落的陳餘合兵，打跑了常山王張耳，恢復了老趙國，然後齊國與趙國結成同盟國，共抗項羽。

這已經夠煩人的了，燕國那邊，又給項羽添堵。

燕國被項羽折為兩段，發配老燕王韓廣為遼東王，任命燕國將領臧荼為新燕王。可是，老燕王韓廣是目前資格最老的前輩，他是陳勝時代的老人，早年在陳勝的兄弟武臣手下。陳勝命武臣經略趙國，於是武臣自立為趙王後，又讓韓廣去經略燕地，從此韓廣就在燕國安了家，成為燕王。

陳勝時代的老人就剩下韓廣一個了，正覺得自己勞苦功高，想得到優渥點的待遇。可二愣子項羽，憑威勢獨攬封王大權，竟然莫名其妙地把韓廣發配到遼東去，這下子韓廣氣壞了，就坐在國都薊城不肯走了。但不走不行啊，燕國已經被項羽分給將領臧荼了。於是臧荼催促韓廣動身，而韓廣理也不理。韓廣不走，臧荼的燕王就不算數，臧荼一氣之下，乾脆把韓廣殺了。

老燕王身死，陳勝時代最後的殘餘也不存在了。而韓廣，成為諸王死亡榜上的第四人。

如今，擺在項羽面前的難題是，他面對著兩個戰場，一個是齊國的田榮，一個是漢軍劉邦。他應該先把哪個擺平呢？

左右為難之際，張良給項羽寫了封信，託項伯轉交的。信中說：「項王，你不要擔心漢王劉邦，其實他這個人很善良很厚道的。他之所以出兵三秦，只是因為心理不平衡。早先義帝有盟誓，先入關者，王也。劉邦先入關，照理說應該是封秦王，可是秦王卻讓章邯做了。劉邦氣不過，所以才去找章邯的麻煩。項王，聽我的沒錯，劉邦對你是沒二心的。不信，你等劉邦擺平了章邯，肯定會向你主動求和示好。」

張良這番話，說給鬼聽，鬼都不會信。

但項羽會信。

何以項羽會信張良這番鬼話呢？因為，如果項羽不相信張良的話，就意味著他在鴻門宴上的判斷失誤了。可人的天性，是不會承認自己有誤的，項羽更是主觀極強的人。他認為自己沒有錯，那麼劉邦就不敢反叛自己。既然劉邦不敢反叛，就證實了張良說得沒錯。

於是，項羽拿張良這番鬼話欺騙自己，自欺欺人，就決定不理會劉邦，先去齊國擺平討厭的田榮。

項羽也不知道動動腦筋，張良何許人也？他的家族五世相韓，是韓國人。而項羽因為韓王成支持劉邦，就殺掉了韓王成，滅了韓國，已經和張良結下了死仇。可項羽居然莫名其妙地聽信張良的話，總之，項羽在判斷力上不及格。

堅信劉邦不會給自己添亂，項羽就興高采烈地帶著所屬人馬，於西元前二〇五年一月，推入齊境。抵達的第一站，就是城陽。

城陽，城陽！這座悲哀的城市，凝結著項羽和劉邦的深厚戰鬥友誼。當年就是在這裡，項羽和劉邦哥倆聯手，把城陽百姓殺得一個也不剩。現在項羽故地重遊，心裡應該是無限緬懷激情燃燒的日子。

血屠城陽的那一年，劉邦四十九歲，項羽才二十五歲。如今三年時光飛逝而過，項羽已經二十八歲了，劉邦五十二歲。劉邦越來越陰險，越來越老辣，謀略智慧漸入佳境；項羽卻仍然混沌如初，懵懂無知，全仗著一股狠勁，閉著眼睛瞎打。

說到打，那是項羽最大的本錢。普天之下，還真找不到他的對手。自立為齊王的田榮，引齊兵氣勢洶洶地殺來，與項羽軍交戰，一觸而潰。田榮想不到項羽這麼狠，潰敗之後，逃往平原，路上不幸遭遇一夥火爆脾氣的老鄉，被老鄉們團團圍住，鋤頭杴把掄起來，啪啪啪竟把齊王田榮給拍死了。

田榮死了，照理說齊國就應該算平定了。不料田榮還有個更狠的弟弟田橫。他立了田榮的兒子田廣為齊王，以城陽為根據地，跟項羽的大軍兜圈子打起游擊戰。項羽是打野戰的高手，最害怕這種沒頭沒腦的游擊戰。結果楚軍被一個小小的田橫牽制在齊國，竟然深陷泥潭，動彈不得。

眼見項羽被困，劉邦大喜，顧不上三秦戰役還沒結束，章邯還在廢丘與大家對抗，就要提師出關，大戰項羽。

天下第一美男子

劉邦之所以撇下廢丘城中的章邯不顧，提師東進，是因為鬥爭的形勢變化太快，快得有點令人目不暇接。

先是項羽封了趙國丞相張耳為常山王，卻不封張耳的老夥計陳餘。後來經人勸說，才封了陳餘為侯，食邑三個縣。陳餘悲憤至極，就發動三個縣的老百姓，扛著鋤頭拎著菜刀，去打常山王張耳。打跑了張耳，陳餘就到代地，把被項羽改封為代王的趙歇再接回來，重新當趙王。趙歇感動地說：「老陳呀，今天才知道，你是真正的大忠臣，你看我信任張耳，信到最後，他竟然把我趕到代地去，真是太不像話了。」

趙王歇投桃報李，把自己的代王轉封給了陳餘。就這樣，陳餘封趙歇為趙王，趙歇再封陳餘為代王，兩人你封我，我封你，玩得不亦樂乎。

被陳餘趕走的張耳極為鬱悶，就去找自己當年的小弟，劉邦。

劉邦未發達前，曾經仰慕游俠生涯，投奔張耳門下做門客，長達幾個月。劉邦這輩子佩服的人不多，佩服的讀書人更少。而張耳，就是他少數佩服的讀書人之一。聽說張耳到來，劉邦興奮不已，以厚禮待之。後來劉邦還把自己的女兒魯元公主，嫁給了張耳的兒子張敖，可見他對張耳的佩服是發自內心的，甚至以與張耳聯姻為榮。張敖和魯元公主生了個女兒張嫣，嫁給了劉邦的兒子孝惠帝，也就是嫁給了自己的舅舅。從此孝惠帝就管自己的姐姐叫岳母，管自己的外甥女叫愛妻。張敖覺得這種家庭關係還不夠亂，又把自己的一個妃子送給了劉邦，和劉邦生了一個兒子叫劉長。這個劉長，他是孝惠帝的哥哥，同時也是孝惠帝的舅舅。他管魯元公主叫姐姐，魯元公主的女兒卻是他的大嫂，如此說來，魯元公主也要管自己的女兒叫大嫂。就這麼叫來叫去，終於有一天劉長瘋了，殺了人並主動自首，但因為沒人能夠理得清這錯綜複雜的家庭關係，他殺人的事竟然沒被追究……總之，這一家沒一個正常人，堪稱是人類史上的奇葩，典型的亂倫家族。

亂倫是後話，此刻張良為劉邦帶來了戰機。當初張良是從小路逃入關中來找劉邦的。項羽滅了韓國，讓張良悲憤又絕望，他希望劉邦能替他主持公道。劉邦大喜，就找來韓襄王的孫子，他的名字也叫韓信。劉邦讓這個韓信帶隊，去攻打項羽新推出的韓王昌——這個韓王昌，是項羽殺了韓王成之後，自己立的，不在十八王之內。而後這個韓信，就成為韓王了。

另一個大將韓信，現正咬牙死啃廢丘，卻怎麼也啃不下來。劉邦煩了，就讓大將韓信死纏著廢丘不放，他自己提師東進，去單挑項羽。

漢軍兵動，反應最快的是河南王申陽。申陽原本是張耳的寵臣，如今張耳跟了劉邦，於是申陽也過來了。所以現在，劉邦這邊已經擁有塞王司馬欣、翟王董翳、常山王張耳、韓王信，一共五個王。五王以灌嬰、曹參為先鋒，氣勢洶洶渡過黃河，來打魏王豹，魏王豹是好脾氣，趕緊舉手投降，也站到劉邦這邊。然後六王齊打殷王司馬卬，司馬卬是參加過鉅鹿之戰的老將，一瞧來了這麼多王，哪裡敢還手，趕緊也站到劉邦這邊。於是，劉邦就有七個王了。

第七個跳槽過來的殷王司馬卬，其實是項羽這邊第一個起兵鬧事的人。不太清楚他鬧什麼，反正他被項羽封到殷地之後，就鬧了起來，於是項羽派了個叫陳平的，來收拾司馬卬。司馬卬見情勢不妙，就趕緊又投降了，繼續做殷王。現在劉邦來了，司馬卬趁機再反。總之，當時大家都比較浮躁，有事大鬧，沒事也要找點事大鬧，讓項羽很頭疼。

平定司馬卬之鬧的陳平，是當時排名第一的美男子。他是陽武人，家境貧寒，卻帥得一塌糊塗。陽武當地有個富戶，女兒先後嫁了五任丈夫，五個丈夫統統早死，嚇得沒有人再敢娶她。有一天，富戶遇到了陳平，心想這小夥子好帥，我女兒一定喜歡，就把女兒嫁給他了。富戶的兒子勸阻說：「你說的那個陳平，肩不能挑，手不能提，光是長得帥有什麼用？帥能當錢花嗎？」富戶說：「陳平沒錢，咱家有錢呀，可以給女兒很多錢當聘禮。」

於是陳平因為長得帥，成功娶到個白富美，從此生活品質直線飆升，也有資格承擔當地的政務工作了。當地祭神，由他主刀分肉，他把祭肉分得非常公平，父老們都讚揚他。陳平卻嘆息說：「唉，假如讓我治理天下，也會像分肉一樣，包你們人人滿意。」

此後陳勝起事，部將周市經略魏地，立了魏咎為魏王。於是陳平投奔過去，因為長得帥，魏咎封他為太僕；但同樣也是因為長得帥，好多人看他火大，就想讒害他，陳平只好逃走了。

項羽攻到黃河邊，準備入關挑戰劉邦時，陳平投奔過來。因為他長得帥，項羽封他卿級的爵位。項羽大封天下後，就帶著陳平等人回到彭城稱楚王。這時候殷王司馬卬不知為何鬧了起來，項羽大怒，封陳平為武信君，讓陳平率兵入殷，消滅司馬卬。但司馬卬飛快地投降了，陳平得勝回來，項羽提升陳平為都尉，賜黃金二十鎰。

當劉邦挺入殷地，司馬卬再次反叛的時候，陳平正追隨項羽在齊國，大殺齊國百姓，坑殺投降的齊兵，打得激烈非常。突然間，司馬卬投降劉邦的消息傳來，項羽登時就發作了。項羽認為，這是上次統師征殷的將士們的錯，他們當時應該殺掉殷王司馬卬，卻沒有殺，所以項羽決定殺掉上次平殷的將領和士兵。

項羽這個蠻不講理的命令，可把陳平嚇壞了，他不敢停留，逃出軍營，渡河而走。過黃河的時候，船夫看他長得如此之帥，隻身獨行，就不停地看他。陳平意識到，船夫是懷疑自己身上藏有寶物，想在江心殺掉自己。於是陳平敞開衣裳，赤裸著身體幫船夫撐船，讓船夫看清楚自己一無所有，船夫這才放棄了殺他的念頭。

逃回來之後，陳平就透過劉邦帳下的幕僚魏無知，來投靠劉邦。前來投靠的人很多，和陳平一塊來求見的，就有七個人。當時陳平等在外面，劉邦四肢舒展地坐在帳裡，看著他新來的勤務兵：「小鬼，多大年紀了？」

勤務兵：「報告首長，我十五歲了。」

劉邦：「為什麼要參加漢軍？」

勤務兵：「我要保護首長，解放普天下受苦受難的兄弟姐妹。」

劉邦嘿嘿笑了：「首長最喜歡你這種沒心機的傻子。你叫什麼名字？是什麼地方的人？家裡還有誰？」

勤務兵：「報告首長，我叫石奮，原來是趙國人。我家裡有一個瞎眼的母親，我出來保衛首長，母親就由姐姐照顧。」

劉邦：「不對，你姐姐不應該照顧自己母親，應該先照顧首長。去，把你姐姐叫來，首長要親切關心愛護體貼她。」

石奮真的回家，把自己姐姐抓來了，送給首長劉邦當玩具。劉邦封了石奮的姐姐為美人，而石奮從此獲得劉邦百分百的信任，成為涓人。涓人的意思，是掃地的近臣。陳平求見劉邦，就是石奮帶他進去的。

陳平進來後，劉邦請大家喝酒，喝完後說：「吃完了，請大家去休息吧。」

不料陳平說道：「我是為要緊的事而來，要說的話，不可以晚過今天。」劉邦很詫異，就和陳平聊了起來，不想越聊越投機。於是劉邦當即封了陳平為都尉，讓他擔任自己出門坐車時的陪乘，職責是監管部隊，類似於憲兵的職務。

看到這情形，軍中諸將頓時喧譁起來，大吵道：「這人誰呀？我們出生入死，為大王血戰，大王連個笑臉都不肯給。這個人從楚軍逃來，是不是間諜都不清楚，大王就如此信任他，未免太過分了吧？」

劉邦聽到軍中反應，就故意更加寵信陳平，非要氣氣大夥兒。這情形把周勃和灌嬰氣壞了，於是兩人就造謠說：「大王，你不知道吧，這個陳平，恃仗自己長得帥，在家裡奸淫嫂子，因為人品太差，到哪兒都幹不長。現在大王器重他，他卻收受賄賂，將領只要給他錢，就能夠得到好職守，不給錢他就不給好職位。」

周勃和灌嬰這兩人的話，是有影響力的。劉邦如何想得到這倆活寶竟然敢造謠，就找來陳平的引薦人魏無知指責道：「老魏，你給我引薦了什麼人？陳平強奸他嫂子，還收受賄賂，這事你知不知道？」魏無知笑道：「大王，你腦子進水了嗎？你要的是能夠幫你擺平天下的人才，陳平他有這個本事，強奸嫂子，收點小錢，又有什麼大不了的？」

嘿！魏無知的話把劉邦氣壞了，乾脆直接把陳平找來：「陳平，你給我解釋清楚，你為何三番五次跳槽，是不是缺少職業操守？還有你收受賄賂的事，又怎麼解釋？」

陳平回答說：「我跳槽，是因為以前的老闆看不出我的才能，不重視我。至於收受賄賂，這是真的。因為我來了這麼久，你也沒發薪水給我，我不收點賄賂，你讓我喝西北風呀？現在那些錢還在，你想要就拿走吧，只要留我一具全屍，我就知足了。」

「你……」劉邦想明白了，就說，「好，陳平，從現在起咱倆做個約定，以後你再收賄，只收我一個人的，不許收別人的。」於是劉邦給了陳平好大一筆錢，繼續重用陳平。鬧到這一步，大家終於死心了，接受了陳平。

死局已定

得到了奇才陳平相助，劉邦閒下來就去洛陽走走。行進之間，前面忽然來了個老頭攔路，原來是當地最有名望的董老頭董公。

董公問劉邦：「大王，聽說你要打項羽，是不是？」

劉邦說：「是呀，你有什麼話要對我說嗎？」

董公問：「我想問問大王，你為什麼要打項羽呢？」

劉邦：「我打項羽是因為……你說為什麼？」

董公湊過來，低語道：「大王，告訴你一個祕密。你要打項羽，單憑自己的力量是不夠的，一定要召集天下人跟你一起打。但天下人好端端地過著自己的小日子，為什麼要替你打項羽呢？所以你必須給項羽捏造個罪名。這罪名必須能夠引起公憤。請問大王，你想給項羽捏造個什麼罪名？」

劉邦：「我捏造……那你說，咱們給他捏造個什麼罪名合適呢？」

董公：「大王，你有沒有聽說，最近小牧童義帝渡江的時候，在江心遭遇強盜，被人殺掉了？」

劉邦如夢方醒：「老人家，謝謝你，義帝之死，鐵定是項羽幹的，咱們就以這個脅迫諸侯，這可是天下最好的罪名啊。」

於是劉邦回營，立即宣布為義帝舉行盛大葬禮。為了表示悲痛的心情，劉邦袒身露體，坐在露天裡號啕大哭了三天，直哭得天昏地暗，人人垂淚。然後劉邦發布命令：項羽卑鄙無恥，公然截殺天下共主義帝，是可忍孰不可忍，下令所有諸侯都要立即起兵，與他一起來打項羽，誰敢不來，誰就是亂臣賊子，人人得而誅之。

劉邦這一手，一下子就把諸侯們弄傻了。誰也不敢幫助項羽，亂臣賊子的罪名，可不是開玩笑的。但是劉邦這一手，糊弄別人可以，卻糊弄不了名士陳餘。所以當劉邦派使者去趙國，要求趙王歇、代王陳餘立即起兵，去打項羽時，陳餘冷笑道：「要我們去打項羽？可以，你要劉邦先把張耳殺了。我跟老夥計張耳不共戴天，既然你和張耳是一夥，就別想獲得我的支持。」

可是劉邦非要獲得陳餘的支持不可，因為陳餘的影響力不是一般的大。但劉邦又不忍殺張耳。怎麼辦呢？最後劉邦想出個缺德法子，找了個模樣長得跟張耳差不多的人，硬栽贓一個罪名，殺掉之後割下頭，送去給陳餘，聲稱這是張耳的首級。陳餘果然信了，於是趙國代國兩家出兵，劉邦這邊已經有九個王了。

劉邦親率九王，分南北中三路，開始向項羽的老巢彭城推進。南路軍走河南太康，向蘇北方向移動。北路軍渡河之後，分為兩部分，一部分走煮棗，另一部分由曹參率領，楚將龍且、項佗迎戰，被曹參擊潰，先取定陶（項梁當年就死在這裡），再占胡陵——這個胡陵，就是劉邦沛縣起兵時，攻打的第一個地方。

劉邦他老人家，終於打回老家了。

這時候老朋友彭越也帶了三萬多人來投奔劉邦。劉邦大喜，先收了彭越的部隊，任命彭越為魏相。這樣，西魏王魏豹也站到了劉邦這邊。

此時，天下諸侯十八王，死了四個：膠東王田市、濟北王田安、遼東王韓廣以及韓王成。十八王死了四個，照理說應該剩下十四個，但又新增了韓王信、代王陳餘，總數變成了十六個。

目前這十六王中，跟隨劉邦的有十個王：漢王劉邦自己、翟王董翳、塞王司馬欣、趙王歇、常山王張耳、代王陳餘、韓王信、河南王申陽、西魏王魏豹、殷王司馬卬。

居於南方或北方，無法參加戰鬥的有三個王：衡山王吳芮、臨江王共敖及燕王臧荼。

項羽這邊，加上他自己充其量才三個王，而且雍王章邯還被圍在廢丘，只有九江王英布閒在家裡。但項羽出兵之前，幾次三番招呼英布，英布卻推推託託，說自己身體不舒服，不曉得他躲在家裡幹什麼。

於是劉邦清點此戰雙方的戰鬥隊伍。

【正方：楚軍】

統帥：西楚霸王項羽。

謀士：亞父范增。

將領：季布、鍾離昧、項聲、龍且、周藍。

楚軍總兵力三萬人左右。

【反方一號選手：漢軍】

統帥：漢王劉邦。

謀士：張良。

將領：灌嬰、周勃、樊噲、曹參、夏侯嬰、靳歙、陳平、酈商。

【反方二號選手，諸侯軍】

塞王：司馬欣。

翟王：董翳。
魏王：魏豹。
殷王：司馬卬。
河南王：申陽。

【反方啦啦隊（就是沒有兵沒有將，但道義上站在劉邦這邊）】

趙王：趙歇。
代王：陳餘。
常山王：張耳。
韓王：韓信。
漢軍及諸侯軍總兵力共五十六萬人。

也就是說，這一仗，劉邦與項羽的勝算比率是五十六：三。

是多少？劉邦不敢相信，再仔細看了看，然後又看了看。連看了幾遍，終於確信他沒有看錯，就是五十六：三。

這個數字的意思是：項羽，他死定了，死得不能再死。

明瞭敵我態勢之後，劉邦幽幽嘆息了一聲，起身，率五路諸侯入彭城，直奔項羽的宮室。到了那裡，劉邦推門進去，對項羽宮中的美女們深情地呼喚道：親愛的，那個霸道的項

羽再也回不來了，再也不可能欺凌妳們啦。從此妳們和我在一起，永遠在一起，讓我們真誠地相愛吧！「漢王遂入彭城，收其貨寶、美人，日置酒高會」（《資治通鑑》卷九）。

對於這次劉邦全面接收項羽的美女貨寶，無論是張良還是樊噲，都沒有說什麼。還有什麼可說的？項羽已經不能算是活人了。

但，項羽可不同意這個觀點！

大逆轉

劉邦不知道，項羽掌握著當時戰場上的大殺器：樓煩騎兵！

樓煩，北部游牧民族的一支，驍勇善戰，馬上民族。樓煩騎兵的歷史可以追溯到戰國趙武靈王胡服騎射的時代。到了大秦帝國一統六合，以蒙恬為將，北擊匈奴，也收編了不少樓煩將士。始皇帝死後，秦二世逼哥哥扶蘇自殺，殺蒙恬，北部軍權就順理成章地移交到了將門世家的王離手中。

而後陳勝起事，王離的北部軍被調回來攻打鉅鹿——現在明白名將世家的王離，為什麼表現不佳，被項羽俘虜了吧。他帶的騎兵，最適合機動作戰，適合平原野戰，可是秦二世讓他率騎兵攻城，騎兵的優勢發揮不出來，結果被項羽破釜沉舟，俘虜了王離，並占有了這支強大有力的樓煩軍。

而劉邦這邊的戰爭技術還停留在車戰與步戰的時代，根本不知道騎兵戰爭的序幕已徐徐拉開了。

聞知劉邦統五十六萬諸侯軍，攻入了自己的老巢彭城，占有了自己所有的貨寶美女，項羽不聲不響，吩咐楚兵繼續跟齊兵糾纏，他則精心挑選了一支三萬人的樓煩騎兵，親自帶隊，風馳電掣飛趕回來。

經過魯地，於瑕丘遇到了樊噲。殺狗匠樊噲不知厲害，嗚嗷怪叫著衝上來，想和項羽比畫比畫，結果被項羽以騎兵撞擊，大力毆打，直打得樊噲滿地亂跑，魂飛膽裂，至此才知道自己的斤兩，跟項羽不可相提並論。

輕易擊潰樊噲，項羽騎兵繼續挺進。

此時，劉邦的五十六萬大軍，駐紮於山東棗莊、曲阜、鄒縣、江蘇沛縣及安徽碭山等地區，沒有任何布署——你有五十六萬人，還需要布署嗎？

沒有布署，那就死定了。項羽急馳胡陵，乘夜突然包圍蕭邑，於拂曉時發動攻擊。漢軍遭受意外襲擊，頓時呼爹喊娘，忙不迭地向彭城方向逃竄。項羽追至彭城，與漢軍展開大戰。

這時候的漢軍，吃虧就吃在人數太多。人數多，光是配合作戰、發布命令就是樁難事，一道命令發出去，沒兩星期是收不到回應的。項羽豈會這麼善良，等你兩個星期？不，項羽統領的樓煩騎師在數量上居於絕對的劣勢，但因為其機動性強，在每一個局部作戰區域，都有絕對的優勢。項羽才不會放過這千載難逢的好時機，他要速戰速決，打死劉邦這個變態佬、色情狂！

彭城一戰，漢軍無法組織有效的抵抗，自相踐踏，亂作一團，猶如面對猛虎的群羊，任由項羽宰殺。

彭城一帶，汴水與泗水交會，四周皆山。北有大孤山、小孤山、九里山；東有子房山、獅子山；西有臥牛山、泉山；南有五老峰、南歸山。這時候劉邦唯一能做的，就是沿谷水與泗水逃竄。項羽則展開大屠殺，毫不客氣地狂斬漢軍十幾萬人。

漢軍殘部潮水一般潰向南部山區，項羽不依不饒，持續追殺。追至靈壁東睢水岸邊，漢軍走投無路，前面的被擠入水中淹死，後面的被樓煩騎兵砍死，中間的相互踐踏把自己踩死。如此一來，又死掉了十幾萬人。

此戰驚天動地，血流成河。睢水被漢軍的屍體填塞，河水為之斷流。

漢軍差不多砍光了，只剩下劉邦呆立當場，面如死灰，呆若木雞。樓煩騎兵衝了上來，裡外三層，將劉邦團團圍住。

眼看劉邦死定了，卻不料，突然間天地昏晦，就見西北方向一道黑氣騰起，狂風呼嘯而來，樹折木斷，屋頂被掀，走石飛沙，目無所見。天地間突然布滿了沙塵顆粒，白天霎時變成了黑夜，人與人面對面竟然無所見。這詭異的天象驚得樓煩騎兵亂作一團，過了一段時間，狂風徐徐消停，塵沙落定，樓煩騎兵們驚恐不安地揉著眼睛，左看右看，劉邦那廝已經不見了。

劉邦借助天象之變，只帶了十幾個騎兵悄悄溜出重圍，逃遁而去。他還想去沛縣接上老婆父親，可劉邦的家人已經逃散，說客酈食其帶著劉太公和呂雉走小路，想去找劉邦，路上恰好遇到前來迎接他們的軍隊——楚軍。劉太公和呂雉，從此就被好客的項羽留在了戰俘營。

劉邦弄到了輛車子，繼續奔逃，後面楚軍殺聲連天地追了上來，忽然間看到路旁有兩個孩子，都不到十歲，竟然是劉邦的兒子孝惠帝和女兒魯元公主。劉邦急忙招呼兒子女兒上車，大家一起逃。但車上人數一多，行速就慢，後面的楚兵越追越近。這時候劉邦大顯神威，一腳把兒子女兒踹下了車：「爹走先，你們兩個掩護。」

夏侯嬰嚇壞了，急忙跳下車，把兩個孩子再抱回車上。他一鬆手，劉邦又是砰的一腳，把兩個孩子踹飛。夏侯嬰再把兩個孩子抱回來，劉邦又一次踹飛；如是者三。劉邦見夏侯嬰非要帶兩個孩子逃走，殺心頓起，要殺掉兩個孩子，夏侯嬰極力阻止。劉邦十幾次動手殺孩子，都沒能成功，於是劉邦就衝夏侯嬰來了，想要殺掉夏侯嬰，再殺孩子。

幸好這時候楚兵追了上來，劉邦只好放棄殺孩子，轉頭一看，頓時樂了：「嘿，原來是老朋友丁公啊。」

丁公吃了一驚：「你認得我？」

劉邦淚汪汪地道：「怎麼可能不認識？你是季布同父異母的弟弟嘛。丁公啊，有件事我得跟你說說，天下英雄，丁公與季也，天底下就咱們這兩個英雄，難道一定要相互殘害嗎（兩賢豈相厄哉）？」（《史記．季布欒布列傳第四十》）

「你這……」丁公活了一輩子，頭一次被人稱為英雄。他不能下手，抓了劉邦，天底下就再也不會有人承認他是英雄了。

唉，英雄氣短呀！

丁公放過了劉邦，後來劉邦打下天下，第一個殺的就是他，罪名是私自放走敵軍，不臣者不忠。劉邦恩將仇報的目的，是要警告自己的手下，不可以放走敵將，否則會像丁公一樣，死得很慘。

花言巧語，糊弄丁公放過了自己，劉邦走小路，去下邑。呂雉的哥哥周呂侯，在那裡替劉邦帶兵。回到下邑，就算是脫身了。

至此，主線戰場第一戰，劉邦出關以來第二戰，彭城戰役結束了。此役，項羽以區區三萬樓煩騎兵，擊殺漢軍數十萬人，成為中國古代戰爭史上以絕對劣勢之軍，戰勝強大敵軍的奇蹟典範。

彭城戰役中，死得最慘的是殷王司馬卬。他在混亂之中，被大家活活踩死了，成為十八王中死掉的第五王。還有個河南王申陽，他是這次戰役的失蹤者，到現在也沒人找到他。雖然是失蹤，但也可以列為除名的第六個王。隨後雍王章邯被漢軍攻破廢丘，自刎身亡，成為死掉的第七個王。

塞王司馬欣和翟王董翳，趁這個機會回歸了項羽。代王陳餘聽說劉邦殺了假張耳騙他，很生氣，就宣布與劉邦劃清界限，斷絕朋友關係，與項羽媾和。西魏王魏豹聲稱家人有病，請假回家探望，回去後就斷絕河津，反漢歸楚——這個選擇，導致他成為下一場戰事的一號種子選手。

劉邦，一盤本已贏定的棋，卻突然間大逆轉，輸得精光，再一次被打回了原形。

八面出擊

安全逃回之後，劉邦召集謀士們開會，說：「函谷關以東的地盤，我統統不要了，可以給有本事的人。但我想知道，誰有這個本事與我共同建立功業。」

劉邦這話的意思是要找同盟軍。張良就回答說：「九江王英布，是楚國最勇猛的將軍，我聽說他最近和項羽關係不是太好。還有個彭越，也不買項羽的帳，可以趕快讓這兩個人去攻占關東土地。至於你手下的將領，能夠獨當一面的，只有韓信。你完全可以依靠這三個人，把側面戰場留給他們，咱們只打主場。」

劉邦宣布散會，大家上車行軍，從下邑轉移到碭地——這裡可是劉邦起家的地點。到了虞縣，劉邦很可能是突然想起了虞姬（就是項羽從虞縣得到的絕色美女），現在他非但沒有把虞姬搶來，還把老婆呂雉給搭進去了。正所謂偷姬不著蝕把米，劉邦想起這事就火大，衝手下人發火道：「怪你們，都怪你們，統統是廢物，沒有一個可以商量大事的人。」

謁者（這個職務是替國君傳達送遞，類似於通訊員）隨何聽了就問：「大王，到底是什麼事，讓你發這麼大的火呀？」

劉邦吼道：「幾個月，我只需要幾個月的時間。如果你們有誰能夠替我出使九江，讓九江王英布起兵，纏住項羽幾個月，我就可以奪取天下。到底有沒有人能接這工作呀，啊，到底有沒有人？」

隨何說：「既然沒人敢接這工作，那乾脆我來吧。」

劉邦大喜：「好，我給你二十個人，給我把這事辦妥了。」

隨何出發了，劉邦返回滎陽，這時候還沒被項羽殺光的漢軍，絡繹不絕地逃回來。而蕭何聽說了彭城大敗，就在關中發起總動員，甭管老頭還是小孩，統統推上戰場，送到劉邦這邊來。漢軍再次聲勢大振，讓劉邦長長地鬆了口氣。

然後劉邦著手解決一個要命的問題——騎兵！

彭城之敗，讓劉邦切身感受到樓煩騎兵的厲害，以三萬人擊殺五十六萬人，易如反掌啊。這代表騎兵未來將成為戰場上的主力，所以漢軍必須發展自己的騎兵。

大家給劉邦推薦了原來秦國的兩名騎士，李必和駱甲。劉邦想任命他們為騎將，可是二人說：「不好意思，大王，我們是秦國人，帶你們漢兵，只怕軍中根本不會相信我們。所以最穩妥的法子，還是讓你們自己來，我們倆給你們當軍事顧問。」劉邦認為在理，就任命灌嬰為中大夫令，李必和駱甲分別擔任灌嬰手下的左右校尉。先行祕密訓練了騎兵，然後突然出擊，與項羽的騎兵對陣。

項羽的騎兵是打步兵打得上了癮，不料這邊也突然殺出精銳騎兵，頓時大敗。見劉邦不過眨眼工夫，就從步戰發展到了騎兵戰術，這不可思議的學習能力，把項羽也嚇了一大跳。於是楚漢兩軍就以滎陽畫線對峙起來，醞釀力量準備下一場大戰。

主線戰場進入暫停階段，於是支線戰場迅速進入了下一輪賽事。

安邑戰役就此拉開了序幕。

安邑戰役的核心人物是西魏王魏豹。他的西魏國剛剛成立十個月，連界碑都沒立好，劉邦就開始了三秦戰役。當時魏豹想，你們漢軍打三秦，這事應該跟我沒關係吧？於是繼續關門過自己的小日子。不料漢軍大兵壓向魏境，祭出天下共主義帝，強迫魏豹去打項羽。魏豹不敢不從，就跟著漢軍向前推進。

但由於劉邦勢力膨脹過快，小小的西魏國根本不被劉邦放在眼裡，這讓魏豹很受傷。而後劉邦又任命彭越為魏相，等於是奪了魏豹的權柄，這也就罷了，劉邦還是個火爆脾氣，動不動就指著魏豹的鼻頭罵祖宗，讓魏豹很憤怒。於是魏豹趁著劉邦大敗於彭城的機會，返回平陽，斷絕河津，正式與劉邦決裂。

魏豹的反叛導致滎陽形勢吃緊，洛陽側背受敵，就連三秦關中也感受到嚴重的戰略壓力。於是劉邦把酈食其叫來，說：「老酈，你不認為你該封個萬戶侯嗎？」

萬戶侯？酈食其大喜：「感謝大王，大王如此賞識厚愛，酈食其唯有肝腦塗地，無以為報……大王，我的封地在哪裡？」

劉邦說：「你的封地不遠，就在對岸，過了河就是。」

過河……酈食其呆住了：「過河就是魏豹的西魏國了。」

劉邦：「是嗎？我還真沒注意到。」

酈食其：「大王的意思，是要我說服魏豹再回來，回來後從他的地盤裡劃出一萬戶的食邑給我？」

劉邦：「廢話，你不把魏豹說回來，我哪來的地封給你？」

酈食其：「這個……那我就走一趟好了。」

渡河異戰

酈食其渡過黃河，來找魏豹，對魏豹展開攻心策略，希望能夠把魏豹騙回來，他就可以從魏豹的盤子裡，撈個萬戶侯。

卻沒想到，魏豹說：「人生啊，如白駒過隙耳。這麼短的人生，應該讓自己活得舒心點，而不是自找氣受，對不對？你看這個漢王劉邦，驕橫自大，罵起諸侯來就像罵他兒子。你說我好端端的一個西魏王，幹嗎非要去他那裡自取其辱呢？老酈，你喜歡挨劉邦的罵，你就自己回去好了，我是絕不會再和劉邦走到一起了。」

酈食其說：「不是老魏，你不回來，我那萬戶……算了，我來一趟不容易，讓我在你這兒逛逛吧。」

魏豹不肯上鉤，酈食其的萬戶侯泡了湯，這讓酈食其悲憤至極，遂改行客串間諜，把西魏國的戰略情報收集詳細，這才返回滎陽。

見酈食其沒完成任務，劉邦嘆息道：「老酈，你這個萬戶侯沒到手，可不能怪我吧？老闆憑什麼給員工加薪？不就是從員工替老闆掙回來的錢裡挪出個零頭嗎？對了老酈，魏國那邊的大將是誰？」

酈食其回答：「魏國的大將是柏直。」

「柏直？」劉邦樂了，「這個人我知道，一個沒長大的小朋友，派韓信捏死他，易如反掌。」接著劉邦又問：「魏國那邊的騎將是誰？」

酈食其回答：「魏國的騎將是馮敬。」

「馮敬？」劉邦哈哈大笑起來，「這個人我也知道，他是秦國將領馮無擇的兒子，是個有真本事的人。不過我這邊有個灌嬰，恰好是他的剋星。」然後劉邦再問：「魏國那邊的步兵將領又是誰？」

酈食其回答：「魏國的步兵將領是項佗。」

「項佗？」劉邦皺起眉頭，「項佗是楚國的將領，項羽的族人，如果曹參出馬，項佗就死定了。」

劉邦，他居然對西魏國的每個將領都了然於心，研究做得之扎實，令人震驚。無怪乎他敢衝出漢中，略地三秦，直挑項羽了。他已經把所有人都摸透了，所謂知己知彼，百戰不殆。然而，即使他把每個人都研究透澈，彭城之役依然吃了個大敗仗。可知人世間的事情，都不是那麼容易的。無論你基本功做得多麼扎實，最多只是提高成功的機率，永遠也不存在百分之百的成功，這就是人生挑戰所具有的價值與意義。

知道了西魏軍的基本情形，劉邦下令，由韓信帶隊為左丞相，領著灌嬰和曹參去攻打魏國。

韓信接到任務卻狐疑不定，他來找酈食其，問：「西魏國那邊，哪個是大將，不會是周叔吧？」

酈食其回答：「大將不是周叔，是柏直。」

韓信頓時狂傲地道：「柏直不值一提，魏國這次死定了。」

劉邦和韓信提到的周叔或柏直，都是在史書上唯一一次露面，對於敵手如此熟悉，這就是劉邦有信心奪取天下的原因。

安邑戰役終於開始了。先來看雙方的作戰隊伍。

【正方選手：漢軍】

統帥：左丞相韓信。

步兵統領：中尉曹參。

騎兵將領：中大夫灌嬰。

兵力總人數三萬人至五萬人。

【反方選手：魏軍】

統帥：西魏王魏豹。
將領一：大將柏直。
將領二：步兵大將項佗。
將領三：騎兵將領馮敬。
兵力總人數三萬人至五萬人，與漢軍持平。

這場賽事雙方分工明確。西魏軍負責防守，漢軍則負責進攻。漢軍進攻必須先行渡過黃河，這樣一來，西魏軍就面臨一個很為難的問題：精確研判出漢軍渡河的地點，如果判斷失誤，那就死定了。相反的，如果西魏軍判斷準確，趁漢軍渡至一半而擊之，死定了的則是漢軍。

那麼漢軍會在什麼地方渡河呢？西魏軍只能沿黃河岸邊巡迴搜索，搜索至臨晉地帶，發現對岸有許多漢軍奔來跑去，渡口還有大量的船隻集結。好了，漢軍渡河的地點找到了，事情就好辦了。

這時候西魏軍的戰略部署是以安邑為指揮中心，由魏豹親自指揮。而魏軍主力則據河陳列，呈機動備戰狀態。當確定了漢軍麇集於臨晉渡口之後，魏豹下令魏軍向前推進，抵達蒲坂。此地距臨晉渡口只有一箭之遙，以為臨晉渡口魏軍的後援，兩軍相互呼應。

魏軍主力剛剛抵達蒲坂，突然間聽到殺聲震天，出門一看，赫然發現守在臨晉渡口的魏軍已經死得差不多了，現場只有滿地的屍體和傷兵，卻見不到一個漢軍。

奇怪，漢軍並沒有渡河啊，是誰把臨晉魏軍打成這般模樣？

一打聽才知道，漢軍千真萬確還沒有在臨晉渡河，但是他們不知道從什麼地方過來了，過來之後就抄了臨晉軍的後路，從屁股把臨晉軍狠打一頓，然後漢軍就全跑了。

真是怪事，既然漢軍沒有從臨晉渡河，那麼他們是怎麼過來的呢？這個困惑還沒有解決，使者已經飛馬來到：不得了了，安邑城已經被漢軍團團圍困，此時正在全力攻打。魏王要蒲坂軍立即回師往援，要快，快快快！

戰神無敵

漢軍神出鬼沒，猶如天降，先擊臨晉，再攻安邑，讓魏軍萬難置信，不明白漢軍到底是怎麼過河的。

原來，韓信在臨晉渡口調集渡船只是一個障眼法。在臨晉的只有少數疑兵，漢軍真正的主力早已偷偷聚集於夏陽一帶。等到魏軍主力向臨晉集結的時候，漢軍悄悄鑽出，也不用渡船，就弄了些破板子爛繩子，還有些晒乾的葫蘆等物，把這些東西捆在一起，取了個美麗的名字，叫木罌。然後漢軍就坐著這種臨時的怪船，悄無聲息地渡過了黃河。

渡河之後，漢軍立即長途奔襲，以迅雷不及掩耳之勢，把緊盯著對岸的臨晉魏兵一頓狠打。沒等魏軍清醒過來，漢軍已經呼哨一聲，又飛奔到魏國都城安邑，開始攻城了。

漢軍這一手可把蒲坂的魏軍坑慘了，臨晉軍挨打的時候，他們連知都不知道，等知道了，又得趕緊回師往援安邑。才行至半途，安邑城就已被凶猛的漢軍攻破，魏王豹破門而走，率零星敗兵疾奔曲陽。

漢軍攻占安邑，隨即迎戰遠道而來的蒲坂魏軍，兩軍在安邑西南地區交手。漢軍曹參從正面進攻，單挑魏軍的步兵統領項佗。而灌嬰的騎兵則從兩翼展開，迎戰魏軍騎將馮敬。戰鬥的結果是項佗打不過曹參，而馮敬又不是灌嬰的對手，魏軍被漢軍包圍切割。就在這關鍵時刻，臨晉渡口對岸的漢軍疑兵又趕到了，澈底將魏軍包圍。魏將王襄被俘，項佗和馮敬逃之夭夭。

漢軍隨即疾奔曲陽，去逮魏王豹。魏王豹放棄曲陽，一口氣逃到東垣，最終還是被窮追不捨的漢軍捉到了。魏王豹被押回滎陽，關了起來。後來楚軍攻打滎陽，漢將周苛就把魏王豹殺掉了，成為被除名的第八個王。

總結韓信取得安邑大捷的原因，不過是明修棧道、暗渡陳倉的老招數。這個老招數之所以能夠屢屢奏效，就是因為漢軍的情報工作做得扎實，對敵軍研究得透澈到位。魏軍只能被韓信恣意玩弄欺凌，根本沒有還手的餘地。至於韓信的軍事指揮才能，倒還在其次。

打贏了安邑戰役，韓信就寫報告給劉邦，要求增加士兵三萬人，讓他向北進軍，拔除燕國和趙國，再向東進攻齊國，繼而南進切斷楚軍的糧道——最後這一步棋，就是楚霸王敗死的關鍵原因。

劉邦看了韓信的報告，叫來他最尊重的張耳一道商量。張耳聽說韓信要去打他的老夥計、死對頭陳餘，頓時大喜，就要求和韓信一道去。於是劉邦讓張耳到了韓信軍中，大家一起出發，先去攻打陳餘的代國。但是代王陳餘並不在代國，而是待在趙國輔佐趙王歇。代國只有陳餘的謀士夏說，以及趙國將領戚公。

代國雖說也是一國，但地盤超小，不過是趙國的一個郡邑。漢軍攻來，夏說與戚公出戰，結果一觸即潰。於是代軍兵分兩路而逃，夏說逃往鬬與，而戚公則退守鄔城。漢軍先追到鬬與，把城池攻破，擒殺夏說，然後再派曹參去打戚公。這時候曹參已是百戰名將，戚公被打得招架不住，破城突圍而走，被曹參追上之後殺掉。

至此，代國的軍事力量已全被殲滅。劉邦知道了這事，就派來使者，抽走了韓信一萬名精兵，調到滎陽去打項羽。但仍給韓信留下五萬人，讓他去擺平趙國。被抽走一萬精兵也絲毫不影響韓信的信心，他繼續向前，拉開了井陘戰役的序幕。這將是他在支線戰場上展開的第三次戰役。

傳奇名將

西元前二〇四年冬十月，劉邦已經五十三歲，項羽二十九歲。

主線戰場上，項羽正在集結兵力，進逼滎陽，要澈底打掉討厭的劉邦老頭。而在支線戰場上，二十八歲的韓信和張耳統漢軍五萬人，徐徐向趙國推進。

陳餘得知老夥計張耳來了，急忙去找趙王歇報告，兩人開了個小型軍事會議，陳餘說：「大王，漢軍此來，欲入趙燕之地，必須通過土門關，也就是走井陘隘口這條路，才能突入我們趙國。所以我建議在井陘隘口集結兵力，給張耳這個無恥之徒迎頭痛擊。」

趙王曰善，於是命廣武君李左車，轄部屬絡繹不絕地開往井陘，與韓信、張耳對壘。

此次漢趙兩國作戰隊伍如下：

【正方：漢軍】

統帥：左丞相韓信。

副統帥：前常山王張耳。

將領一：假左丞相曹參。

將領二：中大夫令謁者灌嬰。

將領三：騎都尉靳歙。

將領四：常山守張敖——他是張耳的兒子，劉邦的女婿。他和劉邦女兒生的女兒，又嫁給了劉邦的兒子，所以他是劉邦兒子的姐夫，同時又是劉邦兒子的岳父。他是這個詭異亂倫家族的始作俑者，正常人聽說他的名字都會瘋掉。

漢軍總兵力約五萬人。

【反方：趙軍】

統帥：趙王趙歇。

副統帥：代王兼趙相陳餘。

將領：廣武君李左車。

趙軍總兵力，號稱二十萬人，但實際上是多少，這事誰也說不準。

漢趙兩軍的態勢是，漢軍這邊兵員總數雖然不多，但名將多，都是戰場上打出來的鐵血之士。趙軍這邊雖然士兵多了點，但將領只有一個李左車，不過這個李左車，縱然是劉邦韓信以及漢軍這邊的人統統加在一起，也未必是他的對手。

司馬遷雖然沒有為李左車立傳，但李左車對中華文化的影響非同一般。有人說，中國象棋上的車，指的就是他。中國象棋的棋子布列，就是模仿李左車在廣武山上的布陣。除此之外，李左車在民間享有極高的地位，他是民間傳說中的雹神，在蒲松齡的《聊齋志異》中有一篇〈雹神〉，講述了有關李左車的神異故事。而紀昀的《閱微草堂筆記》中也有相關的記載。可知他對中國人的影響有多深。

目前，全中國共有六座李左車墓，分布於河南、河北及山東地帶。據河南《通許縣誌》及相關廟碑文字，可以勾勒出一段有關李左車的傳奇故事。

民間文化確信，李左車的祖籍是齊國，他的爺爺就是戰國時代的名將李牧。齊國是西周軍事家姜太公的封地，出了許多一流的兵法大家。但由於齊國政局動盪，於是這些兵法家離開齊國，遠走他鄉，孫武去了吳國，而名將李牧則避亂到了趙國，替趙國北禦匈奴。後來秦始皇欲平天下，兩次進攻趙國，都被李牧打得丟盔棄甲，大敗而逃。於是秦始皇使用離間計，遣人攜黃金潛入趙國，收買奸細郭開，謊稱李牧造反，於是趙王殺掉李牧，導致趙國迅速滅亡。

李牧死後，其孫李左車在家將的協助下，將爺爺的屍骨巧妙盜走運往故鄉，築墓為山，取名保全。到了陳勝吳廣起事，趙國因而復國，李左車身為名將之後，又是當時有名的軍事家，所以被請回了趙國。但這個趙國始終陷於內亂之中，讓李左車空有滿腔報國之志，卻無用武之地。

多災多難的趙國，好不容易平靜下來，韓信和張耳又打來了。李左車就去找陳餘，建議說：「韓信不是東西，他渡過黃河，俘虜了魏王豹，活捉了夏說，血戰閼與。現在又得張耳輔佐，企圖滅亡我們趙國，對此我堅決反對。現在的漢軍乘勝遠征，銳不可當啊。但千里運送軍糧，部隊就會餓得面黃肌瘦。臨時砍柴做飯，部隊就得不到休息，吃不上飯。現在井陘隘口的道路極其狹窄，戰車不能並行通過，騎兵難以成列，行軍數百里，漢軍的糧草輜重必然是遠遠拖在大部隊的後方。請允許我率騎兵三萬人，從小路截擊漢軍的運輸車輛，你則守在這裡，深溝高壘，堅守不戰。這樣一來，漢軍前進找不到決戰機會，後退又已失去出路。我再率迂迴部隊，奔襲敵後方，困漢軍於荒野之地，讓他們吃不到食物，得不到休息，如此這般，最多不超過十天，我就可以提著韓信和張耳的腦袋，來向你報功。請你務必要採納我的建議，否則我們就死定了，必然會被韓信消滅。」

聽了李左車的話，陳餘震驚了，他說：「老李，你怎麼了？是不是發高燒說胡話呢？你剛才說我們會被漢軍消滅，這是正常人說的話嗎？我跟你說啊老李，人生在世，最重要的是什麼？是體面！是尊嚴！現在的情形擺明了是我眾敵寡呀。兵法書上是怎麼說的？十則圍之呀。十倍於敵人的實力，就可以將敵人團團圍起，迫使敵人屈服，一倍於敵人的力量，也可設法戰勝敵人。現在韓信號稱幾萬人，實際上不過幾千人而已。他千里而來攻打我，所謂強弩之末，力不能穿縞素也，到了井陘已是極端疲憊，不堪一戰了。面對這麼疲弱的敵人，不敢進攻，卻說什麼我們會被敵軍消滅，老李你腦子正常嗎？這麼弱小的敵軍你都怕成這個樣子，遇到強大的敵軍，還怎麼得了？這事如果讓諸侯們聽到了，豈不是笑得滿地找牙？人們知道我們如此懦弱膽小，就會有更多人來欺負我們，攻打我們。希望老李你冷靜冷靜，不要怕成這個樣子，有我在這裡，你怕什麼？」

李左車默然退下，嘆息道：「麻煩哪位，回去替我準備棺材吧，趙國這次是真的完了。」

卻說韓信揮師向前，行至井陘隘口，停了下來，獨自坐在營帳裡，滿臉憂色，惶恐不安。張耳曹參問他：「小韓，你怎麼啦？什麼事讓你怕成這個樣子？」

韓信說：「你們可聽說過李左車？此人現為趙軍將領。他是用兵的天才，此番與我交手，必然會引輕騎抄小路，斷咱們的糧道，切咱們的後路。我真不該來這裡，這次咱們算是死定了。」

有這事？張耳等人也嚇壞了：「那趕緊派間諜去趙國打聽打聽，如果李左車真要這麼幹……真這麼幹，那大家就真沒希望了。」

不久間諜回報，稱李左車確實曾向陳餘建議以輕騎出小路，抄漢軍後路，卻被陳餘拒絕了。得知這個消息，韓信欣喜狂若，立即命漢軍起程，進逼井陘口。

奇兵妙戰

漢軍推進到距井陘三十里處，韓信傳令紮營。然後命漢軍壘灶生火，做飯吃飽之後，就都睡下。睡到半夜，韓信突然升帳，叫來兩個睡眼惺忪的騎兵將領，給他們一人兩大堆紅旗，吩咐道：「你們二人不要再睡了，馬上各率一千輕騎，帶著紅旗出發。走小路上山，監視山下趙軍營壘裡的動靜。等看到趙軍蜂擁而出，追趕我們的時候，你們就以迅雷不及掩耳之勢，飛快地衝下山，衝進趙軍的營壘，然後把咱們的紅旗插滿營壘。你們有信心完成任務嗎？」

兩名騎將懵懂地問：「將軍，為什麼要我們幹這種莫名其妙的怪事呀？」

韓信：「為什麼你就甭管了，軍令如山，違令者斬，這個你們聽說過吧？」

兩名騎將：「……好，算我們什麼都沒說。」兩人絮絮叨叨，大半夜的各帶一千騎兵出發了，誰也不知道韓信葫蘆裡賣的是什麼藥。

然後韓信吩咐副將給將領和士兵們送乾糧，說：「早飯就不要煮了，隨便吃點。等大敗趙軍之後，咱們大夥兒聚餐，酒水自帶，牛肉不限量，儘管吃。」曹參、灌嬰、靳歙等人拿著乾糧，你看看我，我看看你，都覺得韓信腦子出了問題。可是他們追隨劉邦久了，學到了歷練深沉，凡事不急著說出來，而是口不應心，假意說道：「好，都聽長官的。」暗中卻將馬匹備好，若有不測，立即逃生。

韓信又叫來一個將領，吩咐道：「你帶一萬人為先鋒，出隘口，去趙軍營壘的對面，背對河水列陣。」

那將領說：「都聽從長官安排，只不過，我怕自己完成不了長官交付的任務。」

韓信問：「為啥呢？」

將領說：「將軍，你明知道趙軍號稱二十萬人，兵力超過我們幾倍，而且已經據壘堅守。你要我穿過他們的營壘去河邊，趙軍又不是死人，會讓我平安無事地走過去嗎？不等我走到河邊，他們就會衝出來打死我了。」

韓信說：「他們為什麼要衝出來打死你？」

將領：「為……他們為什麼不衝出來打死我？」

韓信說：「趙軍不衝出來打你，是因為趙軍的數量，比我們多出許多。他們最希望的是等我們主力部隊過來，一舉殲滅，打了你的先鋒，那他們全殲的計畫就會落空了。所以你們儘管大搖大擺地走過去，趙軍保準裝作沒看到你。」

將領：「會有這種事？」他半信半疑地去了，忐忑不安、膽顫心驚地走過趙軍營壘，果然趙軍全都轉過臉，假裝沒看到他們。於是這支先鋒部隊順利抵達河邊，立即在河邊修築營壘。

又過了一會兒，韓信命人舉起大將的旗號，帶著鼓手樂隊，一路敲敲打打，去挑戰趙軍。趙軍大開營門，衝出來暴打韓信。韓信和張耳就統領漢軍，和趙軍劈里啪啦打成一團。打了一段時間，漢軍明顯不支，於是韓信和張耳先逃，其餘的漢軍也拚命追隨他們兩個，一口氣奔到河邊漢軍先鋒的營地。

河邊的先鋒軍急忙打開營門，讓韓信張耳及潰敗的漢軍進來，然後把營門一關，外面的趙軍潮水般湧上來，開始狂攻漢軍營壘。這會兒，半夜出發、帶著紅旗的兩支漢軍，見趙軍衝出營壘，就飛速衝下山，奔進趙軍大營，把趙軍的戰旗統統拔掉，換上漢軍的紅旗。

趙軍懵懂不知，繼續攻打河邊的漢軍營，韓信和張耳在裡面拚死抵抗，趙軍說什麼也打不下來。可打不下來也不急，諒漢軍也飛不出去。於是趙軍施施然回營吃午餐，未至營前，就見自己的大營飄揚的全是漢軍的紅旗。裡面的漢軍還衝他們大喊：「喂，告訴你們一個好消息，你們的趙王和國相陳餘已統統被俘虜了，戰俘營裡還有幾張空床，你們要不要搬過來住？」

這下子趙軍嚇得魂都飛了，頓時丟下武器，各自向四面八方逃竄。趙國的將領拚命阻止，甚至還殺了一些逃跑的士兵，但根本沒效，士兵們越逃越多，實力龐大的趙軍就這麼崩潰了。

兩營的漢軍氣勢洶洶衝出來，追著崩潰的趙兵砍殺不止。陳餘保著趙王歇也混在潰兵中逃跑，逃到一條河邊，被漢軍追上來，陳餘被殺，趙王歇被俘，不久也被劉邦下令殺掉，成為被除名的第九個王。不足兩年，項羽分封的天下十八王，已經死掉了一半。

井陘大捷，張耳、曹參、灌嬰及靳歙，紛紛來向韓信祝賀：「恭喜將軍，賀喜將軍。將軍打仗處處不依兵法，和戰爭規律背著來，不應該這麼打，你卻偏要這麼打。而且居然也能贏，真是沒天理了。」

韓信說：「亂講，我怎麼不依兵法了？我就是按照兵法打的嘛。」

大家道：「將軍瞎掰，兵法明明寫著，布軍列陣，要右邊倚山，左方靠水。將軍你偏要命大家背水壘營，這怎麼叫依照兵法？還有，你說打贏了就聚餐，你怎麼知道肯定能打贏？將軍一定有神妙的兵法，說出來讓我們見識見識吧。」

韓信笑道：「你們呀，讀書都把腦袋讀傻了……不，其實你們壓根不會讀書，只是死讀書、讀死書。你們忘記了兵法說『陷之死地而後生，置之亡地而後存』嗎？何況我跟你們都不熟，認識才沒幾天，就帶著來打仗，如果不背倚河水作戰，你們早就拔腿各自逃了，誰他媽的還管老子？總之，我非得想辦法把你們和我綁在一起，讓你們想跑都沒地方跑，齊心協力，這才大敗趙兵。」

大家你看看我，我看看你，齊聲道：「將軍這招果然高明，居然把我們都算計了，佩服，佩服。」

第八章
生死暗算

劉邦對英布的打擊為何如此有效，因為整個事件中，有項伯參與。是項伯，向劉邦密報了英布與項羽之間的關係出現裂痕；也是項伯，將楚國使節赴九江的消息轉報給漢使隨何，從而曝光英布的任務，讓英布無路可退；最後又是這個項伯，殺掉了英布的妻子兒女，讓英布再也不可能與項羽和解，只能為劉邦賣命。

友情比愛情更希有

井陘之戰，是人類歷史上的傷心之戰。張耳和陳餘，一對老夥計，兩人一起歷生死，共患難。在最艱難的時刻，他們頭頂上懸著通緝令，兩人相互保護對方，愛對方甚至超過愛自己。後來兩人又齊心協力，追隨陳勝復興趙國，但鉅鹿之戰後，危機解除，兩人卻突然形同陌路，最終竟成為不死不休的對頭。

何以如此？為什麼這麼珍貴的友情，能善始卻不能善終？

追根究柢，導致兩人翻臉成仇的原因，還是在於他們介入彼此的生命太深，都將對方視為自己生命的一部分，而不再視對方為獨立的個體。正因為不再尊重對方的獨立性，所以無法容忍對方的獨立意識和獨立選擇。井陘戰役，死的不只是陳餘一個人。張耳因殺死他而人格破裂，在諸侯中失去了聲望與名譽，從此淪為劉邦的附庸，成為一具沒有靈魂的行屍走肉。

所以說，人際交往，必須要建立在尊重對方獨立人格的前提下，不能無限苛求與索取。一旦你的要求超過了對方心理能承受的，相互的信任就會迅速轉化為不滿與怨懟。

事實上，同性之間的友情，比起異性之間的愛情更為希有。異性之間有著天生的吸引，始終存在著「合作」的可能。而同性之間更多的是競爭，合作與友情只有在極特殊的情形下才能產生。張耳和陳餘如果不是被大時代的潮流拋到了相依為命的低谷，也許早就打得你死我活了。而如項羽、韓信，這些大時代的失敗者，有一個共同的特點：他們孤獨一生，沒有朋友。

一個沒有朋友的人，問題大半出在自己身上，但也與中國傳統文化中缺乏平等觀念有關。比如說劉邦，他雖然智慧過人，卻心性險惡，將每個人定位成他的奴僕。追溯劉邦的一生，所有他遇到的人，如夏侯嬰、他的大嫂，包括他的妻子呂雉，都被他要求無限地付出。這種不對等的人際關係，到了漢朝滅亡的時候，劉邦的後人劉備與關羽、張飛的關係，仍然沒有改變。關羽和張飛之所以被後人永世景仰，留名青史，就是因為他們認可這種不平等的關係，死心塌地地堅守這種社會倫理。那些不認可這種倫理的人，則被視為小人與奸賊。由於平等意識與文化的匱乏，導致了中國人無法找到朋友。除非你願意像關羽、張飛這樣，硬生生地管朋友叫主公，否則主公不認你這個朋友！

張耳和陳餘正是這種不平等文化的犧牲品——兩人結怨之由，是張耳要求陳餘與自己共同赴死，而陳餘拒絕。這個拒絕成了雙方友誼斷絕的轉捩點。之所以中國人能夠共患難而不能共富貴，正是因為患難之時，大家都是平等的，不需要分出主從；而一旦富貴了，總有一人努力要騎到對方的頭上去，不管你讓他騎還是不讓他騎，朋友關係到此都已經不復存在。所以，能夠長久做朋友的人，必須是具有平等意識的人。只有具備平等意識，才會尊重你的獨立選擇。

楚漢時代已經成為過去，但因為同類型的時代已經在中國歷史中輪迴了兩千多年，這漫長的歲月導致中華文化中殘存許多不平等的奴性因子，並造就了許多缺乏平等觀念與意識的人。所以即使到了現代，仍有很多人不懂得如何交朋友，又或是，仍然以張耳、陳餘時代的觀念來交朋友，而這些人的朋友關係終將因為求索過度或缺乏足夠的尊重，而最終走向破裂。

所以，從張耳陳餘的悲劇中，我們得出人際交往的規律：

第一，並不是每個人都能夠成為朋友，只有那些具有平等觀念、平等意識的人，才能夠成為朋友。因為他們不會無限地苛索，而是尊重你的獨立性與尊嚴。

第二，與朋友交往的規則要注意底線。每個人對周遭的人都有定位，如果你不清楚這種定位，或是不關心，就必然會觸犯對方底線。這也是古人所說的，君子之交淡如水，意即朋友之間一定要尊重對方的私人空間，如果得寸進尺，就必然會失去朋友。

第三，不做不知分寸的人。不知分寸，就是不知道別人的底線在哪裡，貿然逾越，必然會引起怨憎。同時也要注意那些不知分寸的人，不知分寸者多半心智不成熟，給他足夠的時間，等他心靈成長之後，能夠接受人際交往的基本法則，再與之成為朋友也不遲。

實際上，在我們所關注的楚漢爭霸時代，只有張良具有在這種不平等文化下與人平等相處的智慧。

張良，是唯一知道君子之交淡如水的道理與規則的時代智者。他知道在這個時代不能獨存，所以選擇依附劉邦，卻始終維持著客卿的身分，這個身分讓張良避免遭受劉邦的惡意羞辱。

而張耳，在殺掉老朋友陳餘之後，人格破裂，心理也趨於崩潰。他的兒子張敖顯然是陷入了心智恍惚的狀態，才會幹出娶了劉邦的女兒，卻把自己的寵姬送給劉邦，又把自己和劉邦女兒生的女兒嫁給劉邦兒子的亂倫事——所謂心理崩潰，實際上是大腦思維的崩潰，已經無法理解正常社會的行為法則，所以才會幹出正常人所無法理解的異常事。

總之，深陷於不平等文化背景的人，莫不是受限於不平等文化的負面因素，感受到莫大的痛苦。比如說韓信，他就是一個能夠從平等文化中獲益，卻淪為不平等文化犧牲品的典型。

不戰而勝

井陘大捷，平定趙國之後，韓信在軍中的威信，從最初的不被信任，霎時上升到頂點。於是他下令，活捉趙國逃將廣武君李左車者，賞千金。

重賞之下，必有勇夫。沒幾天的工夫，果然有人把李左車捆綁著送來了。韓信付了千金之後，命人將李左車帶過來，他親自替李左車鬆綁，請李左車坐到面向東的尊貴位置上，以對待老師的禮節對待李左車，請教道：「我準備向北征討燕國，向東攻打齊國，要怎樣做才能夠取得勝利呢？」

韓信向李左車請教這個問題，是有緣故的。

首先，李左車的祖上是齊國人，因為齊國內亂，逃到了趙國，從此又成為趙國人。而李左車自己，據碑廟記載，是生於雁門關。因此他對於趙國、齊國及燕國的情形最熟悉不過。而他又是一個兵法家，更清楚這三個國家的弱點所在，至少有一千個法子，能夠讓這三個國家死於無聲無息之中。

其次，李左車和韓信是同類人，都是屬於IQ高、EQ低的類型。而且李左車比韓信更鬱悶，他比韓信IQ更高，EQ卻更低。

韓信的高IQ，是有歷史依據的，毋庸多說。他的EQ低，一是體現在青年時期被同鄉人鄙視，二是體現在他不停地在項羽和劉邦之間跳槽，始終無法讓人相信自己。如果不是蕭何力薦，韓信很可能空負大志，抑鬱一生。但好歹他也能贏得夏侯嬰和蕭何兩人的賞識及認可，而李左車卻比韓信更慘，自從趙國復興以來，歷經了不知多少劫殺與險難，李左車卻始終被排斥在局外，得不到機會一顯身手。好不容易碰上此次井陘大戰，又被酸腐的陳餘拖累，成了韓信的俘虜。

如果我們替每個人的EQ和IQ打總分的話，劉邦、張良、韓信和李左車大概算是高分者，總分都在二十分左右。劉邦的IQ打十分，EQ也是十分，兩相持平。張良的IQ可以打十二分，EQ八分。韓信的IQ可以打十五分，但EQ只有五分。李左車的IQ大概可以打十八分，但EQ只剩下二分。所以劉邦知道這些人的IQ夠高，並用自己的EQ能力駕馭控制之，因此成為唯一的贏家。

按照這個評分標準，蕭何和陳平大概算是第二高分的，他們的EQ加IQ，總分大概在十六分左右，雖然比不過劉邦、張良，但也能獲得第一高分者的認可。

而項羽、曹參、夏侯嬰及樊噲等人，其IQ和EQ的總和不過十二分左右。因為總分低，所以無論怎麼做，也無法與劉邦張良相比。但這些人有暴力加分，項羽可以加十分，因此總分甚至超過了劉邦。項羽若是在哪次戰鬥中，碰巧把劉邦打死了——這種可能性很大，那麼項羽就贏了。但因為這種偶然事件沒有發生，項羽的高分也就沒多大價值了。樊噲的暴力可以加八分，曹參和夏侯嬰可以加六分，所以這一批人也可以混上一段時間。

再下來，還有九江王英布、梟雄彭越等人，這些人的IQ和EQ總和不會超過八分，完全是靠了暴力加分才能混下去。一旦他們的暴力加分沒有價值，也就迅速被除名了。

這個評分標準，完全是根據史料推測而來，沒有更標準的檢測手段和更科學的依據，最多只能替每次戰鬥判定一個大概的分數，最後得出這個結論——但這個分數主觀性極強，最多只能說是為了方便說明問題而做的比喻罷了。

如此分析的目的，是想說清楚一件事：為什麼韓信知道李左車的價值，而別人不知道。因為他們兩個都是高IQ者，所以能夠公正地判斷對方。而陳餘等人在IQ上與兩人的差距較大，已經失去了評判能力。這就好比小孩子無法判斷大人的優劣高低，只能依據大人對自己的態度，把大人分為自己人和非自己人——許多心智不成熟的成年人，也是這樣研判問題的。

還有一件事，在心智成熟的前提下——注意這個標準，許多人並不在這個標準之內——EQ高的人，因為洞悉人性，又握有天生智力的優勢，往往會很狂傲，蔑視別人。而EQ低的人，卻因為難以獲得別人的認可，屢受打擊，而非常謙和。比如說李左車，當韓信向他請教的時候，他就謙虛地回答道：「我是打了敗仗的亡國俘虜，怎麼可以參與謀劃這麼大的事呢？」

韓信則說：「戰國時代有個百里奚，他在虞國，可是虞國滅亡了，於是他就去了秦國，讓秦國強大起來。這並非是百里奚在虞國愚蠢，到了秦國突然變聰明，而是虞國的國君不肯用他，而秦國的國君肯徵用他罷了。再拿我們兩個來說，你之所以吃了敗仗，並非是敗在我的手裡，而是那個討厭的陳餘，他本事不大，卻非要騎在你頭上，結果拖累了你。總之，對於我們這些高IQ、低EQ的人來說，一生的命運就維繫在能不能遇到個願意重用你的有權人。用你你就贏了，不用你你就輸了，沒什麼道理好講。」

李左車說：「小韓啊，既然你這樣說，那我就說說好了。你現在接連打了安邑、井陘兩場勝仗，滅了魏國，俘虜魏王，亡了趙國，殺了陳餘。你的威名已經傳遍了天下。但有一樁，你手下的士兵也打得疲憊了，想要休息休息，享受一下勝利的果實。這時候如果你強行進軍，比如說，打到燕國的城池之下，一旦燕國拚死抵抗，就會陷入曠日持久的消耗戰。你在這邊消耗，你家老闆在滎陽跟項羽消耗。大家一起耗的結果，就是你幫不了劉邦，劉邦也幫不了你。所以你絕對不能陷入消耗戰，一旦陷進去，就死定了。」

韓信說：「是啊是啊，我也是為這個情況而為難，可到底應該怎麼辦呢？」

李左車說：「最好的辦法，是把自己的優勢發揮出來。你現在最大的優勢是什麼呢？就是你已經接連贏了兩場戰役，這兩場勝仗對齊國和燕國造成巨大的衝擊。你所要做的就是強化這種衝擊，用你的勝仗加大對手的心理壓力，直到對手心理崩潰，自動認栽為止，從而達到不戰而屈人之兵的完美效果。所以呢，你現在不是真的打，而是要擺足架勢，氣勢洶洶，威脅齊燕兩國，同時派使者過去，鼓動三寸不爛之舌，盡可能地忽悠。忽悠的目的，就是要把對方耍得團團轉，那你就贏了。」

韓信聽了大喜，立即下令三軍擺出架勢，準備一舉滅掉燕國。同時派出使者，去忽悠燕王臧荼。這個臧荼原本沒什麼本事，只是將領起家，因為與項羽關係好，而被項羽封為燕王。再加上臧荼不久前殺掉了老燕王韓廣，本來就根基不穩，風聲鶴唳，被韓信這麼一嚇，趕緊寫降書投降。燕國就這麼不費吹灰之力地擺平了。

而此後，韓信和老闆劉邦的關係，陡然進入冰河期，因為劉邦又吃癟了。

替對手創造敵人的天賦

就在韓信摧城拔寨、揚名天下之際，楚漢相爭的最大戰役，成皋之戰，已經徐徐拉開序幕。

成皋之戰是一場超級複雜、曠日持久的戰爭。這場戰爭具有戰爭時間漫長、戰爭形態複雜、重大戰役次數多及多戰場作戰的特點。

先說戰爭時間長。這場戰爭始於西元前二〇五年四月末，一直打到西元前二〇三年十月，足足打了兩年半。戰爭開始的時候，劉邦五十二歲，項羽二十八歲。等打完了這場仗，劉邦即將五十五歲，而項羽三十一歲了。正所謂少年子弟江湖老，這麼漫長的戰爭，對人的體力及智力的韌性，都是巨大的考驗。這實際上是一場智慧消耗戰，劉邦和項羽比的是誰的智力後勁足，誰更具有無休無止死皮賴臉而樂此不倦的扯淡精神。最終是項羽扯不過劉邦，一生中最美好的年華都耗在跟人耍無賴上，耗不起。這個念頭一旦出現，最終的結果就出來了。

再說這場戰爭的形態複雜。因為時間漫長的緣故，整個過程包括了多次心理戰、反間戰、策略戰、金融戰以及聲東擊西、調虎離山、圍魏救趙、瞞天過海，甚至連美人計、走為上策都派上了用場。基本上，除了戰場上更為普遍的騎兵戰、車戰及步戰之外，古代所有的戰爭模式都能在成皋之戰中找到原型。

再說戰爭次數多，實際上是戰場的規模大。單就劉邦個人的行動而言，他從滎陽打到成皋，從成皋打入函谷關，打入長安，又打到武關，再從武關殺出來，打到河南南陽、葉縣，打回滎陽又被打出來。不要說劉邦是個老頭，縱然是年輕力壯的項羽，都因為這般長途跋涉而精神崩潰。所以與其說是智力戰，毋寧說是體力消耗戰，沒有一個好身體，真的玩不起這坑人的遊戲。

最後一個特點是多戰場作戰。遇到劉邦，項羽心裡一定後悔過。劉邦具有一種替對手創造敵人的神奇天賦。項羽剛剛出道的時候，與劉邦有過短暫的蜜月期，那時節兩人聯手，屠殺城陽的百姓，堪稱戰無不勝。但等到兩人分道揚鑣之後，項羽的人生就越來越不如意，朋友越來越少，越來越孤獨，他實際上是被劉邦帶人圍毆而死，而且夥同劉邦圍毆的打手，都曾經是項羽的朋友。總之，當時的戰場上，項羽以其無可匹敵的暴力，追著劉邦滿世界亂跑，但在這個過程中，項羽後院起火，四面受敵，尤其是他昔日的朋友英布，給他造成了最大的困擾。

簡單地說，成皋戰役，大致能分為四個階段：

第一階段稱為大崩盤，得分的是項羽，崩盤的是劉邦。戰爭形態包括了反間計、美人計、金融戰、破擊戰等，總之是琳琅滿目、豐富多彩。

第二個階段稱為小崩盤，這次得分的還是項羽，崩盤的仍然是劉邦。此階段戰爭形態包括了聲東擊西、調虎離山、瞞天過海等諸多花樣。劉邦雖然是二次崩盤，卻未傷筋骨，反而是項羽頻繁出擊，累得有點虛脫。

第三個階段稱為不崩盤階段，劉邦在這個階段中得分，項羽則陷入被圍毆的慘狀。這階段的戰爭形態仍然是多采多姿，包括了破襲戰、激將法、游擊戰、騷擾戰等多種戰術，甚至還有精采漂亮的說客大戰。

第四個階段稱為反崩盤階段，這階段劉邦和項羽各有得分，也各有失分。但劉邦雖然是個老頭，卻特別適應這種高壓的奔波人生，項羽的心理卻已經被逼至極限。在多次心理戰不見效果之後，雙方握手言和。

先說說第一階段：大崩盤。

這個階段從英布開始，由他親自為此場戰役破土剪綵。

英布，秦始皇時代的一個善良百姓，只是腦袋有點不夠用。有一次，他遇到個算命術士，對他說：「你面相非常好，將來會稱王的。但你要稱王，必須先要犯罪，不犯法犯罪，不被抓起來嚴刑拷打，你稱不了王。」這個算命先生，有可能是英布的仇家花錢雇來坑他的，有這麼給人算命的嗎？但是英布對此深信不疑，立即放下手邊的正事，出門去犯罪。

犯罪之後，官府在英布的臉上刺下罪犯的字樣，然後送到驪山去服苦役。或許是他堅信自己犯罪之後就會發達，所以在苦役犯中極有擔當，形成了很大的影響力。於是英布就率領這些人，完成了漂亮的大越獄，逃到長江當水盜去了。

陳勝起事之後，英布隨之響應。有消息稱他曾和秦兵的正規軍交戰，此後他率師東進，途中遇到項梁，就歸附了項梁，從此和項羽成了戰友。

英布和項羽的蜜月期相當漫長而浪漫。兩人一道打過楚王景駒，力挺項梁擁立楚懷王。項梁自號武信君，英布也有了個封號叫當陽君。項梁敗於定陶之後，英布逃回彭城，歸於楚懷王。後來楚懷王將兵權授予上將軍宋義，於是英布和項羽又肩並肩，在宋義的領導下奔赴鉅鹿。

途中，項羽殺死了宋義，英布不敢吭聲，於是項羽就成了他的老闆。英布先是擔任先鋒，打贏了鉅鹿之戰，為項羽贏得了如日中天的榮耀，然後又於新安夜襲已經投降的秦兵，坑殺降卒二十萬。除此之外，英布還替項羽殺掉了義帝。理論上來說，他應該算是項羽手下的頭號親信了，能為老闆幹這麼多的骯髒事，彼此的信任和依賴應該是沒有問題的。

但不知什麼原因，項羽攻打齊國的時候，英布卻假裝生病了，不肯跟著去。這件事讓項羽心裡生出了小小的不愉快，認為英布不給自己面子，導致兩人的親密關係出現了小小的裂痕。

劉邦獲得了這個訊息，就牢牢抓住了這個機會，派出使者隨何出使九江。隨何的任務就是要拿根撬槓，插入項羽與英布的裂痕之中，硬生生把這兩人撬開。理論上來說，隨何接受的不是件正常人能夠完成的任務，但這個任務非完成不可。不完成，成皋大戰就無法如期開盤，大家就沒熱鬧可看了。

蠢貨曝光計畫

西元前二〇四年十一月，就在韓信滅了趙國、殺死陳餘，並得李左車之助，脅迫燕國臣服的時候，漢使隨何的參觀考察團抵達九江，下榻於九江大客棧。

九江這邊負責接待的，是九江王太宰。太宰這個怪官，自殷朝時代設置，周朝時稱塚宰，為天官之長，輔佐君王治理政務。而天官的主要職責，是主掌祭祀鬼神、治曆數等職，相當於九江國的天文臺臺長兼教育部部長，當然還兼任外交部部長。總之，負責接待隨何一行的，就是這麼個怪角色。

這麼快就找到了對口的接待單位，感覺有點兒戲。實際上，這正是劉邦選擇英布的主要原因。劉邦已經精心研究過英布，並判斷出英布是什麼樣的人。英布連算命先生的話都深信不疑，試想他的IQ會可靠嗎？

實際上，在劉邦眼裡，英布應該算是蠢人中的極品，蠢人中的蠢人。蠢人有兩種，一種蠢人知道自己的蠢，算是靈智已開，假以時日，就會成為聰明人。而第二種蠢人，是不知道自己蠢。一旦人不知道自己的蠢，就會幹出許多蠢事來，並自以為聰明。

英布就是這樣一個人。他身在項羽的陣營中，卻接待劉邦派來的使者。他想居於兩派之間，兩面討好，誰也不得罪。這恰恰證明了他的愚蠢，他缺乏最基本的觀察與判斷能力，無法看出劉邦與項羽誰更強一些，誰取勝的把握更大一些。因為他對外界環境的觀察判斷接近於零，所以選擇同時站在兩個陣營中，還認為自己的選擇絕頂聰明。

蠢人不知道自己蠢，也不知道別人聰明。在英布看來，瞞著項羽接待劉邦來使，既能讓項羽以為自己是他的人，也能讓劉邦以為自己是他的朋友，之後不管兩家誰輸誰贏，他都有便宜可占，豈不美哉？

劉邦正是針對他這種愚蠢的心理，預先制定了有效的打擊方案。而隨何，就是這個方案的實際執行人。

史書上說，抵達九江之後，隨何一行等了三天，英布都沒有接見。使者來了卻不接見，這顯示出蠢人之蠢，就在於他以為一切盡在掌握之中，其實，他的一切盡在別人的掌握之中。

等了三天之後，隨何對負責接待的太宰說：「你們大王不見我，無非是因為現在楚國強大，漢軍疲弱罷了。但實情並不是這樣，我來見大王，就是要說清楚這件事。如果我見到大王，能說清楚，固然是好；若我說的話無法讓大王信服，這也簡單，大王把我們二十個人推出門外斬首，以表明大王反對漢國，而與楚國交好的決心，豈不更好？」

太宰把這番話告訴英布，英布果然接見了隨何。

見面後，隨何說：「漢王讓我來遞交國書，是因為對貴國與楚國之間的關係，覺得有些奇怪。」

英布說：「這有什麼好奇怪的？我以大臣的身分，服侍楚國。」

隨何說：「這就更不對了，楚國是獨立國家，你也是獨立國家，你之所以以一國之尊服侍楚國，無非是認為楚國強大，可以依託罷了。但是前不久，楚王去打齊國，招呼你一塊去，你卻推三阻四，最終也沒有去，這讓楚王大為不滿。可見你心裡猶豫不決，聲稱服侍楚國，其實做的完全不是那麼一回事。只不過你認為楚國強大，才不得不如此罷了。事實上，楚國的強大只是假象，因為楚王殘暴不仁，殺戮天下，早已失了人心。現在楚國和漢國交兵，倘若楚國打敗了漢國，諸侯國都會感到恐懼，就會一起來攻打楚國，到那個地步，楚國就算是完蛋了。所以我說，楚國強大只是假象。我是為大王考慮，等到諸侯群起、楚國滅亡後才覺醒，就為時已晚了。到時候你會被視為楚國的同黨，遭到諸侯攻擊。大王最聰明的做法莫過於先人一步，率先起兵攻擊項羽。如果大王起兵，項羽就會被拖在齊國，這樣拖上一段時間，楚國滅亡，漢王必然會封更大的土地給你。大王不僅能保住九江，還能向外擴張，這是多麼幸福的美事呀，希望大王不要再猶豫了，立即舉兵起事吧。」

英布說：「好，你說得非常有道理，我堅決支持你。」然後就把隨何打發走了。

這就是英布的算計，項羽的人來要求他出兵，他口頭答應；劉邦的人來要求他出兵，他也口頭答應。但答應歸答應，他就是按兵不動。每個騎牆派的人都認為自己絕頂聰明，我騎在牆上，一隻腳在你這邊，一隻腳在他那邊，兩邊都以為我是「自己人」，其實我是自己的人。不管哪方贏了，我立即跳過去，便宜占盡，穩贏不輸，豈不美哉？

然而騎牆派最大的危險，就是曝光。一旦曝光，被人發現你騎在牆上，騎牆派就從兩邊漁利，變成了兩邊不討好，那就慘了。而隨何此來，目的就是要曝光英布的騎牆態度。

就這樣，隨何又在客棧裡等了一段時間。此刻漢軍的情報系統高速運轉，緊張地盯著項羽的動靜。終於消息傳來，項羽派使者來九江，催促英布快點發兵。隨何接到情報之後，就立即行動起來。

當時英布正親切會晤楚國來使：「項王身體還好嗎？戰事順利嗎？什麼？讓我發兵？對對對，我正要說這事。我肯定會發兵的，盡快發兵，你等我……」突然間，門外轟的一聲，隨何帶著他的人手殺了進來，把英布嚇了一跳。

進來後，隨何衝著楚國來使大吼道：「你沒長眼呀？人家九江王已經歸屬漢王了，你算什麼東西，憑什麼讓九江王替你出兵？」

曝光了，英布最害怕的事情發生了。

英布表面上是項羽的人，暗中卻與漢軍眉來眼去。他以為自己最聰明，誰也不知道這事，所以占盡便宜，可劉邦派隨何來，就是要對英布實施曝光戰略，讓英布的小心機暴露在光天化日之下，因而陷入絕境，無路可走。

心理征服戰

事出意外，楚國來使沒料到九江王已經與劉邦聯繫上了，驚恐之下，跳起來就跑了。而英布則完全驚呆了，頭腦一片空白，不知如何是好。

隨何趁機過去勸他：「大王，別傷心了，大丈夫光明磊落，說不買項羽的帳，就是不買他的帳，為什麼還要虛與委蛇，委屈自己呢？大王要是認為我的做法不妥當，乾脆把我殺了好了。」

英布：「事到如今，殺你又有什麼用？」

隨何道：「既然大王不殺我，那就得趕緊殺掉楚國來使，不能讓他回去通風報信。咱們倆立即張羅招兵買馬，防備項羽來攻打，你看如何？」

英布：「……還能如何？本來以為我是世上最聰明的人，你幹嘛如此殘忍，戳破我的幻想？」

英布不知道，他面對的實際上是一場心理戰、情報戰、資訊戰。這場心理戰，是建立在扎實準確的情報搜集與高水準的情報研究基礎上的。在項羽身邊有潛伏敵營十八年的特工。特工的情報讓項羽幾乎成了透明人，一舉一動，劉邦都清清楚楚。

而對英布的聯合及策反，其實是劉邦陣營的第二次資訊戰——很快劉邦還會打響第三次資訊戰役，後續我們再來總結劉邦時代資訊戰的法則及原理。

英布之所以被劉邦和張良選定為聯合第一人，不是因為英布能打，而是因為英布自作聰明。劉邦要做的，是曝光英布的自作聰明，讓英布無路可走，只能跳到漢軍這艘破船上來。這次曝光事件導致英布心理嚴重受創，從此大腦陷入空白狀態，IQ更加靠不住。所有自以為聰明的蠢人，一旦發現自己愚蠢的事實，往往過於強烈的打擊會讓他陷入思考停滯的狀態，既無法接受現實，也無法理解現實。

此後的英布就宛如一個沒有自我意識的人偶，被隨何牽著鼻子走。他懵懵懂懂地殺掉了楚國的使者，組織軍隊向楚國進攻。項羽很生氣，就派了手下大將項佗和龍且，來幹掉英布。

此前在項羽陣營，英布的名號是壓在龍且之上的。但實際上兩人的水準相差無幾，必然存在著某種程度的競爭關係，所以此戰龍且全力以赴，要向這個世界證明，他才是項羽陣營中當之無愧的一號打手。而英布因為刺激過度，無法接受自己竟然是個蠢人的事實，大腦基本上已經喪失了反應能力，結果被龍且輕易擊敗。

蓋世猛將吃了大敗仗，這已經夠丟人的了，接下來，英布的表現更加離奇。他不敢帶著部隊逃，害怕目標太明顯，被項羽親自追上來幹掉。他竟然丟掉部隊，化裝成老百姓，和隨何兩人晝伏夜行，風餐露宿，逃到滎陽劉邦的地盤。那麼遠的路，真不知他是怎麼逃過去的。

這時候的英布，已經不值錢了。

江湖傳說中的九江王英布，那可是威風凜凜，胯下寶馬，掌中銀槍，風生水起，一呼百應。他是世人心目中景仰的英雄，賣個高價不成問題。可現在的英布，破衣爛衫，滿臉驚恐，塵土覆面，汙垢滿身。這樣的英布，劉邦的接待儀式自然也有所不同。

淮南王至，上方踞床洗，召布入見，布大怒，悔來，欲自殺。（《史記・黥布列傳第三十一》）

劉邦對英布的歡迎儀式是「踞床洗」。這個「踞床洗」劉邦已經不是第一次幹了，早在說客酈食其初次求見的時候，劉邦就玩過這一手，可知劉邦並不是非要挑在這個時候「踞床洗」，而是一種明確的政治態度，又或者是一種強大的心理攻勢。

再說這個「踞床洗」，考慮到當時的床不過是低矮的凳子，而短褲又沒發明出來，這個姿勢就是十足地羞辱人。所以才會「布大怒，悔來，欲自殺」，因為英布好歹也是一號英雄人物，劉邦竟然這樣羞辱他，讓英布氣憤於心。可此時自己已被劉邦套牢了，連發火的資格都沒有，他才會恨不能立即死掉。

但是接下來，英布被送到客舍，進去一看，裡面的裝飾陳設竟然與漢王劉邦的一模一樣。也就是說，英布發現他也可以踞床洗，也可以恣意享受人生，並擁有羞辱別人的特權。這讓英布既驚且喜，頓時認為劉邦不把自己當外人，一下子就被劉邦征服了。

劉邦收服英布，運用了一個奇妙的心理戰技巧。具體來說就是先將目標一下子打落最底層，讓你一文不值，摧毀你最後的一點自尊和自信。而後呢？再猛一下將你抬到一人之下、萬人之上的崇高地位。

先將英布貶得一文不值，摧毀英布的自尊與自信，是為了澈底毀滅英布的人格（自尊與自信近乎是人格的全部），而後再突然將他抬高，意味著讓英布的人格重生。但重新生長出來的這個人格，因其生命源自於劉邦，英布從此就會對劉邦感恩戴德，澈底淪為劉邦的附庸。

可見，自從劉邦和張良將英布視為聯合目標的時候，就根據他膚淺的性格與自作聰明的愚蠢，設計了一連串精密的圈套，牽著英布的鼻子，讓他一步步陷入漢軍陣營，想逃都逃不出去。

至此，劉邦的招數還沒有用完，後面還有更狠的。

話說英布安頓下來之後，因其獲得了從此可以「踞床洗」的政治待遇，所以死心塌地地追隨劉邦。他派手下去九江尋找被自己丟掉的部隊，同時聽到了一個壞消息：九江已經被楚軍攻占，九江國的部隊被楚軍掠走。而且，楚軍還殺掉了英布的妻子和兒女。

楚軍的將領是哪一個？他為什麼要殺掉英布的妻子兒女？就連劉邦的父親和妻子呂雉，

都關押在楚軍的戰俘營裡，沒有殺掉，楚軍又有什麼理由，非要殺掉英布的妻子兒女呢？如果你知道攻占九江的楚軍將領是哪一個，就會知道他為什麼這麼幹了。

攻占九江並殺掉英布妻子兒女的人，是項伯！

楚營中的王牌特工

項伯，項羽的叔叔，張良的朋友，他是劉邦第一個策反的間諜，為了強化雙方的合作關係，劉邦甚至與項伯結成兒女親家，從此項伯就成了潛伏在楚營中最深的間諜，專心致志、兢兢業業地要搞死他的親姪子。

這下我們知道劉邦對英布的打擊為何如此有效，因為整個事件中，有項伯參與。是項伯，向劉邦密報了英布與項羽之間的關係出現裂痕；也是項伯，將楚國使節赴九江的消息轉報給漢使隨何，從而讓隨何順利完成了曝光英布的任務，讓英布無路可退；最後又是這個項伯，殺掉了英布的妻子兒女，目的是讓英布再也不可能與項羽和解，從此死心塌地地為劉邦賣命。

說起來，自項梁死後，項伯就是項羽最親近的族人了。如果這時候有人告訴項羽，他的叔叔想要搞死他，項羽說不定會想死了算了。

事實上，項羽直到死，都沒有想過自己的叔叔會暗害自己。

這是為什麼呢？

史書上沒有記載為什麼，我們也不好瞎猜。但有一種可能性，那就是項梁死後，或許項伯認為自己應該成為項氏族人的大家長，但年輕的項羽卻氣勢洶洶地占據了族長的位置，這肯定讓項伯心裡不痛快。

變生肘腋，後院起火，親叔叔蹲在身邊磨刀霍霍，這人倫慘變，又豈是項羽能夠理解的？

總之，在項伯的幫助下，劉邦奇計迭出，硬生生把英布這支生力軍，從項羽陣營中分化了出來。英布派去的使者，在九江找回幾千人，都是英布的死黨。劉邦看英布這邊人數太少，感覺力量不足，就給英布增派了許多官員，讓英布回去盡量扯項羽的後腿。

但是，地下戰線的隱蔽鬥爭，短期內很難見到顯著效果。在主戰場上，也就是滎陽一帶，項羽的主力軍步步挺進，瞄準了劉邦的運糧甬道不斷進攻，一次又一次掐斷了劉邦的糧道，讓劉邦很是頭疼。

劉邦很清楚，以目前雙方的力量，漢軍並不具備與楚軍決戰的實力。不要說決戰，實際上，劉邦最大的麻煩，就是滎陽面臨隨時被攻破的可能，他必須要找到釜底抽薪的方案，一勞永逸解決所有問題。

為此，劉邦召開了軍事擴大會議，要求大家腦力激盪，快點想出好法子來。

這個法子，讓說客酈食其想到了。

酈食其說：「大王，你可知道，為什麼商湯立國，有五百年；周武王立國，有八百年；而秦始皇立國，卻不過十二年，就澈底崩盤了嗎？」

「為什麼呢？」劉邦問。

「這是因為，」酈食其解釋道，「商湯伐夏桀，卻仍然把夏桀的哥哥封到杞地。周武王伐商紂，卻仍然把紂王的哥哥封到了宋國。正是因為商周兩國的開國之君善良厚道，分封了前任君主的後人，才贏得了民心，所以商朝延續了五百年，而周朝延續了八百年。但是秦始皇，他滅了六國，只剩下他一個皇帝，六國的後人他一個也不封，讓六國後人連個立錐之地都找不到，結果失去民心，秦帝國才支撐了十二年，就稀里嘩啦崩盤了。所以，大王，你要想取得天下，那實在是太簡單了，只要效法商湯和周武王的做法，不要學秦始皇，再立六國的後人為諸侯，老百姓定然感激你的恩德，都會仰慕你的風範道義，都希望成為你的臣僕。德行布及天下，必然是南面稱霸，可以確信到時候連楚國都只能乖乖前來朝貢大王。」

「真的嗎？」劉邦聽得激動。

酈食其：「相信我，沒錯。」

劉邦：「好，趕緊下令，找工匠來刻製六國印璽。老酈你辛苦一下，準備出發，去尋找六國後人，大封天下。」

酈食其大喜，就去支領出差費，準備出發去分封六國後人。他還來不及走，張良就從外面回來。當時劉邦正在吃飯，急忙招呼張良說：「子房，你快點過來，你剛才不在，我們開了個軍事會議，有人提出個非常棒的建議，你來替我分析一下。」

劉邦不提酈食其的名字，只是把酈食其的建議詳細地說了一遍，然後問：「子房，你幫我分析一下，這個建議到底可不可靠？」

張良笑道：「到底是誰替你出的這麼個好主意呢？這主意真是太好了。」

劉邦：「真的嗎？」

張良：「真的，我可以明確地告訴你，如果你按照這個主意來辦，那你就真的死定了，誰也救不了你。」

人性的弱點

聽了張良的話，劉邦嚇傻了：「怎麼會……怎麼會這樣？」

張良說：「大王，借你飯桌上的筷子，我來給你解釋解釋。」

說著，張良拿起桌上的筷子，問道：「昔者商湯伐夏桀，卻將夏桀的後人分封在杞地，那是因為商湯隨時可以取他們的小命。請問大王，你現在是不是也能輕易取項羽的小命？」

劉邦：「……項羽取我小命還差不多。」

張良放下一根筷子：「好，這是此計第一不可行。再來，昔年周武王伐商紂，而將商紂王的哥哥分封在宋國，那是因為周武王可以隨時摘下商紂王家的腦袋。請問大王，你現在能隨時摘下項羽的人頭嗎？」

劉邦：「……我現在只求別讓項羽摘下我的人頭。」

張良又放下一根筷子：「好，這是此計的第二不可行。三者，昔年周武王入殷，旌表殷代賢士商容的門楣，釋放被商紂王關押起來的賢士箕子，在被商紂王殺害的賢士比干墓前，培土致敬。請問大王，你現在能做到這些嗎？」

劉邦：「……這……好像有點難。」

張良再放下一根筷子：「好，這是此計的第三不可行。再來，昔年周武王入殷，發放鉅橋儲存的糧食，散盡鹿臺庫存的金銀，以濟貧窮，以恤孤寡。請問大王，現在你能做到這些嗎？」

劉邦：「……這……好像不太實際。」

張良又放下一根筷子：「好，這是此計的第四不可行。再繼續，昔年周武王取代殷商，把戰車改為民用車，把武器倒置，再覆蓋上虎皮，以表示天下大治，從此偃武行文，不復再行兵事。請問大王，你現在是這麼個情形嗎？」

劉邦：「……這……確實不可靠。」

張良又放下一根筷子：「好，這是此計的第五不可行。還有，昔年周武王平定天下，將戰馬放歸華山南麓，表示從此再無戰事，戰馬不再需要馳騁沙場。請問大王，這件事你現在能做到嗎？」

劉邦：「……這……好像是重複上一個問題？」

張良再放下一根筷子：「好，這是此計的第六不可行。我們繼續鬼打牆，昔年周武王平定天下，將戰牛放歸於桃林之北，表示天下從此太平，再也不需要運輸糧草。請問大王，這件事你能做到嗎？」

劉邦：「……這也算一條？」

張良又放下一根筷子：「如果不算，我手裡這麼多筷子往哪放？所以這是此計的第七不可行。先別急，咱們還有一條。大王，現在你身邊的謀士們，遠離親人故土，丟棄祖宗墳墓，跟隨你征戰天下，圖的是什麼？是他們太沒城府，跑你這兒無私奉獻嗎？不，他們之所以這樣做，是為了日後能夠獲得一塊封地。可如果你現在恢復六國，大封韓、魏、燕、趙、齊、楚的後人，那麼你身邊的謀士就只能返回故鄉，去侍奉你扶立的這些君主。這對他們來說是最明智的，因為他們的家人在故鄉，祖宗墳墓在故鄉，到時候大王你剩下孤家寡人一個，還扯什麼奪取天下？」

劉邦：「……說了這麼多，好像就這條合情合理。」

張良放下手中最後的一根筷子：「誠如大王所見，這是此計的第八不可行。最後一條，現在楚國的疆域最大，實力最強。一旦你恢復了六國，他們必然要依附最強大的楚國，而不是依附你。你這等於是平白替楚國增強了力量，替自己找來許多要命的對頭。所以我才說，如果你採用了這條計策，就意味著大勢去矣，澈底完蛋……最後這一點，歸入第八不可行內。」

劉邦：「我覺得你最後說的，應該單獨列一條。」

張良：「可問題是，我手中只有八根筷子。」

劉邦：「你……他媽的酈食其這個死讀書的腐儒，差點壞了你爺爺的大事。趕緊去把刻製好的六國印統統毀掉，千萬不要流到外面去。」

這段文字記載在《史記．留侯世家第二十五》，如果抽走這段文字，張良的傳記就沒內容了。但如果仔細審視這段內容，就會發現，這段文字在邏輯上相當不通。張良把刀槍入庫算一條，馬放南山算一條，牛放桃北又算一條。把同一個問題硬生生拆成幾個枝節，這有什麼意義嗎？

《史記》中所謂八不可行，不過是劉邦軍事集團的宣傳部門，統一發布的新聞稿而已。這篇新聞稿顯然是讀書沒讀透的小文人蹲在小黑屋裡草擬出來的，邏輯混亂，歸納方法也是錯的。如果張良是這個水準，很難想像他能在那個時代混得風生水起。

那麼，張良究竟對劉邦說了什麼，才讓劉邦放棄了分封六國之後呢？

張良應該是講了下述這段歷史——歷史，只有最鮮活的歷史，才是最富人性智慧的。因為歷史是人類的歷史，而人類的歷史不過是人性的規律重複再現而已。如果你知道了歷史，就知道了人性。

張良應該是對劉邦說：「大王，你確信你封的王，就一定會支持你嗎？」

劉邦：「……應該是吧？他不支持我，豈不是忘恩負義？」

張良：「哦，那麼請問大王，你在彭城之敗前夕，曾經擁有五十六萬之眾，而且手下至少有八個王，大王還記得他們是誰嗎？」

劉邦：「當然記得，當時我手下有翟王董翳、塞王司馬欣、代王趙歇、常山王張耳、河南王申陽、西魏王魏豹、殷王司馬卬，以及一個後來補封的韓王。」

張良：「請問大王，這八個王都是誰封的？」

劉邦：「……是項羽封的。」

張良：「大王，你明白了吧？還需要我再多說嗎？

「誰告訴你，你封的王就一定會支持你？是誰把這個愚蠢的念頭，灌進你的腦子裡？項羽的下場你不是親眼看到了嗎？他封的每一個王都成了他的敵人，無一例外！

「人性的規律是，天大的恩德，也敵不過小小的私怨。芝麻小的私怨，其心理感受會強過天大的恩德，所以人類具有忘恩負義的天性。如果你學項羽，大封天下，那就等於為自己找來許多冤家對頭；如果你恩澤六王，就會為自己找來六個仇人；如果你恩澤天下，就意味著天下人皆曰可殺。只有恐懼才能夠懾服人類忘恩負義的天性。人們之所以臣服項羽，不是因為他封了多少個王，而是他殘暴血腥；人們之所以追隨你劉邦，是因為你曾接二連三地屠城。選擇站在你或項羽的身邊，只為了避免被你們兩個殺掉罷了。

「高築牆，廣積糧，莫封王。如果你想贏，就只能這麼玩。」

誰是大內奸

幸虧張良提醒，劉邦才幡然醒悟，避免讓餿主意把自己害死。喘息未定，他忽然看到旁邊帥帥的陳平，頓時火了：「陳平，你有必要這麼帥嗎？帥能當飯吃嗎？」

陳平：「老闆，誰又惹到你了？」

劉邦：「少廢話，你給我說清楚，你長這麼帥，能讓動亂的天下恢復安定嗎？」

陳平：「我帥……可這天下動亂又不是因為我帥引起的。」

劉邦：「天下動亂是不是你的帥引起的，這事等會兒再說。但你既然如此之帥，總該讓天下人也沾點光吧？」

陳平：「讓天下人沾光……大王，莫非你想讓我想個法子，快點搞死項羽？」

劉邦：「那你到底有沒有法子？」

陳平：「我能有什麼法……對了大王，我想起來了，你現在的情形很像當年的秦始皇。秦始皇當初掃平六國的時候，面對的對手比項羽更厲害。當年趙國有名將李牧，魏國還有一呼百應的信陵君。這兩人中的任何一個，都有能力阻止秦國擴張。但秦始皇還是想了個好法子，輕鬆地擺平了他們。」

劉邦：「快說，怎麼擺平的？」

陳平：「對於有能力的人來說，不怕明槍，只怕暗箭。當年秦始皇用的辦法，就是派間諜攜黃金珠寶，潛入趙國魏國，尋找最嫉恨李牧和信陵君的無恥小人，給他們很多很多的錢，讓他們誣陷李牧和信陵君意圖謀反。結果李牧被趙王殺掉，信陵君被魏王奪走權力，鬱悒而死。正因為秦始皇的離間計奏效，所以六國才自己搞死自己，成全了秦始皇的功業。」

劉邦：「……這真是個好主意。」

陳平：「大王你看，項羽手下的人，真正有本事的，不過是亞父范增、親信鍾離昧、龍且及周殷這麼幾個。如果大王肯給我幾萬金，我招募人手，潛入楚國，散布謠言，就說這幾個人對項羽有意見。項羽是極端自我的人，喜歡猜疑別人，如果我再給他造點謠，他們內部一定會陷入自相殘殺。到時候大王你趁機進兵，項羽必敗無疑。」

劉邦：「我給你四萬金，不用報帳，也沒人查你的帳。怎麼用，給誰用，都由你說了算。但有一點，你得給我把事情辦成了。」

劉邦重施秦始皇的故技，派人攜金銀珠寶潛入楚國，散布謠言，項羽果然中計，開始對鍾離昧等人產生了嚴重懷疑。

這些陰招很管用，但項羽玩得更狠。他已經做足了準備，要逼迫劉邦與之決戰。楚軍潮水般湧上來，把滎陽城圍得如鐵桶一般，滴水不漏。

情況危急，劉邦緊急召張良、陳平開會：「感覺有點不妙，你們倆說，咱們這次是不是死定了？」

張良：「沒錯，咱們這邊雖然陰招連連，但戰場上正面相交根本頂不住。這次如果破城，項羽不會放過咱們。為今之計，只有一個辦法，投降吧？」

劉邦：「投降？」

張良：「說得好聽點叫求和，說得難聽一點就是投降。我看咱們求和的文書上，要求割滎陽以西的土地給咱們漢國，你看如何？」

劉邦：「你這不是把項羽當傻子嗎？……對了，都這個節骨眼了，咱們不想著逃生，還要繼續坑人害人嗎？」

張良：「為什麼不呢？這時候害人，項羽是無法理解的，所以不能放過這個好機會。」

劉邦：「那咱們這次害哪個呢？」

張良：「我隆重推薦亞父范增，他這麼大把年紀了，不知道自愛，跟在小屁孩項羽後面跑，必須要給他點教訓。」

劉邦：「好，我批准這個方案。」

於是劉邦派使者出城，去找項羽，要求和談。項羽當然不想談，但禮尚往來，他也必須派使者來滎陽，否則會被諸侯們說他不懂禮，沒文化。

楚使來到，負責接待的是天下第一美男子陳平。只見雞鴨魚肉，各色美味，流水般送上桌來。使者大喜，拿起筷子正要吃，這時候陳平進來了：「咦，怎麼使者換人了？亞父前幾次派來的使者呢？他們這次怎麼沒來？」

「亞父？」楚使很詫異，「我不是亞父范增的使者，是楚王項羽派來的。」

「什麼？你不是亞父派來的？」陳平大為驚訝，「弄錯了，真對不起弄錯了，來人，趕緊把這些酒菜撤下去。」就見侍者上前，將美味的酒菜全部撤下。又聽陳平吩咐道：「重新給人家上菜。」侍者又端了新菜進來，竟然全是難以下嚥的粗茶糙飯。

看著使者那張錯愕驚訝的臉，陳平笑咪咪地問道：「項羽叫你來，有什麼事嗎？」

「沒……沒什麼事！」使者怒火攻心，站起來就走。回到楚營，立刻去找項羽投訴。項羽聽了臉色大變，這時候恰好范增過來，要項羽立即組織攻城，攻破滎陽，擒殺劉邦，早點結東這漫長的戰鬥。項羽卻問：「亞父，你跟劉邦那邊……沒聯繫吧？」

范增說沒有，項羽更加疑心。他這人有個毛病，一旦起了疑心，你再說什麼他也不信，而是懷疑你有沒有什麼陰謀。他認準了亞父勸他擒殺劉邦是個大陰謀，越發不肯攻城。發現項羽居然在懷疑自己，范增心裡頓感悲涼，說：「大勢去矣，項羽你在這裡慢慢玩吧，請允許我告老還鄉。」

失望的范增離開項羽，在返回彭城的路上，就因為傷心死掉了。

可這件事還真不能怪項羽。很顯然，項羽已經感覺到，在他的陣營裡有內奸，而且是大內奸。他懷疑這個人，懷疑那個人，卻唯獨沒有懷疑到真正的內奸項伯身上。項伯可說是中國特工界的鼻祖。他這個鼻祖也沒什麼值得驕傲的，不過是暗中坑害自己的親人，這事真不是正常人幹得出來的。

詭計連環，除掉范增，是短時間內劉邦第三次情報戰與資訊戰了。在這三個案例中，劉邦和張良甚至重複使用一個完美的資訊戰公式。

情報戰與資訊戰

劉邦的三起情報戰和資訊戰，都是發生在西元前二〇四年。

從時間順序上來看，第一起情報戰應該是偶然事件。發生在安邑戰爭之初，劉邦命說客酈食其去西魏國游說魏王豹，想讓魏國站到自己的陣營來。魏王豹明確拒絕了酈食其，卻毫無防範，讓酈食其搜集了魏國軍隊的詳細情報，滿載而歸。而後，劉邦和韓信針對魏國軍隊的布署，制定了專屬的打擊方案，結果一戰而滅魏。

很明顯，順利消滅魏國，讓劉邦一下子意識到情報的重要性。可以確信，就是在此起事件之後，他想到了埋伏在項羽身邊的棋子，並正式啟動了針對項羽的情報戰。

項伯為劉邦送回來的情報，就是關於九江王英布和項羽之間關係不睦。這個情報讓劉邦產生希望，並決定實行曝光計畫，讓自以為聰明的騎牆派英布無路可走，只能死心塌地地與項羽為敵。這次行動就是劉邦發起的第二次資訊戰。

當漢使隨何一行抵達九江並受到接待時，計畫就已經成功了三分之一；而當英布接見漢使隨何時，計畫就已經成功了三分之二。計畫的最後一步，雖然在流程上只占了三分之一，但在整體計畫中，卻具有決定性的分量。這一步就是等到楚使來到之後，隨何硬衝進去攤牌，把英布腳踏兩條船的事公諸於眾，讓英布無路可走。

曝光計畫順利推行，最終讓英布與項羽決裂，跳到了劉邦陣營。而這起成功案例激發了劉邦和張良等人的靈感，對這起行動進行了詳細分析。要分析的問題只有一個：針對英布的曝光戰役，決定性的變數是什麼？

如果找到了這個關鍵性變數，就掌握了資訊戰的基本法則，從而可以靈活地運用這一戰術。

從情報戰演變到資訊戰，關鍵性的變數只有一個：資訊的傳遞！

漢軍之所以能夠獲得安邑大勝，是因為率先掌握了對方的軍事情報，掌握了準確的資訊。由此我們可以得出資訊戰的第一條定律：資訊是決策的前提。

接下來，劉邦和張良啟動了針對英布的曝光計畫，計畫順利成功，使得他們迅速總結出資訊戰的第二條定律：控制資訊，可以控制對方的生死。

曝光計畫中最重要的一點是，劉邦陣營對資訊擁有絕對控制權。他能夠及時準確地獲得有關項羽的資訊，同時又能把自己刻意設計的資訊，傳遞到項羽的耳邊，促使項羽按照自己的期望行動。

整個事件過程中，項羽宛如一具沒生命的木偶，完全由劉邦玩弄。劉邦想知道他的情況，就能夠透過特工項伯準確獲知；而劉邦希望項羽聽到些什麼，就能夠順利地把這些資訊傳遞過去，從而主宰了項羽的選擇。

劉邦和張良透過擺布英布，終於發現了資訊戰的第三條定律：資訊藉由管道傳遞，管道不一定能控制，但資訊可以控制。

這條定律的意思是，項羽的使者忠實地向項羽反映了他所見到的情況，但這個情況卻是假的，進而導致項羽判斷失誤。

劉邦發現第三條定律的同時，也發現自己可以隨意操縱項羽陣營任何一個人的命運。所以他不顧滎陽城被楚軍團團圍困，自己已是命在旦夕，仍然發起了打擊亞父范增的第三次資訊戰。

在打擊亞父范增的行動中，劉邦已經牢牢控制住兩條資訊管道，一條是潛伏在項羽身邊最深的項伯，另一條是美男子陳平所操縱的間諜網。這兩條資訊鏈，一在朝一在野，一條是項羽身邊，一條是民間輿論，形成了對范增極端不利的環境。可以確信，這個時候的項羽會經常聽到「群眾反映」有關范增暗通漢軍的風言風語。但這些資訊都是隱密的，不能公開，劉邦要做的，是透過項羽的資訊管道，將扭曲的訊息傳遞到項羽耳邊。

而項羽的資訊管道，就是他派出的使者。在九江，劉邦已經成功地利用這條管道，將自己希望的訊息傳遞到項羽耳中。這一次，劉邦仍要故技重施。

從資訊戰的第三定律來看，項羽的資訊管道對項羽是忠實的，但其回饋的資訊卻是可以控制的。劉邦用這個手法已經玩弄了英布，現在他要再來玩范增。

當楚使來到之後，陳平按劉邦的授意，假裝認錯人，故意送上豐美的酒食，等楚使心花怒放了，又突然將美食撤掉。這強烈的刺激強化了楚使對范增的怨恨與不滿，他忠實地把這個訊息傳遞了過去，而項羽也沒有任何理由懷疑這條訊息的真實性。

藉由上述分析，我們可以發現，漢使隨何在九江面對楚國使者說的話，與美男子陳平在滎陽對楚國使者的戲弄，兩者在機制與原理上是同樣的。都是劉邦先行製造虛假資訊，再利用項羽的資訊管道傳遞過去，從而控制項羽的選擇。

當劉邦興趣盎然地沉浸在資訊戰的研究之中，控制項羽的行為並活活氣死范增的同時，滎陽城正被楚軍團團圍困，城池隨時可能被攻破，這說明什麼？說明劉邦太貪玩了，死到臨頭，還天天琢磨著坑人害人，真是拿他沒辦法。

滎陽大崩盤

史書上對於支線戰場和情報戰、資訊戰等描述極為詳盡，那是因為劉邦是最後的贏家，歷史當然要偏向著他點。但在後人忽略的主戰場上，真正具壓倒性力量的，卻是項羽的楚軍。

先來看看楚漢兩軍的作戰隊伍：

【正方：漢軍】

統帥：漢王劉邦。

謀士一：成信侯張良。

謀士二：護軍中尉陳平。

謀士三：廣野君酈食其。

謀士四：謁者隨何。

將領一：將軍夏侯嬰。

將領二：將軍周勃。

將領三：將軍樊噲。

將領四：中大夫灌嬰。

將領五：九江王英布。

將領六：御史大夫周苛。

將領七：都尉酈商。

將領八：將軍劉賈。

將領九：樓煩將（無名）。

漢軍總兵力八萬至十萬人。

【反方：楚軍】

統帥：西楚霸王項羽。

謀士一：歷陽侯范增（遭受劉邦的資訊戰打擊，被除名）。

謀士二：武涉，一名說客，但業務能力比較弱，最終誤了大事。

將領一：大司馬曹咎。秦朝時，他是蘄縣的典獄長，當時項梁入獄，是他出面說情，釋放了項梁，所以項羽依其為親信。但他的水準始終維持在典獄長狀態，未能及時提升。

將領二：長史（前塞王）司馬欣。秦朝時，他是櫟陽典獄長，當時項梁入獄，就是由他負責監押。但他賣了蘄縣典獄長曹咎面子，釋放了項梁，所以歸附項羽後，立即受到重用。

將領三：將軍季布。

將領四：將軍鍾離昧。

將領五：將軍龍且。

將領六：將軍項聲。

將領七：將軍終公。

楚軍總兵力十五萬至二十萬人。

透過雙方的實力配比，我們可以看到，楚軍的兵力人數恰好是漢軍的一倍。這個兵力上的優勢，完全是項羽在彭城戰役中打出來的。彭城戰役前夕，劉邦擁有的總兵力多達五十六萬人，結果被項羽的三萬樓煩騎兵，輕鬆殺掉了至少二十萬人。剩下的三十萬人，三分之二歸了項羽，劉邦那邊只剩下三分之一，這就是造成目前雙方配比的因由。

彭城大捷之後，楚軍迅速向西推進，計畫先把劉邦打入關中，然後徹底消滅，或是再打回巴蜀老巢去。為此，楚軍做出了以下幾項決定：

一是拒絕劉邦提出的滎陽以西歸漢的求和建議，並加緊西進。

二是派遣使臣游說英布，使其兵出武關，西擊關中，抄劉邦的老巢。但這個策略被劉邦的資訊戰挫敗，英布不僅沒有去抄劉邦的老巢，還反過來揪住項羽的後腿不放，導致楚軍西進計畫止於滎陽。

三是與趙齊訂立和約，穩定楚北、東北和西北方向的局勢。但這個計畫同樣被韓信的支線戰役挫敗，韓信滅了趙國，只剩下齊國孤懸在一邊。

四是由項羽親統主力軍，重力進擊滎陽，切斷劉邦的運糧通道，造成漢軍的供應困難，再進而奪取成皋，西出函谷關。原計畫是與從武關入關的英布會合，目前只能放棄這個想法，而選擇在滎陽城下與漢軍決戰，擒殺劉邦。

楚軍的戰略部署在第一時間就由間諜項伯迅速通報到劉邦的案頭上，於是針對項羽的布署，劉邦也安排五條對應戰略：

一是以主力軍死守滎陽，堵住楚軍西進通道。如若滎陽城破，則漢軍必然陷入大崩盤的境地。

二是聯絡梟雄彭越，使其在楚軍後方進行游擊戰，主要目的是破壞楚軍的供應線，以掐斷楚軍的糧草運輸為上上之選。但彭越的表現明顯有失水準，因為楚軍陣營始終是兵精糧足。

三是以資訊戰策反英布，讓項羽的兵出武關計畫澈底落空。

四是加強關中防衛力量，一旦滎陽失守，漢軍將以武關、嶢關、函谷關及臨晉關為第二道防線。

五是加強支線作戰，寄希望於韓信打出局面。

雙方的戰略對抗持續到目前為止，整體來說，劉邦在支線及側面戰場上得分較高，但在主戰場上，項羽卻是始終領先。到了劉邦第三次在資訊戰上取得突破，打掉項羽身邊的頭號智囊范增時，滎陽城已是山窮水盡，糧道澈底斷絕，劉邦也被牢牢封鎖於城中，逃生的可能性不大。

危急之際，紀信來找劉邦。

紀信這個人，傳奇色彩極濃。他就是中國民間傳說中的城隍老爺。但實際上，他在歷史上總共只露了兩次面，第一次是在鴻門宴上，當時劉邦害怕項羽殺掉他而中途逃走。初登場的紀信手持短劍，跟在劉邦的馬屁股後面一路狂奔，逃回漢營。而這一次是紀信第二次出場，也是最後一次。

眼見城池被楚軍團團圍困，紀信來找劉邦，說：「形勢危急，請讓我裝扮成大王，去欺騙項羽，我佯裝向楚軍投降，大王可以趁機從小路逃走。」

劉邦說：「好，這個建議很有創意，誰還能再補充一下，讓計畫更完善些？」

陳平急忙道：「我來補充，你看除了李代桃僵，再加上個美人計如何？」

「美人計？」劉邦說，「計畫可以說是盡善盡美了，那咱們就執行吧，執行力是關鍵。」

計畫開始了。只見滎陽東門突然打開，傳出嘰哩呱啦的叫聲，同時衝出兩千多名年輕漂亮的婦女。楚軍都是血氣方剛的小夥子，聽到女生的尖叫聲，頓時亢奮起來，就轟的一聲衝向東門堵截。這時候，兩千多名女人堆中，搖搖晃晃地駛出來一輛車子，黃色的傘蓋，車左懸掛著羽毛裝飾的旌旗。有人大聲喊道：「城中的糧食早已吃完了，漢王認輸了，出城向楚王投降。」

「萬歲！萬歲！萬歲！」楚軍士兵們激動得呼喊起口號來，全都擁到東門看漢王投降。項羽也急忙趕來，喝問道：「劉邦在哪裡？」

只見車簾一掀，紀信探頭出來：「哦，你問漢王啊，真不好意思，他已經從西門走了，算算行程，大概已經到達函谷關了吧？」

哇呀呀！項羽一聽，氣得差點沒瘋掉。當即下令把紀信連人帶車一塊燒掉，而後立即率兵出發，去追殺劉邦。

至此，成皋戰役的第一階段，從資訊戰策反九江王英布開始，這場漫長而繁瑣的糾纏戰役，終於以紀信挺身而出，烈焰焚身而宣告結束。紀信的選擇實際上是出於無奈，畢竟那是一個殘酷的時代，一個缺乏平等觀念的黑暗時代。人的選擇少之又少，尊嚴與人格，只有藉由傳統觀念的維繫，才能獲得認可。

紀信以他的死亡，融入了中國的傳統文化。傳統京劇中有一個戲目，叫《紀母罵殿》。內容是說劉邦奪得天下，做了皇帝之後，拒絕追封紀信，紀信的母親憤怒之下，登堂罵殿，大罵劉邦忘恩負義。這齣不見於史的民間戲目，體現了國人對紀信的悲憫與同情。在壓倒一切的帝王基業面前，個人的生命顯得那麼脆弱，小民的犧牲又是那麼無奈。那是只有一個贏家的時代，這個背景注定了紀信必然的選擇。

第九章
東奔西走

西元前二〇三年，項羽三十歲，正值壯年；劉邦五十四歲，已經是年過半百的老頭了。一個三十歲的壯年漢子，向一個五十四歲的老頭伸出手指：「老頭你過來，咱們兩個較量一下，看我不打死你才怪！」這個三十歲的男子，心智竟像個孩子，完全沒想到他以壯年之身向一個五十四歲的老頭挑戰，是多麼不可思議。

間諜可當百萬兵

總結成皋戰役的第一階段，就是劉邦守在滎陽城內，項羽揮師而入，意欲攻打滎陽，卻因為劉邦花樣百出，機變無窮，最終拋出紀信和兩千名婦女為誘餌，劉邦本人得以金蟬脫殼。

在這個過程中，劉邦所做的一切就是拖延決戰。最終他成功了，趁楚兵擁到城東看熱鬧之際，他只帶了十個騎兵，朝著成皋方向狂奔。

項羽發現中計，就留下部將終公繼續攻打滎陽，他自己則率領樓煩騎兵追殺劉邦。震天的馬蹄聲中，成皋戰役的第二階段拉開了帷幕。

這一階段的特點就是過程短、節奏快、翻局迅速，讓人有點目不暇接。整個過程不到一個月，但至少有四個變局。概述這四個變局，仍然是以項羽狂追劉邦，意圖與劉邦決戰，而劉邦堅定不移地四處亂竄，堅決不與項羽決戰，並再一次重演滎陽故事，金蟬脫殼而後再次重創項羽。

先說第一個變局。這個變局很簡單，滎陽東門，項羽發現上當，憤怒地將紀信燒死，就去追殺劉邦，一口氣追到成皋。而劉邦進城，喘息未定，就看到楚軍追上來，劉邦立即做了個英明神武的決定：離開成皋，向關中逃竄。

劉邦逃入關中，項羽就沒法追了。為什麼呢？因為成皋據黃河而立城，項羽如果要追擊，首先必須要攻克成皋，但後面還有一座滎陽城，所以項羽只能在滎陽和成皋兩城之間流動辦公，意圖掃平關外。

而劉邦逃入函谷關，立即集結兵力，徵調部隊，打算再次東出函谷關，回到滎陽跟項羽糾纏。這時候卻走出來一個儒士轅生，對劉邦提出了極富創意的建議。

轅生說：「大王，你回滎陽幹什麼？回去後你能打過項羽嗎？明明打不過人家，卻非要回去自找沒趣，這好玩嗎？既然回去也打不過人家，我建議就不要回去了。若不回去，那麼大王要去哪裡呢？我建議大王率領軍隊，南出武關。項羽得到消息，就會立刻追殺大王至武關。當然到了武關，大王照樣還是打不過項羽。打不過怎麼辦呢？就暫時先別打，躲在城裡不出去。如此一來，戰場又多出一個，滎陽一個戰場，成皋一個戰場，韓信去黃河以北弄出個戰場，大王再在武關新開闢一個戰場。這麼多個戰場堆在一起，估計項羽的腦子未必夠用，只要有一個戰場顧不過來，就夠他煩的了。」

劉邦聽了大喜，說：「好主意，這次咱們聽你的。」

其實，劉邦是沒有勇氣再回滎陽。面對項羽的拚命進攻，滎陽城破擺明了就在指日之間。換個地方再開戰場，至少心理上覺得安全一點。

於是劉邦丟下滎陽不要，率師出武關。打開武關走出去，外面就是河南的地盤。劉邦就在河南的南陽、葉縣一帶跑來跑去，專挑沒有守軍的城池攻打。知道項羽遲早會找上門來，他心裡害怕，就傳令九江王英布把他的游擊隊帶到武關來。這一招又叫嫁禍於人，因為項羽恨死了英布，如果英布在武關，等項羽追殺過來，肯定首攻英布，這樣劉邦就又多了個逃跑的機會。

果然，這時候項羽已經打下成皋，正為找不到劉邦而鬱悶，突然聽說劉邦又從武關竄出來了。項羽氣不打一處來，急忙命令部將終公來守成皋，他自己則率領騎兵，疾奔南陽、葉縣去找劉邦單挑。

這是成皋戰役第二階段的第二個變局，項羽二追劉邦。聞知項羽來到，劉邦早有準備，立即飛快地逃回早已修築好的營壘中，躲在裡面拒絕出來。這時候項羽反而是好整以暇，因為劉邦和英布合併在一塊，讓項羽心煩的戰場少了一個。目前只有兩個戰場，劉邦這邊一個，滎陽成皋那邊一個。成皋落入楚軍之手，而滎陽已是力不能支，隨時可以破城。所以項羽調集重兵，打算在南陽結束這場戰事。

正在調集兵馬，運輸糧草時，突然又傳來一個壞消息。始終在北方打游擊的彭越發現沒人理他，不甘寂寞，就趁機東渡睢水，殺入了楚國大後方，肆無忌憚地胡鬧起來。

彭越突然出手，猶如奇兵天降。劉邦原本是指望韓信殺出，但是韓信和張耳自從平定北方之後，無論劉邦怎麼急迫地催促，兩人硬是按兵不動。此時的韓信明顯已生出異心，這就是韓信此後殺身之禍的端由。但目前的劉邦自身難保，當然無暇追究韓信。幸虧他早早布下彭越這招後手，在這時候救了他的老命。

彭越突然殺出來，讓項羽措手不及。他認真掂量了一下目前的局勢，權衡雙方的力量配比，決定兵分三路：自己仍然在南陽咬住劉邦，不死不休。部將終公仍然是攻打滎陽，直到城破為止。再派部將項聲、薛公東進，去找彭越決戰。

項羽是知兵之人，他派出兩員大將去擺平彭越應該是沒有問題的。單就雙方的實力而言，項聲和薛公的能力都不弱於彭越，以二打一，項羽這邊的勝算很大。

但千算萬算，漏掉了關鍵。以項聲和薛公二對一，確實是沒問題，但項羽卻不知道，劉邦那邊還有一個項伯。有項伯在，可當百萬兵，項羽他這輩子甭想贏。

楚漢人品大戰

有項伯在項羽身邊潛伏臥底，劉邦全面掌握了楚軍的動向。而此時他被楚軍團團圍困於南陽的營壘之中，能救他一條命的，唯有彭越。所以劉邦絕不能讓彭越輸。

於是，歷史就順理成章地發生了。項聲與薛公兩員楚軍大將去擺平彭越，雙方戰於下邳地區，結果楚軍吃了個大敗仗，可憐的薛公竟然被彭越給打死了。

回顧彭越的歷史，他堪稱是當時的游擊戰專家。最擅長的是等敵方大部隊遠去之後，他突然冒出來攻城掠地，等到對方機動部隊殺回來，他又神祕地消失。黃河沿岸的沼澤地就是他的老巢，自從起兵以來，無論走出多遠，他最終都會以老巢為圓心，確保自己萬無一失。

簡單地說就是，在下邳戰役之前，彭越是一介江湖草莽，從未與楚軍的正規軍交過手。首次交戰，面對項羽手下有名的兩員戰將，卻能夠擊敗對方，斬其一人，這必然是情報戰發揮了作用。如果不是，那彭越一個人就可以單挑項羽了，歷史上也沒劉邦混的分兒了。

可惜認為情報戰助彭越斬殺楚將薛公是後人的分析，項羽的分析結論卻不是這個。

項羽認為，這個彭越是個很能打的大敵，非他本人出馬，不足以制伏。但如果項羽去找彭越單挑，劉邦這邊又由誰來管呢？

眼下的情勢很明顯。論單兵作戰，項羽坐頭把交椅；組織能力，劉邦當仁不讓。所以項羽固執地想逼迫劉邦與他比單兵作戰，而劉邦則是堅定不移地將戰事鎖定在組織戰的範疇以內。項羽是劉邦唯一的剋星，一旦項羽離開，又該輪到劉邦大展身手了。

項羽思前想後，知道撤兵是唯一的選擇。他依依不捨、一步三回頭地離開劉邦營壘，自率主力軍回師，進擊彭越，穩定大後方。

劉邦終於迎來了他渴望已久的變局——他不需要再面對項羽了。費盡了周折，調虎離山的妙計終於成功。興高采烈的劉邦率漢軍蜂擁而出，擁向成皋，去找項羽的部將終公單挑。可憐的終公名不見經傳，哪裡是劉邦的對手？被劉邦打得滿地亂跑，成皋又被劉邦順利奪回。

話說項羽返回後方，那彭越早已消失在茫茫大地，根本不可能再找到了。失望的項羽勒馬回首，發現身後的漢軍再次形成梯隊陣勢。劉邦的御史大夫周苛和部將樅公，仍然死守在搖搖欲墜的滎陽城。而後方是劉邦的主力人馬，麇集於成皋，向項羽耀武揚威。

項羽搖頭嘆息，在心裡說：「劉邦，你鬧夠了沒有？該歇歇了吧？」

楚軍回師，疾搗滎陽。這座煩人的城池終於被攻破，負責守城的漢國御史大夫周苛被楚軍俘虜，將領樅公戰死。

周苛被押到項羽面前，項羽對他說：「周苛，你很能打，我看好你。你以後就在我這邊幹吧，我封你為上將軍，讓你食邑三萬戶，夠意思吧？」

周苛回答說：「謝謝美意，但我誠懇地建議你快點投降更妥當，因為你根本不可能是漢王的對手。你別嫌我說話難聽，等你被漢王俘虜，就知道我是一片好心了。」

項羽說：「拿大鍋來，添柴生火，給我把這個頑固的傢伙煮了。」

這是項羽第三次煮人了。第一次煮了個儒士韓生，第二次煮的是沛縣前大佬王陵的母親，這次煮的是周苛。項羽為什麼非要煮了周苛呢？因為項羽氣極，氣的是他被劉邦調來調去，到處逮不到人來打。好不容易逮住個周苛，滿腔熱情地想跟周苛交朋友，可周苛卻不給面子。

然則，周苛為什麼寧可被水煮，也不跳槽呢？這是因為周苛是沛縣人氏。他和表弟周昌，秦朝時是郡監手下的士兵，劉邦起事之後，周氏兄弟就追隨了劉邦，是道道地地的子弟兵。劉邦能夠策反項羽的叔叔項伯，當然會防著項羽這一手。既然劉邦留下周苛守滎陽，就意味著無論是劉邦、周苛還是周苛的家人，都已經接受了他必死的結局。

縱然水煮，也撼動不了劉邦團隊分毫。

而項羽的親叔叔項伯，卻在偷偷地出賣他。

單單比較人品，項羽就輸慘了。

所以楚漢相爭，本質上是人品大戰。劉邦這邊替死的有紀信，不怕死的有周苛；項羽那邊卻是連親叔叔都籠絡不住，你說這仗還怎麼打？

雖然項羽的人品靠不住，但確實沒人打得過他。拿下滎陽之後，項羽就順利向成皋推進，再次挑戰劉邦。成皋這座城曾經被楚軍奪取過，這就意味著此城的防守能力不足，項羽此來，成皋必失。所以劉邦當機立斷，做出一個英明神武的決定：逃！

西元前二〇四年六月，項羽在一個月內兩次攻克成皋。成皋戰役第二階段，就在劉邦逃出成皋之際宣告閉幕。

暗算無常死不知

成皋戰役的第三階段生動地拉開序幕。

畫面是從一輛車子開始。車子很小很簡陋，就在成皋第二次破城之日，從北門的門縫擠了出來。趕車的人也很低調，混雜在難民之間，絲毫不起眼。車子裡擠坐著兩個人，滿臉緊張疲憊，正是劉邦和夏侯嬰。在他們身後，是震天的喊殺聲和熊熊燃燒的火光。破城的楚軍一面大肆屠殺四處逃竄的漢軍士兵，一面搜尋劉邦的下落。

然而劉邦卻是天生的逃亡大師，他從年輕時代起，就因為犯罪而被秦朝官吏追捕，因此累積了豐富的逃亡經驗。他一生中逃亡的次數不下十數次，卻一次也沒有被捉到過。可以說，劉邦創下了成功逃亡的金氏世界紀錄，至今無人能打破。

為什麼沒人能夠逮到他？因為他熟知別人的思維弱點，而世人卻對他一無所知。反觀項羽，面對神祕消失的劉邦，只有深深的困惑與鬱悶。

劉邦悄無聲息地逃到了小修武。這是什麼地方呢？

在這裡，有一支強大的漢軍部隊，帶隊的正是韓信和張耳。

劉邦在黃昏時分抵達韓信兵營門外，但是他沒有通報韓信，而是和夏侯嬰喬裝成過往行人，在小修武當地簡陋的客舍裡住了下來。從當時的情形來看，這一夜他並沒有睡好，實際上，他只在上半夜稍稍打了個盹，未等天亮，就和夏侯嬰出了客棧，把那輛破車修飾了一下，插上帶有羽毛的旌旗標誌，朝韓信的大營衝了過來。

到了大營門前，他沒有表露身分，只聲稱自己是漢王派來的特使，而且他隨身攜帶著相關的印符，所以得以順利進入兵營。再接下來，應該是發生了一場小規模的交火，劉邦和夏侯嬰手下的人，突然亮出自己漢王的身分，趁韓信扈從們目瞪口呆之際，迅速攻占了韓信及張耳的帷幄。並在沒有驚動兩人的情形下，先行收繳了兵符印信。等張耳和韓信迷迷糊糊地醒來，聽到的是漢王升帳，喝令二人迅速覲見的聲音。

這就是歷史上有名的「小修武劉邦大奪兵，睡夢中韓信遭暗算」的故事。但很少有人解釋，劉邦為什麼要這麼幹？他既然抵達了小修武，何以不通知韓信速速迎駕，卻弄出這麼個名堂來，此舉有何深意呢？

想了解劉邦的用意，須得從楚懷王的悲催命運說起。

這裡所說的楚懷王，是戰國時代楚懷王的孫子。秦始皇滅六國，一統天下之後，老楚懷王的孫子就被打回原形，成了小牧童。後來項梁東渡，為了豎立一杆能夠號令天下的戰旗，就擁戴這個小牧童做了新一屆的楚懷王。再後來項梁戰死，楚懷王盡收權柄，剝奪了項羽的兵權。

但是隨後不久，秦將章邯包圍趙國鉅鹿，趙國向楚懷王求救。於是楚懷王挑選了最信任的宋義，以其為上將軍，統十萬楚兵，去救援鉅鹿。不料，途中項羽突然發動兵變，殺掉宋義，奪取了兵權。

從此以後，項羽就再也沒有把兵權還給楚懷王。

楚懷王淪為了孤家寡人，無枝可依，搞到最後，竟然被項羽派英布於江心截殺，枉送了一條性命。

這活生生的前車之鑑，讓劉邦深切意識到：權力的誘惑是不可抵禦的。沒有人會放下手中的權力，沒有人會這樣做。

由此推斷，韓信也肯定不會放棄手中的權力。為什麼要交出手中的權力呢？

所以，如果劉邦一到小修武，就通知韓信速速迎駕的話，他無法保證會發生什麼事。沒有證據表明，韓信一定會殺掉劉邦，但劉邦要盡最大努力避免任何不測事件發生。

這就叫：「金風暗動蟬先覺，暗算無常死不知。」早在和夏侯嬰一起逃往小修武的時候，劉邦就在心裡盤算他可能遭到的危險。他不僅在逃避項羽的追殺，同樣也要防範著自己人。

毫無疑問，像劉邦這樣算計，會活得很累很累，但至少，他活得比楚懷王更長久！如果楚懷王也像劉邦這樣會精心盤算，這世上大概就不會有項羽的位置了。事實上，正是因為劉邦算無遺策，才導致韓信悲苦的命運，讓他失去成為第二個項羽的機會。

此外，劉邦此舉防範的不僅是韓信，還有張耳。

要知道，張耳是有前科之人。早年他和陳餘奉陳勝之命，隨陳勝部將武臣經略趙地，等趙地打下來之後，張耳和陳餘卻勸說武臣自立為趙王。這件事儘管有利於當時的抗秦局勢，但對於陳勝本人來說，卻帶來巨大的傷害。

此時張耳和韓信統兵橫臥趙地，其戰略格局與當年陳勝時代如出一轍。劉邦沒理由相信，在同等的政治利益格局下，同樣的事情不會再發生。搞不好張耳忽然老毛病發作，會再次勸說韓信稱趙王。

所以，劉邦一防韓信，二防張耳，他實際上誰也信不過。就如他落魄的當年，去大嫂家裡白吃，連大嫂暗示廚房裡沒有飯了，他都要親自驗一下，可見這個傢伙對人性是極度懷疑的。

劉邦不相信人性——又或者，他只相信人性是不可以相信的。和劉邦這樣的人共事很令人絕望。除非做到像紀信、周苛那樣，被人用火燒，或是用水煮，否則無法取得劉邦的信任。

那麼，大家為什麼還要選擇劉邦，而不選擇項羽呢？

選擇項羽比選擇劉邦更令人絕望。在劉邦陣營，最多是沒便宜可占，可在項羽陣營，卻只能像范增那樣，無端遭受疑忌，落得個沉冤海底，連個說理的地方都找不到。

比較劉邦和項羽這兩個老闆，劉邦只是精明，在他手下無法藏私而已。但只要你認真表現，不存私心，還是有許多發展機會的。而遇到項羽，他唯一信任的是最不應該信任的間諜項伯，所以你表現得越好，反而出局得越快。這也是小修武奪權事件發生之後，史學家對劉邦持寬容態度的主要原因。

總之，倉促之間從床上爬起來的韓信和張耳，面對手執兵符印信，「踞床洗」的劉邦，唯有目瞪口呆，不知所措。

劉邦在微笑，或許他心裡還有一股強烈的成就感。他阻止了張耳和韓信因為無法抵禦權力誘惑而人性橫決。既然大家都沒有機會表現出人性中黑暗的一面，那就仍然是積極的、陽光的、向上的，仍然是可以繼續合作的。

重演調虎離山

暗入小修武，奪取了兵權，劉邦接著為張耳、韓信分配工作。

他派張耳下鄉，巡視趙國各地，看看有什麼發現。並派韓信去攻打齊國。

韓信鬱悶地說：「好，大王，我這就去打齊國，這次大王能給我多少人？」

「人？」劉邦說，「小韓啊，我這邊的人手還不夠呢，要不你自己想想法子？」

劉邦把韓信手中的人手全都搶走了，讓韓信鬱悶到無以復加。可是韓信不敢吭聲，因為劉邦幾次三番催促他出兵救駕，韓信都因為首鼠兩端，遲遲沒有行動，他現在只求劉邦別追究這事，就已經是萬幸了。

無奈之下，韓信找張耳想辦法，湊了點人手，準備進擊齊國。劉邦則把韓信的人全部調到鞏地，阻止楚軍西進。

這時候劉邦的新戰略，是借韓信出兵齊國的機會，意圖從北部及西北部包圍楚國，進而威脅楚軍的側背，再次逼迫項羽分散兵力。劉邦就可以趁機大打機動戰，一塊塊吃掉楚軍。

按照這個布署，劉邦率軍興沖沖地出了小修武，抵達黃河岸邊，正要渡河，忽然間來了個郎中鄭忠。

郎中這個職位相當於警衛營營長。他借劉邦路過的機會，勸說道：「大王，你為什麼要渡河？渡河的目的是不是想和項羽對打？可問題是，咱們根本打不過項羽呀。明明打不過還非要過去，這不是自討沒趣嗎？」

劉邦說：「那你的意思是該怎麼辦？」

鄭忠說：「我的意思是，過不過河並不重要，重要的是千萬不能真的和項羽打。所以最好的法子呢，就是趕緊修築最堅固的營壘，深挖壕溝，多存些糧草，等項羽找來了，咱們好躲在裡面不出來。」

劉邦聽了大喜，說：「你這個建議好，真是太好了，咱們就依你。」

於是劉邦決定重演武關的故事，於黃河岸邊築堅壘，把項羽引過來。等項羽來了後卻不交戰，讓彭越抄項羽的後路。倘若項羽派去攻打彭越的人數少了，就會被彭越幹掉；可如果項羽派去攻打彭越的人多了，留在劉邦這邊的楚軍必然減少，又可以讓劉邦打上一場漂亮的殲滅戰。

這招數既然奏效，就要繼續用下去，於是劉邦下令築堅壘。忙亂之際，他忽然又想起一件事：上一次武關之役，玩了個漂亮的調虎離山，是因為彭越打得好。可如果這一次，彭越的表現達不到效果，那又該怎麼辦？

劉邦決定再給彭越增派援軍，務必讓彭越打出效果來。於是派了將軍劉賈、盧綰兩人，統步卒兩萬，騎兵數百，渡過白馬津進入楚地，支援彭越。

這個劉賈，是劉邦的大表哥，而盧綰則是和劉邦同年同月同日生的夥伴。這兩個人是首次出戰，卻要打游擊戰，可見仗打到這一步，劉邦已是資源耗盡，沒有可用的人手了。

所以劉賈和盧綰出征，贏不贏倒還在其次，重要的是不能讓楚軍把他們給打死。據史書記載，這兩個活寶出征之後，在楚地先找地方紮堅壘，然後四處剽掠，焚燒楚軍的糧草。一旦楚軍進行掃蕩，他們倆就飛快地逃回營壘，死死地關上營門，堅持拒絕交戰。

儘管劉賈和盧綰沒什麼出息，但兩人畢竟是帶了兩萬漢兵入楚境，對於彭越來說，是極為有力的支持。得此二人牽制楚軍，彭越老兄發了狠，攻克睢陽，橫掃外黃，連奪楚地十七座城池。

楚國境內鬧成這樣，項羽真的支持不住了。他想了又想，就把大司馬曹咎和前塞王司馬欣叫過來，說道：「你們兩個聽著，現在我要說的話極重要極重要，關乎我們的生死。你們要一字一句地聽清楚，牢牢記在心裡，知道了嗎？」

大司馬曹咎說：「啥事呀老闆，看你弄得這麼緊張。」

項羽說：「老曹，軍國大事，生死攸關，你可別這樣吊兒郎當的。」

曹咎：「我沒有，老闆你儘管吩咐。」

項羽道：「老曹，你聽著，眼下這個情況很是危急，漢國的韓信進擊齊國，齊國招架不住，我們派了大將龍且和周藍過去，這邊的人手已經明顯不敷使用。不料後方又冒出個彭越，竟然連奪我們十七座城池。眼下這情形，如果我不回師，就無以克制彭越，收復失地；可如果我回去，劉邦必然會衝出堅壘，過來追殺你們。而你和司馬欣絕對不是劉邦的對手，倘若交戰，必然會死得極慘極慘。」

大司馬曹咎道：「明白了老闆，你放心去吧，我們把城門關好，不跟劉邦交戰就是了。」

項羽警告道：「可別把事情想得太簡單了，劉邦那傢伙詭計多端，你不出戰，他會千方百計地誘你出戰。千萬要記住，我一去一回，最多只需要十五天，十五天我就能奪回失城，打跑彭越。而在這十五天內，無論漢軍怎麼勾引你們，你們都要鐵下心來不理，一定要等我回來，等我回來才可以交戰。聽清楚了沒有？」

曹咎說：「好好好，老闆你快點去吧。不就是關門十五天，不理睬漢軍的挑釁嗎？這點小事容易，十五天之後，我期待著與大王勝利會師。」

「拜託了。」項羽千叮嚀萬囑咐，「十五天，你們只要忍耐十五天，我就回來了。十五天之內，千萬不要和漢兵接仗啊，千萬不要……」

項羽懸著一顆心，驅師東進，去追殺彭越。這個情報在第一時間被項伯報到劉邦的案頭，劉邦興奮得快要昏死過去：「傳令，大開壘門，取路成皋，與我打破城池，擒殺曹咎及司馬欣。」

正要出動之際，忽然一個人攔在劉邦面前：「大王忙不忙？不忙我跟你說件小事。」

劉邦細看來人，頓時大喜。此人的出現導致楚漢相爭從主線戰場迅速轉移到了支線戰場，也導致楚漢時代最能忽悠的說客，被人放在鍋裡，煮成了香噴噴的肉湯。

大家玩得有點嗨

突然跑出來要跟劉邦聊天的，是說客酈食其。

酈食其這個人，為漢軍立下了不可磨滅的功勞，也出過要劉邦封六國後人的餿主意。劉邦待手下人是出了名的不禮貌，但對於酈食其卻一向尊重有加，原因是酈食其的弟弟酈商，是劉邦依靠的戰場上的主將，而酈商的主要對手是鍾離昧，兩人打仗時互相尋找對方，找到就拚命。所以雖然酈食其出過餿主意，劉邦也不因此見責。

但是餿主意事件，對於酈食其來說，卻是沉重的打擊。因為酈食其自詡智士之輩，是靠腦子吃飯的。餿主意就意味著對他智力的否定，這是酈食其無論如何也不能接受的。所以酈食其苦思冥想多日，終於想出了一連串的妙計，急忙來找劉邦聊聊。

酈食其說：「大王，你可曾聽說過，知天之天者，王事可成。不知天之天者，王事必然沒戲。什麼叫天之天者？老百姓，就是君王的天。糧食，則是老百姓的天。有糧食，老百姓就能吃飽，君王就能安穩天下。沒糧食，百姓飢餓怨恨，君王也心神不安，不知大王以為然否？」

劉邦：「然……你到底是啥意思？你娘的快說！」

酈食其道：「是這樣的，我想請大王想清楚一件事，自從彭城一役以來，大王幾次三番與項羽相峙於滎陽。大王不挑前，不選後，偏偏揀在滎陽與項羽反覆拉鋸，其目的何在呢？」

劉邦：「對耶……我為什麼要選擇滎陽呢？好像真的有什麼原因，只不過……不過這些日子發生了太多事情，一時之間我想不起來是為什麼了。」

酈食其道：「大王忘了也是情有可原。因為大王這段日子，過得太過於顛沛流離，太過於激情燃燒。結果搞到最後，大王只顧著燃燒，卻忘了為什麼燃燒。之所以犧牲周苛，寧死也不放棄滎陽，就是因為滎陽這座城，是用來保護天下糧倉敖倉的啊！」

劉邦：「我的天啊，我怎麼把這事給忘了！」

酈食其道：「沒錯，情形正是如此。大王之所以選擇滎陽攻防，死戰不退，就是為了守住天下糧倉。而項羽拚了老命，不計血本，與大王幾次三番爭奪滎陽，目的也是為了奪取天下糧倉。但是雙方交手的時間長了，刺激過高，都玩得嗨了，連續兩次沉迷於調虎離山的快樂遊戲中，卻忘記了為什麼要在這裡玩。我希望大王能夠趁項羽醒悟之前，趕緊重振軍威，奪回滎陽，占據敖倉的糧倉，扼守成皋的天險，堵截太行的通道，阻塞飛狐口，守住白馬津。這就給諸侯一個強烈的印象，咱們漢軍已經占據了有利地形，足以鉗制楚軍。如此一來，天下那些腦力不夠用的諸侯，以為咱們漢軍勝券在握了，就會心生恐懼，趕緊跟我們一起幹，那麼項羽的敗亡，就指日可待了。」

劉邦狂跳起來，傳令，立即召開軍事會議，要馬上奪回敖倉糧倉。

酈食其攔住劉邦：「大王等一下，我的話還沒說完。」

劉邦：「……還沒說完？那你接著說。」

酈食其：「大王，現在的國際形勢是，南方是項羽的老巢，有我們的幾支游擊隊，在楚國的腹地添亂鬧事；而北方則是我們雙方的主戰場。此時趙國和燕國都已經平定，成為從側面壓制項羽的強大力量，把項羽憋得透不過氣來。但是項羽仍有足夠的殘存空間，那就是齊國對他的支援。再說齊國的情形，齊國，是田氏的老地盤，北靠大海和泰山，以黃河和濟水為險阻，與楚國緊密相連。這是兵家險地，易守難攻呀。大王你即使派出幾萬人的部隊，也未必能夠在短時間內拿下齊國。只要楚齊兩國相互支撐，我們就缺少足夠的勝算。所以我請求帶著大王的詔令出使齊國，說服齊國歸附漢王，以為屏藩，不知大王以為然否？」

劉邦大喜：「好，就依你。」

於是酈食其拿著劉邦的親筆詔令，興沖沖地出發了，要以他的三寸不爛之舌，說得齊國不戰而降。

但是，劉邦和酈食其都忘了一件事：劉邦已經下令讓韓信攻打齊國。這時候又派出說客，照理說，這麼重大的政策調整，是一定要通知韓信一聲的，以便雙方好好配合。可打仗這種事，說起來真是千頭萬緒，要考慮的事情無以數計。以劉邦的腦子，打到最後都把自己打亂了，打糊塗了，連為什麼不斷爭戰滎陽都忘了。現在派酈食其去游說齊國，也忘了告訴韓信一聲。

悲劇總是在資訊不足的情形下發生。酈食其此行原本是打算揚名天下、誇耀百世的，卻因為溝通不良，不幸遭遇競爭對手，滿腹的名利之心，竟然化為一鍋水煮白肉。

同行是冤家

此時，韓信正統師向齊國進發，但因為劉邦奪走了他的軍隊，他只能自己想辦法湊人手。結果搞到最後，較晚主動請纓的酈食其，反而比韓信更早出發，而且已經抵達齊國。

現在的齊王叫田廣。齊國英雄，俱在田氏，自陳勝起事以來，齊國的國王走馬燈似的換了又換。但無論怎麼換，換上來的齊王始終是姓田的。田廣親切接見了酈食其，聽這個說客忽悠。

酈食其開口了：「大王，給你出道腦筋急轉彎：你可知道，這天下最終歸誰所有嗎？」

田廣：「不曉得，請先生告訴我答案。」

酈食其：「這天下，必然是歸屬漢王。」

田廣：「證據呢？先生這麼說，可有證據？」

酈食其：「大王想要證據，就請再回答我一個問題，什麼樣的人，才能夠奪得天下？」

田廣：「這個……我更不知道了。」

酈食其：「那我來告訴大王吧：得人心者，得天下！」

田廣：「聽起來好像是那麼一回事。」

「沒錯！」酈食其重重地一拍手，「歷史的規律就是得人心者得天下。既然我們在這個問題上沒有歧義，那就可以依『得人心』這個關鍵指標，給楚王項羽和漢王劉邦兩人做個評比，比一比誰的分數高，誰的分數低。這個天下，必然會歸屬那個得分高的人，不知大王以為然否？」

田廣：「評分……好新鮮呀，請先生評分看看。」

酈食其：「好，請大王聽我一一道來。我們從頭說起，滅秦時，漢王先入關中，得一分。楚王卻違背盟約，不封漢王為秦王而改封漢中王，楚王得負一分。

「楚王以下犯上，流放天下共主義帝並暗遣人於江心截殺。而漢王卻痛哭流涕，起兵為義帝復仇。漢王加一分，楚王減一分。以上兩條是從道義上來說，漢王總分得二分，楚王是負二分。

「現在咱們再來比較他們的人品。漢王收聚天下兵卒，立諸侯的後裔為王，得到財物分給士卒，跟天下人同享財利。而項羽狼子野心，自私自利，手下人立了戰功得不到獎賞，打下城池也沒有功勞，所以天下人都願意追隨漢王，而討厭楚王。於是漢王再加一分，三分了。楚王再減一分，負三分了。

「比過了人品，再來比較雙方的實力。漢王平定三秦加一分，渡過西河加一分，攻占北魏加一分，井陘滅趙加一分，奪得敖倉加一分，阻塞成皋加一分，扼白馬津、阻太行道、扼飛狐口，再加一分。漢王每加一分，楚王就減一分。目前漢王得十分，楚王得負十分。」

酈食其扳著手指，跟齊王計算完畢，問道：「我已經替大王把漢楚兩邊的優勢劣態分析得非常清楚了，請問大王，面對這鮮明的比分，你何以自決呢？」

齊王嚇呆了：「那……我該怎麼辦？」

酈食其一拍大腿：「這還用問嗎？當然是立即表態向漢王投誠，這樣齊國就可以保全。否則的話，惹火了漢王，派軍隊打過來，他那邊又加了一分，齊國可就不復存在了。」

齊王說：「好，我已經命華無傷和田解兩位將軍，統帥齊國的二十萬大軍，前去迎戰漢軍。現在我聽你的，把軍隊全部撤回來，再派使者去漢王那邊表態效忠。」

酈食其大喜：「這就對了嘛。」

於是齊王田廣決定歸附劉邦，就擺下酒宴，和酈食其喝了起來。這會兒，韓信正統率他臨時湊出來的人馬，向東進軍，還沒有渡過黃河，就遭到齊國二十萬大軍阻攔，正在為難之際，齊軍突然派人來報信，說是齊漢兩國已經決定交好，雙方不打了。說罷，齊國軍隊就開始陸續後撤。

韓信長長鬆了一口氣，傳令安營紮寨，不打了。卻不想，這時候旁邊忽然轉過來一人，面貌奇特，服飾古怪，問韓信：「將軍，你為何突然停止進軍？」

突然出現的這個人，名字叫蒯徹。但史書上都故意把他的名字寫錯，寫成蒯通。這是因為後來有個漢武帝，名字叫劉徹。「徹」這個字，被漢武帝用了，一般民間人士就不允許再用，連老祖宗都不能用，都得改名。於是史家就把蒯徹改名為蒯通。但他就是蒯徹，改了名也叫蒯徹。

還有，關於蒯徹這個人的籍貫，《史記》上有兩種說法，一說他是齊國人，一說他是范陽人。想知道他到底是哪國人，聽聽他對韓信說了些什麼，大致就清楚了。

當時韓信對蒯徹說：「先生，齊國已經臣服了漢國，不需要再打了。」

蒯徹問：「齊國臣服漢國，跟你打仗有什麼關係？」

韓信：「這個……應該有關係吧？」

蒯徹：「屁關係也沒有！齊國臣服是齊國的事，你打齊國是你的事，你快接著打吧。」

韓信：「……不是，先生，人家齊國已經投降了，咱們再打，沒理由啊？」

蒯徹：「怎麼沒理由？理由太多了！我問你，你奉了誰的命令進攻齊國，奉了漢王的命令，這沒錯吧？現在漢王命令你撤軍了嗎？沒有吧？既然沒有命令讓你撤軍，那你就只能接著打，這有什麼好猶豫的呢？」

韓信：「錯，漢王是命令我進攻齊國，但現在情況有變……」

蒯徹：「變你個頭！將軍，我必須提醒你一句，這個做人呢，真的不能太老實。你看清楚自己的處境了嗎？那個酈食其，單憑三寸不爛之舌，就輕而易舉地收穫了齊國七十多座城邑。而你韓信呢？你率領了幾萬人，幾歷生死，血戰一年多，才剛剛打下趙國五十多座城邑。跟酈食其一比，你就是個典型的廢物！」

韓信：「……不是，先生，你到底是啥意思？」

蒯徹：「這意思還用問嗎？酈食其表現得太好，就沒你韓信混的分兒了。你韓信還想在漢營裡立足，就必須把酈食其的風頭打下去，不能讓他壓倒你。」

韓信：「明白了，傳令，三軍即刻出發，與我追殺撤退中的齊兵。」

EQ低的人易被利用

酈食其說服齊國舉七十城邑而降，不想韓信那邊，突然跳出個蒯徹，要求韓信趁齊國投降之際，繼續攻擊。這件事足證蒯徹是道道地地的齊國人，而不是什麼范陽人。只有生為齊國人，長在齊國，卻因為EQ低、腦子笨，始終被人鄙視，抑鬱而不得志，才會對齊國如此怨憎，恨不能將本國同胞統統殺光。

一個外地人也可能在仇恨的教育之下，對某一個陌生的城邑或國家產生強烈的憎恨。但這種憎恨，因為缺少情感上的認知，只是一種虛妄的觀念，一旦遭遇現實，就會迅速瓦解冰消，化為無形。只有日積月累、點點滴滴形成的怨懟和仇恨，才會如熾烈的毒火，熊熊燃燒在心裡，永世也難以熄滅。

所以我們斷定，這個蒯徹九成九就是齊國人。且因為成長時期遭受了太多的傷害與羞辱，造成他對於本國人民無可化解的仇恨，所以才會在這時候突然跳出來，挑唆韓信繼續進軍。

而韓信呢，他是最典型的IQ高、EQ低的類型。這類人分析起事情來頭頭是道，唯獨對人性人心一無所知。他只知道一個建議是否對自己有利，卻無法看破對方提出建議的真正用意。所以IQ高、EQ低的人，最容易被人利用。只要你將他的利益擺在面前，他就能夠看得清清楚楚，且立即行動起來。他永遠也不知道，藉由他的行動而獲利最大的，並非他本人。

於是韓信利用齊兵正在回撤、沒有絲毫防範的機會，周密布署，突然出擊，向齊軍發起凶猛的進攻。可憐的齊軍一下子就被韓信殺掉了指揮中樞，失去指揮的軍隊，淪為了待宰羔羊，讓韓信殺了個痛快。

二十萬齊軍竟被韓信殲滅了。

這一仗雖然殺人殺得凶，但史家卻都不願意提起這場戰役，這根本不叫戰役，而是道道地地的暗算，不需要一點技巧，比的就是誰心更黑。

這一仗同樣也暴露出韓信的致命缺陷，他這個人，好像沒什麼道德底線。沒有道德底線的人，是不可預測、難以捉摸、無法控制的。像這種IQ高、EQ低，又沒有道德感的類型，必然會列在第一個清除的名單上。太危險了，哪怕只聽到他的名字，都會感到極度的不安全。

一句話，歷城之役，鑄下了韓信最終被清除的原因。

但韓信還算是幸運的，最倒楣的，當然要屬還在齊國的酈食其。酈食其只憑一張嘴，就說降齊國七十城，此時正在齊國恣意享受人生。忽然聽齊王叫他過去，酈食其小跑步過來，看到朝堂上有一口巨大的鼎，裡面滿滿的清水，士兵們正往鼎下添乾柴。齊王熱情地招呼道：「先生來了，來來來，快脫了衣服，跳到鍋裡去。」

「跳進鍋裡……」酈食其很吃驚，「大王，你是在開玩笑嗎？」

「沒有，我是認真的」。齊王回答。說話的同時，酈食其身上的衣服已經被士兵剝除，抬起來丟進了鍋裡。酈食其心中的驚恐已經到了極點：「大王，這是幹什麼？有話好好說，這是幹什麼嘛！」

只聽齊王道：「先生可知道，我在歷下的二十萬雄師，只因聽了先生的話而撤回，卻被你們漢軍趁機包圍，全都殲滅了。」

「這……不會吧？」酈食其驚呆了，「這這這……這一定是有什麼誤會。」

齊王道：「先生可知道，我是聽從了你的話，願意臣服漢王，才下令軍隊撤退的。如果不是聽了先生的話，漢軍根本不可能那麼容易殲滅我的二十萬人馬。二十萬人馬呀，先生，就因為你的三寸不爛之舌，盡數淪為異鄉孤魂。先生以投降誘我，把我放進了你這口煮開的大鍋中，煮得我軍隊敗亡，國家希望喪盡。先生煮我，我煮先生，先生應該沒意見吧？」

「不是，你聽我說……」酈食其還待解釋，可是鼎下的薪柴燒得極旺，說話間那鼎中的水已經咕嚕咕嚕滾了。可憐的絕代說客，就這樣冤枉地化為水煮白肉。

煮了酈食其，齊王也只能洩憤而已。這時候韓信已經帶兵打了過來，齊王不支，率殘兵逃往高密，同時派使節去找項羽求救。當時項羽正在成皋一帶到處尋找劉邦決戰，而劉邦派出大表哥劉賈和從小的好友盧綰，潛入楚國腹地配合彭越，大搞破擊戰。項羽同時面臨三個戰場，於是派大將龍且和周藍，率楚兵趕往高密，與齊王田廣會師。齊楚聯軍，共抗韓信，揭開了支線戰場濰上戰役的序幕。

而項羽本人則親自返回楚國腹地去驅逐彭越，奪回失城。他留下前塞王司馬欣和大司馬曹咎守住成皋。臨走之前，項羽千叮嚀萬囑咐，告訴曹咎和司馬欣：「我一走，劉邦必來挑戰，你們二人不是劉邦的對手。而劉邦也知道這一點，所以他一定會千方百計地刺激你們兩個出戰。所以你們一定一定要忍住氣，不管劉邦怎麼罵你們娘親，萬萬不可出戰。等我十五天，十五天我就回來了，到時候我們一起來擺平劉邦。」

曹咎和司馬欣嘴上答應，實際上兩人根本沒放心上。項羽也沒法子可想，只能求老天保佑，讓此二人別出事，而他自己則急如星火地殺回了楚地。

小神童出馬

聞知項羽回來了，彭越、劉賈和盧綰這些游擊隊，瘋了一樣地往回逃，眨眼工夫就逃了個精光。

但是在逃走之前，這三個傢伙還幹了樁缺德事。他們把攻下的楚國十七城的居民組織起來，動員城裡的老百姓與項羽血戰，並糊弄說：「鄉親們，我看好你們，你們給我狠狠地打，我們主力漢軍很快就會回來的，再見了，我親愛的鄉親們。」對於這三個傢伙的胡話，十七座城中，有十六座沒有上當，只有外黃這座城，表態要跟項羽血拚。

外黃如此表態，說起來也很正常。要知道，早年就是張耳治理外黃，而那時候的劉邦還年輕，來外黃投奔張耳做門客，所以外黃也算是漢王戰鬥過的地方。當地居民顯然以此為傲，因此親近劉邦、排斥項羽的心態，也就可以理解了。

當項羽疾風般返回時，所過城池無不紛紛大開城門，歡迎楚軍入內。唯有外黃拉起吊橋，關上城門，老百姓站在城樓上，衝外面的楚軍丟石塊，堅決要與楚軍血戰到底。

這下子項羽可氣壞了，立即下令攻城。可是外黃的老百姓抵抗態度非常堅決，居然連守了好幾天，生生拖延了項羽的回程日期。但項羽的神武終究是天下無敵，外黃百姓能夠守上幾天，已經算是不錯了。最終城池被攻破，楚軍氣勢洶洶地湧進來。

入城之後，項羽發表了重要演說。他說：「外黃的百姓們，你們幹嘛要拚得這麼凶？我跟劉邦個人的私怨，跟你們有什麼關係？不管是我得了天下，還是劉邦得了天下，你們能聞到半點腥味嗎？你們又有什麼理由，非要為了劉邦，跟我拚個你死我活？這完全沒必要，為什麼會讓你們如此亢奮？

「對於你們外黃人的智力水準，我不敢苟同。我的想法是，智力太低的人，就別在這世道上添亂了，這世道已經夠亂的了。」

項羽下達命令，於外黃屠城。凡是十五歲以上的男子，統統殺光，以懲戒這座城市對自己的敵意。屠城令下達之後，項羽聽說帳外有人求見。

「來的是什麼人？」項羽沒好氣地問道。

士兵回答：「是一個小朋友。」

小朋友？項羽愕然。他倒是想過，屠城令下達之後，就會有儒生出來為全城百姓請命，但這些儒生的年齡肯定已經超過十六歲，恐怕等不及走到楚軍大營前，就被士兵殺掉了。可沒想到外黃居然派來個小朋友，這未免有點……

項羽傳令，讓小朋友進來。

小朋友進來了，果然是個小朋友，十二三歲的年齡，烏溜溜一雙大眼睛，透著一股氣定神閒的伶俐。項羽心裡嘀咕，故意把眼睛一瞪：「小朋友，你好大的膽子，敢來這裡，不知道這是殺人的戰場嗎？」

小朋友笑嘻嘻地回道：「我當然害怕殺人的戰場，但是我不怕大王。」

「為什麼？」項羽怒了。

小朋友回答道：「因為大王愛護我們百姓啊。」

「這個……」項羽樂了，「雖然是假話，但本王愛聽。你還想說什麼？」

小朋友說道：「我聽說，大王對外黃下達了屠城令，我私下以為，大王肯定不會這麼做。要知道，彭越那個大壞蛋，憑藉暴力占領了外黃，強迫外黃人服從他。外黃人敢怒不敢言，日日夜夜都在渴望大王引兵殺回來，救我們出苦海。可憐外黃的百姓們，盼星星，盼月亮，終於盼到大王回來了，卻聽說大王因為生氣外黃人被迫降敵，要將所有人坑殺。如果真是這樣，百姓誰還願意歸順大王呢？而且，一旦外黃發生屠城事件，現在仍被彭越占據的城池，就會因為恐懼而不敢開門歡迎大王。我私下以為，大王應該體諒外黃人的無奈，多多愛護你的子民，而不是把他們殺掉。」

「你……這麼個小東西，真有一套。」項羽被小朋友的話驚呆了。

從史書上的記載來看，項羽有生以來頭一次聽從了對他有益的建議。這表明他的性格逐漸趨於成熟，心智越來越老練。但劉邦絕不會給他充足的成長時間，一定會在他的性格與智慧成熟之前，把他澈底清除。

劉邦的麻煩還在後面，但項羽聽從小朋友的話，撤銷對外黃的屠城令，此事在梁地引起巨大的震動。所有被彭越占據過的城池全都打開城門，派人歡迎楚軍。項羽回師，取得了巨大的勝利。

可勝利的喜悅還沒有來到，讓他最擔心、最害怕的事件就發生了。

成皋城內的曹咎和司馬欣出事了。

大對峙

當時楚漢戰場呈現出鮮明的態勢。單說楚軍的分布就有四塊：項羽回師擊外黃，龍且周藍配合齊軍對抗韓信，鍾離昧守在滎陽，而大司馬曹咎和前塞王司馬欣守在成皋，與滎陽的鍾離昧相互呼應。

項羽前腳剛剛離開，潮水一樣的漢軍就在劉邦的率領下，從小修武衝了出來。劉邦看了看滎陽，又瞧了瞧成皋，決定趁項羽回來之前，先奪成皋，再取滎陽，藉由反覆地調虎離山，逐塊吃掉楚軍。

漢軍黑壓壓地擁到成皋城下，要求楚軍曹咎快點開門挨打。曹咎和司馬欣聽了項羽臨走之前的吩咐，閉門不出，拒絕交戰，要等十五天項羽回來後再說。於是，漢軍一連幾天向成皋城內的楚軍挑釁，曹咎和司馬欣堅決假裝聽不見，就是不開門，氣死你。

看到這情形，劉邦樂了。他知道項羽走時有吩咐，不讓楚軍與他交手。可不交手怎麼成？再過幾天項羽回來了，就輪到他劉邦到處亂跑了。一定要趁這時候狠揍楚軍一頓，機會難得呀。

於是劉邦就要漢軍精選最沒品的士兵，專挑那種最會罵人的，組成罵人小分隊，輪流到成皋城下大罵曹咎和司馬欣祖宗八代。就這樣罵了一天，再罵第二天，每一天的罵法都翻新，務必要刺激曹咎和司馬欣，極盡可能侮辱他們兩個。

連罵了五六天，曹咎和司馬欣終於怒了，城門一開，楚軍怒不可遏地衝出來，意圖渡過汜水，與漢軍決戰。這兩人被罵紅了眼，早把項羽的千叮嚀萬囑咐忘到了腦後。

然而漢軍在城外就等著這個機會呢。待楚軍一半渡過了汜水，還有一半正在渡河之際，突然響起鼓聲震天，伏兵四起。激動不已的劉邦，親自指揮漢軍衝了上來：「殺呀，衝呀，快呀，錯過這一次，可就沒這麼痛快的殺人機會了……」潮水般的漢軍湧上來。正如項羽所說，這天底下最能打的就是他項羽，但如果他項羽不在，再也沒人是劉邦的對手。楚軍的防線頃刻間崩潰，出城而來的士兵再也沒有機會回去了。

目睹楚軍慘敗，大司馬曹咎和前塞王司馬欣面面相覷：壞了，中了劉邦的計了，忘了楚王臨走之前的吩咐，這下怎麼辦？

兩人心裡很清楚，眼下不僅是他們兩人的失敗，更意味著成皋戰場漫長的對峙有了大轉折。楚軍的實力因為兩人輕舉妄動而嚴重削弱，他們不僅害了自己，也連累了整個楚軍。再沒臉面和楚王項羽相見，大司馬曹咎和司馬欣長嘆一聲，雙雙拔劍，自刎了事。

劉邦迫不及待地衝上來，先將楚軍的所有糧草輜重、銀貨財寶統統搬過來，奪回成皋，屯大軍於廣武山西城。再派一支軍隊疾奔敖倉，奪回天下糧倉，其餘主力人馬蜂擁到了滎陽城下，高叫鍾離昧快點開門。

楚將鍾離昧呆呆地站在滎陽城上，兩腿直打顫，他知道成皋失守，楚軍的大勢已去。經過劉邦不斷東敲西打，楚軍的整體實力終於到達了由強轉弱的臨界點。而項羽聽到消息後，瘋了一樣趕回來，可是已經太遲了。項羽吃虧就吃虧在沒有後援，他的大後方不斷遭受漢軍游擊隊騷擾，而楚軍始終未能突破函谷關，猶如重演了秦始皇平滅六國的戰略格局。

反觀劉邦有一個穩定的大後方，援兵源源不斷地趕過來，支撐他繼續打下去。而項羽的大後方卻成了他的弱點，一次次被漢軍的游擊戰術襲擾，非但沒有幫上項羽任何忙，反而幾次三番拖累項羽。

回顧楚漢戰場，打了許久，項羽始終未能再踏入關中一步。仗打到這個程度，已經很難再有起色了。

悲傷的項羽也將他的軍隊拉到廣武山。此後，漢軍在廣武山西，楚軍在廣武山東，兩軍隔河列陣，展開了長期對峙。中國的象棋就是模仿楚漢兩軍對峙於廣武山的陣勢。還有民間傳說，當時最具聲望的軍事家李左車，於廣武山上布陣，其精妙的布局，令楚軍目瞪口呆、一籌莫展。

對峙於廣武山，項羽又要吃大虧，別忘了敖倉的糧倉，此時在漢軍手中呢！漢軍這邊的糧食明擺著取之不盡，吃不勝吃；而楚軍很快就會面臨糧草斷絕的麻煩。

可即使項羽想要奪回敖倉糧倉，手下也已無人可用。如果他自己去，恐怕又會被劉邦抓住機會，趁機搗毀他的大營。

十萬雄兵落到項羽手中，竟然莫名其妙地成了累贅，一個個淪落為沒有生存能力的弱者，依附於項羽的臂膀下希冀保護。只要項羽一走開，這些人就會被劉邦殺豬宰羊一般統統宰掉。

這仗到底是怎麼打的，怎麼打到最後，越打越沒出息呢？項羽很痛苦，也很困惑，卻想不明白是怎麼回事。

如此這般僵持了幾個月，該來的終於來了。項羽這邊，糧草已經不足，軍心開始浮動。這時候項羽想起來了，他手中還有一張牌。

王牌！

劉邦的父親劉太公和劉邦的妻子呂雉。

這兩個人一直幸福地生活在楚軍的戰俘營中，仗打了這麼久，楚漢兩軍多次展開拉鋸戰，但這兩個俘虜卻沒遇到問題，真是不可思議。

身邊的敵人

項羽命人製作了一張大大的案板，把劉邦的父親劉太公手腳張開、呈大字形固定在案板上。然後把案板抬出來，讓劉邦看個清楚。

隔著一條深深的壕澗，兩人展開對話。項羽說：「劉邦，你看清楚了，這可不是頭肥豬，是你親爹！都是因為你不服從命令，屢次三番興兵鬧事，才害得你爹落到如此地步！劉邦，你的名字叫坑爹！」

劉邦：「哦。」

項羽：「劉邦，你現在投降還來得及，否則的話，就眼睜睜看著親爹下鍋，煮成香爛的水煮肉片吧！」

這時候劉邦說話了，他說：「吾與項羽俱北面受命懷王，曰『約為兄弟』，吾翁即若翁，必欲烹而翁，則幸分我一桮羹。」（《史記．項羽本紀》）

原來如此！這句話劉邦憋了太久、太久了，終於等到了這一天，可以痛痛快快地把這句話說出來。這句話是什麼意思呢？

我們來看看，劉太公和呂雉是什麼時候淪為項羽的戰俘的。是西元前二〇五年四月，彭城之役，劉邦大敗之時。而現在項羽終於把劉太公推出來，袒呈於肉案上，威脅劉邦，又是什麼時候？是西元前二〇三年十月。

這整整兩年半的時間，究竟意味著什麼？

早在兩年前，項羽就俘虜了劉邦的父親和妻子，可這對劉邦沒絲毫影響，雙方仍然是你來我往，打個不停。理論上來說，項羽自從捉住劉邦的父親妻子，就已經抓住了劉邦的把柄，立於不敗之地了。但事情發展至今，竟全然不是那麼一回事，可想而知項羽心中是何等鬱悶詫異了。明明抓住了劉邦的把柄，卻全無用武之地，怎麼會是這樣呢？

來看看下面的記載，就一目了然了：

項王怒，欲殺之。項伯曰：「天下事未可知，且為天下者不顧家，雖殺之無益，只益禍耳。」項王從之。（《史記．項羽本紀》）

後世有的史家明顯腦袋進水，以項伯的解釋為解釋，認為劉邦就是這種人，為了爭奪天下，連父母妻子都懶得理會。這是一場拚做人底線的戰爭，項羽拚不過劉邦，只能認栽。

這個解釋固然沒錯，但這個解釋之所以能夠立足，卻是因為項伯。

確實，劉邦的父親妻子落入項羽的手中，原本是項羽最有力的王牌，足以置劉邦於必敗之地。但由於項伯這個不穩定因子的介入，導致時局翻覆，原本最有價值的王牌，竟淪為項羽手中的累贅。

顯然早在兩年半前，當劉太公和呂雉落入項羽之手時，劉邦就開始思考這件事對於他的意義了。只要他的腦子沒問題，他就知道，遲早有一天，項羽會拿出他的父親妻子，強迫他就範。這對他來說是極為強大的殺手鐧，他必須要於絕境之中，想出個法子應對。

應對的法子很快就讓他想出來了：想當年，我和你項羽，於楚懷王面前，立誓盟約，結為兄弟。我爹就是你爹，我老婆就是你老……不對，就是你大嫂，如果你一定要烹殺自己的父親，我沒意見，只希望你看在兄弟的情面上，分一杯羹給我，不可以吃獨食。

這句臺詞，劉邦應該是想了又想，背得滾瓜爛熟，就等項羽以父親、妻子性命相要脅的時候，說出這句標準文案來應答。

好了，劉邦既然想出這句臺詞，就已經扭轉了局勢，至少是立於不敗之地了。但還有一個問題是，項羽既然捉住了劉邦的父親、妻子，為什麼不早點拿出來，非要等到時局逆轉，楚軍這邊轉入頹勢的時候才使用呢？

這固然與項羽的榮譽感、自尊心有關，但更重要的，是項伯在中間發揮的作用。以數學來比喻，項伯這個內奸相當於一個負號。項羽這邊不管取得什麼樣的優勢，被項伯這個負號一乘，完了，就變負數了。而且正因為項伯這個負號的存在，導致項羽淪為十萬楚軍的保姆，一步也走不開，無法去偷襲敖倉，奪取糧倉。同樣的，原本是人質的劉邦父親和妻子，也被項伯這個負號一乘，變成了劉邦陣營的正數、項羽陣營的負數。

在長達兩年半的軍事對峙中，劉邦不斷派出使者，去楚營探望自己的父親、妻子。而項伯就拿榮譽感來算計項羽，讓項羽允許漢使入楚營，以便把他搜集到的楚軍情報送給劉邦。

在這個過程中，項伯絲毫不覺得愧疚，因為他已經和劉邦結為兒女親家，呂雉就是他的親家母，劉太公說起來，還真算是他爹。所以項伯千方百計地激發項羽的自大情結，不要讓項羽使出以老人婦女要脅對手的手段。因為項伯暗中算計，劉太公和呂雉在楚營之中，非但沒什麼風險，反倒讓項羽左右為難。

兩軍對壘中，還有一條可怕的規律：間諜往往更容易取得對方的信任。簡單地說就是，項伯比亞父范增更容易取得項羽的信任。這是因為亞父范增把全部的心神放在分析敵我態勢上，沒有閒暇考慮項羽的情緒。范增說話專揀項羽不愛聽的說，因為他希望項羽不要任性，別犯錯。而項伯不關心這些，他只關注項羽的情緒，專門挑選那些項羽最喜歡聽的話來說。這就是范增忠心耿耿卻遭到項羽懷疑，而項伯吃裡爬外卻備受信任的原因。

總之，項羽當時的處境就是這樣，有項伯站在他身邊，這盤棋他怎麼下都是輸。但他仍然無法自制地聽從項伯的話，因為項伯的每一句話，都是針對他的心理弱點而設計的，讓項羽聽了還想再聽，彷彿吸毒一樣難以自拔。

現在，項羽仍然像以往一樣，被項伯的話迷惑住心智，放棄了殺掉劉邦的父親、妻子，這意味著他錯過了最後的機會。如果殺掉這兩個人，此後楚軍就沒有理由再接納漢使，項伯的情報傳遞就需要另外建立管道。但這樣做的巨大風險，很可能讓項伯望而卻步，最終導致項伯與劉邦漸行漸遠。

失去項伯的情報，劉邦針對項羽的打擊就會迅速削弱。他再也無法確定項羽的所在，行動起來綁手綁腳，項羽就有機會大逆轉。但可憐的項羽，他到死也沒有想到，自己被身邊的親人出賣。這時候的項羽仍然沿襲他固有的思考邏輯，向劉邦提出一個不可思議的提案：

楚漢久相持未決，丁壯苦軍旅，老弱罷轉漕。項王謂漢王曰：「天下匈匈數歲者，徒以吾兩人耳，願與漢王挑戰決雌雄，毋徒苦天下之民父子為也。」（《史記．項羽本紀》）

這段描寫是司馬遷最成功的文學創作。在這裡，項羽向劉邦提議說：「天下戰亂紛擾已經好幾年了，就因為我們兩人的緣故。為了天下蒼生，劉邦你能不能表現得像個男人，站出來與我一決雌雄，別再讓無辜的父老鄉親，受你我二人的連累了。」

多少年來，這段經典描寫刻畫了項羽雄風烈志、磊落光明的鐵骨英雄之傳奇，當然也無形中襯托出劉邦的膽小畏縮、卑劣無恥。

但真的是這樣的嗎？

讓我們來看看項羽說這番話時，兩個人的年齡。

這一年是西元前二〇三年，項羽三十歲，正值壯年；劉邦五十四歲，已經是年過半百的老頭了。試想，一個三十歲的壯年漢子，向一個五十四歲的老頭伸出手指：「過來過來，老頭你過來，咱們兩個較量一下，看我不打死你才怪！」

現在我們終於知道，項伯為什麼拂逆親情，背棄項羽了。這個三十歲的壯年男子，其心智竟像個孩子，完全沒有成熟。他甚至沒有想到，他以壯年之身向一個五十四歲的老頭挑戰，是多麼不可思議，多麼讓人驚訝。只要項伯思考能力正常，就不會跟隨這麼一個心智幼稚的人。心智幼稚的人讓人看不到未來和希望。

面對這個體力達於巔峰，智力卻停滯在孩童階段的對手，劉邦報以一哂：

漢王笑謝曰：「吾寧鬥智，不能鬥力。」（《史記．項羽本紀》）

第十章　最後的輓歌

理論上來說，項羽如果想要制止虞姬自殺，是很容易的事。但項羽顯然沒有這個意思。事實上，這場夜宴，不過是盞催命酒。虞姬之死，並非是他擔心虞姬落入漢軍手中受辱，而是他絕不能讓別人得到如此美色，寧可殺了她，別人也休想染指。至於虞姬想不想死，就不在項羽的考慮之內了。

黑暗的自我

人質要脅，隔澗索戰，項羽的要求很簡單，很低調，就是希望劉邦過來跟他對打。但劉邦卻非要等項羽不在家的時候才肯過來打。項羽在家的時候打，劉邦就死定了；項羽不在家的時候打，項羽手下的兄弟就死定了。項羽追著劉邦打，劉邦躲著項羽打，二人的捉迷藏遊戲，構成了楚漢戰場上盛大而美麗的風景。

見劉邦百般推託，就是不肯出來打，項羽無奈，只好學劉邦的辦法，派人出來罵陣。

項羽手下的大司馬曹咎和長史司馬欣，就是中了劉邦的罵陣計，激憤出戰，結果全軍覆沒，導致戰局逆轉。所以項羽也有樣學樣，希望用同樣的招數，再把戰局扭轉過來。只要揪出劉邦，把劉邦打跑，就能夠再度奪回敖倉糧倉，輪到劉邦吃癟了。

可問題是，劉邦的思路很周密，既然他使用過激將法，就會尋找應對激將的新辦法。這個辦法，就叫射殺。

每當項羽派壯士出場，辱罵劉邦叫陣的時候，漢營中就會轉出一名樓煩騎將，引弓搭箭，嗖的一聲，一箭正中罵陣者的咽喉，這就不大可能再罵出來了。楚軍這邊換人再罵，漢營樓煩騎將再張開弓，嗖的一箭，把罵陣者給射死了。如是者三，嚇得楚營士兵，連罵陣都不敢了。

這場景差點沒把項羽氣死，他怒不可遏，親自披上戰甲，手執長戟出來罵陣。那樓煩將正要瞄準項羽射箭，卻被項羽怒喝一聲，猶如晴天霹靂，震得那樓煩騎將小臉煞白，知道遇到可怕的對手。當下那樓煩將掉頭逃回漢營，緊關上門，再也不敢出來了。

聽到這情形，劉邦嚇了一大跳，以為楚營中又出現了神祕高手，急忙派人去調查。不久調查結果出來，原來這個高手就是項羽本人。這下劉邦樂了。項羽那邊是真的山窮水盡，無人可用了，就連罵陣，都得項羽本人親自出場。一個帶兵之人，帶到最後，把所有人都帶成了自己的累贅，一點小忙也幫不上，你說這仗還怎麼打？到了這個分兒上，項羽應該反省了吧？劉邦心想。

於是劉邦也愉快地出來，與項羽對陣，並批評項羽說：「項羽，你有罪，現在我代表人民，宣判你的罪行。

「你違背盟約，把我封到蜀漢為王，拒不封我為秦王，其罪一也。

「你假稱懷王命令，殺死上將軍宋義，奪取軍權，其罪二也。

「你援救趙國而不回師寫報告，卻脅迫諸侯入關，其罪三也。

「你焚燒秦國宮室，挖掘始皇帝墳墓，私取墓中財產，其罪四也。

「秦王子嬰，降而無罪，你卻殺了他，其罪五也。

「你在新安，坑殺投降的秦兵二十萬人，其罪六也。

「你分封親信，驅逐原來的諸侯王，其罪七也。

「你把義帝趕出彭城，奪取韓王土地，吞併梁楚兩地，私自稱王，其罪八也。

「你派人到江南，暗殺義帝，其罪九也。

「你主管全域卻處事不公，不遵盟誓，肆意妄為，世人不容，大逆不道，其罪十也。」

最了解你的，莫過於你的敵人。

看看劉邦給項羽列的這十樁大罪，每一樁每一件，都是項羽刻意逃避的人生錯誤。諸多錯誤猶如一團亂麻，但線頭卻是從擅殺上將軍宋義開始。殺了宋義奪取軍權，項羽為了避免移交權力，就帶兵入關，而後又唯恐被人追究，他強行主持分封天下。最終他分封的所有諸侯王都對他貌合神離，其根本的原因，就在於他的行為缺少法統，讓人不敢相信他。

項羽之錯，就錯在他太自我，沒有為自己的人生錯誤尋找一個雄厚的立基點。說明白了就是，他的一切行為都是非法的，缺乏法統。而劉邦的精詐，就在於他始終把已經死掉的義帝頂在頭上，以示自己的所有行為都是有法統依據的，讓人想對抗他也有心無力。

項羽每犯一個小錯誤，都得用一個大錯誤來掩飾。錯到最後，他已經沒法自圓其說了，所以需要一個暴力的哲學體系，為他所有的人生失誤尋找依據。而當劉邦突然掀開項羽的心靈蓋子，把他所有的錯攤開在世人面前時，就暴露了項羽的真實面目；揭開了項羽任性使氣的真實嘴臉。

劉邦又挖苦道：「項羽，你是什麼人？你就是一個犯案在逃的罪犯！我劉邦是什麼人？我是奉了義帝之命，前來抓捕逃犯的正義力量。你居然有臉向我挑戰？呸！你是罪犯竟然敢向前來抓捕的仁義之師挑戰，你有多厚的臉皮，才能說出這種丟人的話？以你的聲名狼藉，最多只配和我手下的罪犯戍卒交手，哪有資格向我挑戰？去死吧你。」史書上沒最後這一句話，但加上更能完整表達劉邦的情緒。

可以確信，這番話對項羽的心理造成前所未有的強烈衝擊。因為他有生以來，第一次面對真實的自我。但，鮮少有人，有這個勇氣面對真實的自我，項羽更沒有這個勇氣。他之所以一而再再而三地展現自己的暴力風格，甚至昏了頭向老人挑戰，就是為了掩飾他內在心靈的空洞。面對他無法接受的這一切，他所能做的只有一樁：

否認！

徹底否認！

人類歷史上的否認方式只有一種：徹底抹除！

項羽揮手，下令抹除劉邦，因為劉邦的存在，帶給項羽莫大的痛苦。霎時間，壕澗邊上，埋伏已久的楚兵射手突然躍出，激箭如雨，射向劉邦。劉邦萬萬沒想到，項羽也會耍心機。這始料未及的變化，讓劉邦措手不及，他眼睜睜看著一枝翎箭破空而來，咄的一聲，釘在他的胸口上。

胸口。

只需要一個褲襠

胸口中箭，劉邦卻本能地俯身，尖叫起來：「該死的項羽，你射中了我的腳趾。」

身邊的謀士們急忙用身體擋住他，大聲說道：「沒關係，沒關係，楚軍射中了大王的腳趾，快送大王下去洗足泡腳。」

眾人把劉邦搶下，醫師趕到，急忙替劉邦拔出深插在胸口的箭，敷藥裹傷。劉邦痛得滿頭大汗，哎喲哎喲地叫個不停。好一番折騰，醫師退下了，張良走上前來：「大王，你感覺怎麼樣？」

劉邦：「哎喲，好痛。」

張良說：「痛就對了，痛，代表大王的身體非常健康，那就請大王起來吧。」

劉邦：「起來……起來幹啥？」

張良說：「起來巡視三軍，以安軍心。」

劉邦：「我……我爬不起來。」

張良：「可以讓人攙著大王。」

劉邦：「……子房，要不你乾脆宰了老子吧。」

張良：「要宰也得等大王巡視三軍過後再說。」

不由分說，張良強行把半死不活的劉邦從病榻上拖起來，假裝身體健康地安撫軍士。士兵們看到劉邦臉色白裡透紅，面帶慈祥的微笑，都以為楚軍那一箭無傷大雅。

巡視回來，一入營帳，劉邦就癱倒了，這次是真的爬不起來了。張良等人封鎖消息，悄無聲息地把劉邦送回成皋，慢慢地調養治療。由於項羽那邊的情報系統根本不存在，對這個情況一無所知，生生又錯失了一次翻牌的機會。

劉邦意外中箭，漢軍這邊的軍事行動暫時消停了下來。楚漢兩軍仍然在廣武山前隔澗對峙。主線戰場上陷入了沉寂，支線戰場上的戰事卻相對變得激烈起來。

楚漢時代的支線戰場第四戰，也是最後一戰，濰上戰役，正式拉開帷幕。

這場戰事的起因，是劉邦為了全面包圍楚軍，而意圖拿下齊國。但在最初的安排上出了差錯，劉邦先是派韓信出兵，繼而又派說客酈食其說降齊國。可是由於韓信與酈食其之間缺乏溝通，再加上中間跳出個蒯徹，勸韓信甭管齊國降還是不降，先殲滅了歷下齊軍再說。這麼搞的結果，是害得大說客酈食其被齊王煮成了水煮肉片，而逃到高密的齊王田廣則向楚軍求援。

於是項羽派出了他最信任的大將龍且，統領楚兵二十萬，前往援救齊國。

龍且的戰績輝煌，他是在項梁起兵之初就追隨的人，為項梁的司馬。項梁時代援齊東阿之戰，即反秦義軍與秦軍的第一次大決戰，龍且就是義軍的先鋒，衝鋒陷陣，勇冠三軍，為義軍立下了赫赫戰功。

到了項羽時代，九江王英布大搞騎牆術，被劉邦曝光後最終背叛項羽。又是龍且提師而入，於淮南大敗英布，再次打響名號。

此番接到命令，龍且立即行動，動作迅速，很快進入戰區，與齊王田廣等軍會師於高密。韓信則率漢軍急忙跑來，雙方對峙，大決戰一觸即發。

先來看看雙方的作戰隊伍：

【正方選手：漢軍】

統帥：相國大將軍韓信。

幕僚：辯士蒯徹。

將領一：左丞相曹參。

將領二：御史大夫灌嬰。

將領三：右騎將傅寬。

漢軍總兵力五萬至十萬人。

【反方一號選手：楚軍】

統帥：大將龍且。

將領一：亞將周藍。

將領二：末將項冠。

楚軍總兵力約二十萬人。

【反方二號選手：齊軍】

統帥：齊王田廣。

將軍一：田既。

將軍二：華無傷。

齊軍總兵力約五萬人。

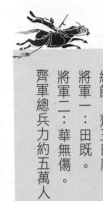

這是一場實力絕不對等的戰爭。楚齊聯軍兵力最高可能是漢軍的五倍，最低也不小於兩倍半。單是看這個兵員數量的配比，楚齊聯軍明顯占有優勢。顯然，楚軍大將龍且也是這樣想的。

當楚軍抵達戰區之後，就有人——不知道這個人是誰，總之有這麼一個人——對龍且建議道：「漢軍遠征，鋒銳難當。而我們楚軍和齊軍卻是在本鄉本土作戰，士兵們各有小算盤，哪個願意為你君王戰死？所以只要有機會，我們這邊的士兵能逃就逃，能跑就跑。反倒是漢軍在異鄉作戰，士兵想跑也沒地方去。所以眼下雖然我們人多，漢軍人少，但真要打起來，吃虧的肯定是我們。因此，最適當的戰術，莫過於深溝壁壘，不與漢軍作戰，又可避免士兵逃亡。同時還要讓齊王派出使者，宣諭四方，齊國的城邑若是得知齊王仍活著，而且還有楚軍這個大後援，就會群起反抗漢軍。這樣一來，漢軍來是來了，但肯定回不去了。」

龍且聽了，失笑道：「你提出這個建議，是不了解韓信這個人呀。我跟你說吧，對韓信我是再了解不過了，他以前靠著漂洗棉絮的老婆婆養活，有事沒事就喜歡鑽人家的褲襠。對付這麼一個人，還需要什麼深溝壁壘嗎？韓信，對付他只需要一個大褲襠。」龍且充滿自信地說。

權傾天下

大戰開始，韓信升帳。

他先叫過來兩個無名的將軍：「你們倆，喂，聽好了，拿著這面紅旗，率部屬向濰水上游移動，盡可能走遠一些。走到遠離戰場的地方，然後用沙袋堵塞濰水，再派人監聽下游的動靜，什麼時候聽到人喊馬嘶之聲，就掘開沙袋放水，聽清楚了沒有？」

此時的漢軍將領，對韓信的軍事指揮能力佩服得無以復加。接到命令後，問也不問，轉身就去執行。

然後韓信再掣出令箭：「那個誰，曹參，還有灌嬰，你們兩個不要擺架子了，在我面前哪輪到你們倆擺架子？立即率部屬於濰水西岸，找隱蔽的地方躲起來。看我打贏了你們不要出來，打輸了更不要出來。那麼你們什麼時候出來呢？等到楚軍渡河，河水突然暴漲的時候，你們就一擁而上，殲滅登陸西岸的楚軍。」

曹參和灌嬰已經聽慣了韓信沒頭沒腦的命令，知道自己比不過人家，悶聲不吭地接過令箭，找地方埋伏去了。

韓信再招呼右騎將傅寬：「老傅，就咱們倆了，你跟我出戰。聽好了，打贏的時候，你要衝在我前面，給我狠狠地殺；輸了的時候，你要落在我後面，可別讓楚軍把我給砍了。」

傅寬聽得心裡鬱悶呀，這什麼東西亂七八糟的？迷迷糊糊地跟韓信出征了。漢軍抵達濰水河邊，眼見河水漸流漸淺——因為上游被漢軍用沙袋堵住了，所以河水越來越淺。韓信當即下令：「衝啊，殺啊，消滅楚軍，勝利就在眼前。」

對岸的龍且看著漢軍衝過來，心裡就有氣，心想韓信你個小孬孬，鑽褲襠需要這麼急嗎？你非要鑽，那就給你個大褲襠吧。

楚軍衝上前，與漢軍廝殺起來。戰事持續了一段時間，漢軍明顯不支，丟盔棄甲，向對岸逃竄。龍且環顧左右，說：「你看看，我早就說過了，賤人就是矯情，韓信就是欠揍，跟我追殺過去，今天我要一舉剿滅漢軍的老窩！」

二十萬楚軍發出驚天動地的吶喊聲，朝著對岸衝了過來。大將龍且和周藍衝在前面，部屬緊隨其後。眼看已有一半的楚軍衝到了對岸，這時上游突然發出一陣奇異的動靜，赫然抬頭，只見一座透明的水壁，自高空凌擊而來，楚軍連驚叫聲都來不及發出，就在巨大的水流撞擊聲中，被沖得支離破碎。

相當數量的楚軍被激流捲走，屍骨無覓。一部分渡河的楚軍茫然失措，目瞪口呆。尚未渡河的楚軍也完全喪失了反應能力，呆若木雞。

衝啊，埋伏著的漢軍終於發動了，趁楚軍驚恐之際，不由分說闖入楚軍之中。曹參駕車，直奔龍且而去，龍且待欲反抗，已被漢軍團團圍困，頃刻間被殺，連腦袋也被曹參割走報功去了。

漢軍灌嬰則朝楚軍亞將周藍撲了過去，周藍的價值比龍且低，所以灌嬰下令要捉活的，活物多少還值點錢。

等楚軍領悟到發生了什麼事，大將亞將已經被殺被俘，他們能做的，只有撇下武器，四散狂逃了。

對岸的楚軍失去主將，也紛紛轉身四逃。韓信等到洶湧的河水過去，才不慌不忙地率領曹參灌嬰渡河，開始津津有味地追殺楚軍。一直追殺到城陽——就是劉邦項羽蜜月期，雙雙聯手屠城的所在——當場將齊王田廣擒獲，齊相田光也成了俘虜。

曹參率師向膠東挺進，輕易擊潰齊將田既；灌嬰取路嬴下，打敗齊國最後的英雄田橫。

此戰讓韓信的名聲如日中天，也讓他成為楚漢相爭最關鍵的力量。而此時，劉邦的傷勢已經好轉，他返回函谷關，親切慰問關中父老，還把已經戰死的前塞王司馬欣又砍了一次腦袋，並掛出來示眾。劉邦在櫟陽逗留了四天，之後返回廣武，繼續與楚軍對峙。

這時韓信平定齊地的消息傳來，韓信派來的使者還向劉邦提出了一個請求。

使者說：「齊國偽詐多變，是反覆無常的國家，南境又與楚地相鄰，請求任命為臨時代理的齊王，望批准。」

聽聞韓信想要立為齊國的假王，劉邦怒不可遏，大罵了起來：「老子被項羽死死地困在這裡，前進不得後退不能，日夜等你過來幫我一把，你卻想趁這時候立為假王……哎喲喲我的腳。」一正罵著，身邊的張良和陳平同時湊過來，一人踩住他的一隻腳，低聲提醒道：「漢軍正處於困境，難道你還能阻止他立為假王嗎？不如答應了他，免得他心理不平衡，鬧出什麼事來。」

劉邦一邊聽著張良陳平的話，一邊繼續罵罵咧咧：「他竟然要稱假王，我呸！假王有什麼意思？大丈夫建功立業，既然平定了齊地，那就是真正的齊王，又何必要自稱假王？」

於是劉邦派張良持印信前往齊國，封韓信為齊王。目的是要把韓信手中的士兵，統統調過來打楚軍。與此同時，項羽也派出了說客武涉，前去游說韓信。一場旨在攻心的說客大戰，就在這個微妙的時候展開了。

不希望有壓力

項羽竟然也派出說客，那他真的是無計可施了。

回顧與劉邦的歷次戰役，項羽先是在彭城戰役中，以絕對劣勢擊潰劉邦，占據絕對優勢。而後這個絕對優勢竟然莫名其妙地，彷彿陽光下的冰山，越來越小，漸漸無形。臨到廣武山畔，兩軍對峙之時，項羽的楚軍只能勉強支撐，取勝的希望基本上已經不復存在。一旦韓信率齊軍壓過來，項羽就會陷入滅頂之災。無奈之下，他只好派武涉去一趟，希望能說服韓信回心轉意。

武涉的說詞很是給力。他說：「韓信啊，你看這個國際形勢，原本大家都是起義軍，齊心合力，推翻了暴秦。然後大家統統都封王，各自關起門來，過自己的幸福小日子。可是劉邦這個戰爭狂，先是三秦之戰，又出關占領楚都彭城。楚軍幾次將他擊退，並寬宏大量地一次次饒過他的性命，可他只要逃脫，就回過頭來死纏爛打。劉邦這個人的貪婪，連瞎子都看得清楚，他就是想獨霸天下呀。

「你韓信為什麼能夠得到劉邦的重用？就是因為你能打呀。可是劉邦這個人，絕無可能放過比他更強的人。你之所以還好端端地活著，是因為項羽還在。一旦項羽出了問題，他下一個要打掉的，就是你韓信了。

「現在你掌握著決定天下的力量，你幫著劉邦，項羽就死翹翹了；你幫著項羽，劉邦就沒希望了。但你幫了劉邦，項羽敗亡，下一個就是你。你好好考慮清楚，才能避免日後的危險呀。」

話說到這裡，已經很清楚、很明白了。但千不該，萬不該，武涉又多了幾句臭嘴。武涉補充道：「韓信，你以前在項羽手下幹過，和項羽有交情。如果你幫了項羽，大家共取天下，共同封王，豈不美哉？」

聽了武涉最後那句話，韓信的臉色變了，回答說：「抱歉，我是在項羽手下幹過，但我在項羽手下幹的是什麼呢？官不過郎中，位不過執戟，言不聽，劃不用。我在項羽眼裡就是個最差勁的儀仗隊隊員，負責替項羽充面子撐排場的。而人家漢王劉邦待我，封臺拜將，拜我以大將軍，給我幾萬的軍隊，把衣服給我穿，把飯給我吃，對我言聽計從。比較一下這兩個老闆吧，你要我背叛劉邦，反投項羽，換了你，能幹出這種沒良心的事嗎？」

武涉無功而返，但細究這件事，還真不能怪他。怪就怪項羽要武涉來之前，沒有把全部的資訊告訴武涉，導致武涉不知道韓信曾在項羽手下受到極大的羞辱，還拿雙方有交情作為說詞，結果反而勾起韓信的傷心事，說什麼也不肯歸附項羽。

可見項羽這個人，真的有點搞不清楚狀況。游說韓信，生死攸關，務必要把各方面的細節考慮清楚，才能達到目的。而項羽卻藏著掖著，對武涉隱瞞韓信當初的委屈，結果讓武涉判斷錯誤，功虧一簣。

都到了這個節骨眼，還如此不上心，項羽這是典型的不敬業。但這也不能怪他，畢竟他信奉的是單兵暴力模式——我最能打，所以老子天下第一。可是奪取天下這種事，玩的可不是單兵作戰，而是比統御部眾的能力，是團隊的作戰能力。這恰恰是項羽堅決反對的，也正是他這個反對的態度，才會落入必然的結局。

武涉雖然游說失敗，但韓信身邊還有一個謀士蒯徹，他同樣是看破時局的人，所以就來給韓信看面相。

看面相，就是根據你的模樣長相，判斷你一生的命運。

蒯徹說：「看你的正面，最多不過封侯，而且危而不安。看你的背面，卻是無尚尊榮，貴不可言。」

韓信聽得茫然：「啥意思？怎麼正面和背面的命運還不一樣？」

「當然不一樣。」蒯徹說，「你正面的命運，就是你追隨劉邦的命運。你背面的命運，就是你應該選擇的命運。」

韓信應該選擇什麼命運呢？蒯徹開始說了，他說的話又臭又長，聽到一半就讓人抓狂。但如果你能夠在抓狂之前，仔細分析他的話，就會發現他說得很有道理。

蒯徹的漫長說詞，主要分成三個層面。

第一個層面，當前形勢的分析。當前的形勢就像項羽使者武涉所分析的，韓信掌握了主宰天下的力量，他支持劉邦，項羽就死定了。他支持項羽，死定的就是劉邦。要誰死誰就得死，要誰活誰就有機會活，這是很爽很爽的人生。

第二個層面，韓信的戰略選擇及後果分析。韓信的選擇只有兩種，支持劉邦或是支持項羽。倘若支持劉邦，項羽就會輸掉。接下來，劉邦必然會除掉韓信，因為韓信已經成為威脅劉邦的唯一勢力。同樣地，如果韓信支持項羽，劉邦死掉後，項羽就會殺掉韓信，因為韓信也是威脅項羽的唯一力量。總之，韓信支持哪個並不重要，重要的是他死定了。

第三個層面，韓信的生機及必然選擇。蒯徹嚴正指出，不管韓信支援哪個，都會被他支援的人清除。因此，韓信唯一的正確選擇就是——誰也不支持！

蒯徹說：「當今兩主之命縣（懸）於足下，足下為漢則漢勝，與楚則楚勝。臣願披腹心，輸肝膽，效愚計，恐足下不能用也。誠能聽臣之計，莫若兩利而俱存之，參分天下，鼎足而居，其勢莫敢先動。」

蒯徹給韓信指出的生路，是既不支持劉邦，也不支持項羽，而是挾軍威強迫二者屈服妥協，三分天下，鼎足而居。若是劉邦項羽哪個敢不乖，就聯合另一個共擊之。無論是劉邦還是項羽，在這種情況之下，都只能吃癟認命，承認韓信的權威。如此一來，此後韓信擁齊國的地利及資源優勢，稍加經營，這個天下，就落入韓信的手中了。

聽了蒯徹的分析，韓信卻為難道：「漢王待我恩澤深重，我怎麼可以為了個人的私利而背棄他呢？」

蒯徹說：「張耳和陳餘的關係好不好？好，好得不得了，可最終的結果是什麼？張耳切掉了陳餘的腦袋。你和劉邦的關係好，能好得過張耳和陳餘嗎？張耳能夠殺陳餘，劉邦憑什麼不會殺你？昔年文種助越王勾踐復興越國，而勾踐卻殺死了文種，何也？野獸盡，獵狗烹。你韓信對劉邦的忠，比得上文種對勾踐的忠嗎？勾踐都要殺掉文種，劉邦為什麼會留下你？」

蒯徹繼續分析道：「此二人者，足以觀矣。願足下深慮之。且臣聞勇略震主者身危，而功蓋天下者不賞。臣請言大王功略：足下涉西河，虜魏王，禽夏說，引兵下井陘，誅成安君，徇趙，脅燕，定齊，南摧楚人之兵二十萬，東殺龍且，西鄉以報，此所謂功無二於天下，而略不世出者也。今足下戴震主之威，挾不賞之功，歸楚，楚人不信；歸漢，漢人震恐：足下欲持是安歸乎？夫勢在人臣之位而有震主之威，名高天下，竊為足下危之。」（《史記．淮陰侯列傳第三十二》）

蒯徹還要繼續說下去，可是韓信已經受不了了。他呻吟道：「別說了，快別說了，先生的話讓我好有壓力，我不想再聽到這些，我不喜歡壓力。」

蒯徹嘆息一聲，暫時閉上了嘴。隔幾天他又回來了，繼續往下說：「……知者決之斷也，疑者事之害也，審毫氂之小計，遺天下之大數，智誠知之，決弗敢行者，百事之禍也。故曰『猛虎之猶豫，不若蜂蠆之致螫；騏驥之跼躅，不如駑馬之安步；孟賁之狐疑，不如庸夫之必至也；雖有舜禹之智，吟而不言，不如瘖聾之指麾也』。此言貴能行之。夫功者難成而易敗，時者難得而易失也。時乎時，不再來。」（《史記．淮陰侯列傳第三十二》）

蒯徹的話，讓韓信感到巨大的痛苦。韓信IQ高而EQ低，他喜歡的是百分百的技術性工作，受不了與心機深的人打交道。蒯徹的建議雖然是解脫困局的辦法，卻意味著他必須要承擔起人生的責任，學習像劉邦那樣思考。可這卻是低EQ的人最害怕的事，所以蒯徹越是催促，韓信越是逃避。

人性的弱點，一旦無法勝任責任，就會選擇逃避，把希望寄託在僥倖之上。韓信只能寄希望於劉邦的良心發現，體諒自己的功勞，而不會除掉自己。雖然命運掌握在別人手中的感覺很惶恐，但相較於承擔人生責任所帶來的巨大壓力，這儼然成為韓信的最佳選擇。

眼見說不動韓信，蒯徹長嘆一聲，就假裝瘋癲逃走了，有消息說他此後改行做了巫師。

背信棄義

韓信謝絕了楚使武涉和謀士蒯徹的勸說，不忍心背離劉邦，導致他的危機意識突然增強，於是就更求表現，希望能獲得劉邦的好感。

此時，齊國的楚軍殘兵逃到山東南部，重新集結起來。於是韓信揮師南進，命灌嬰的騎兵擊敗楚將公杲，直抵薛郡，再勝楚軍。繼之推到淮水南北地區，占領了項羽的家鄉下相，連克附近各縣邑。

連家鄉都被占領了，可見項羽是何等窘迫，他派了部分楚軍回師，卻再度被韓信擊敗。更氣人的是，彭越那個傢伙又趁機竄了出來，燒殺劫掠，什麼事讓項羽上火，他就幹什麼事。到了這一步，再不懂行情的人也看出來了，漢勝楚敗的趨勢已是無可逆轉。

西元前二〇三年八月，漢王劉邦派了個侯公來楚營找項羽。侯公帶來一個一勞永逸的解決方案。其中建議楚漢兩家握手言好，項羽釋放劉邦的父親妻子，從此兩家結為兄弟，以鴻溝為界，平分天下。鴻溝以西，歸屬漢國；鴻溝以東，歸屬楚國。

這個建議合理而現實。現實就是，無論是楚國還是漢國，都真的支撐不下去了。楚國這邊，雖然項羽能打，但是糧道斷絕，等於被掐住脈門，有死而無生；漢國這邊，雖然有糧食吃，但沒人是項羽的對手。這樣雙方各占據一個優勢，相互克制，形成死局。這個建議是化解死局的唯一方法，不只劉邦這樣想，項羽的心裡也對此充滿希望。於是雙方一拍即合，不打了。平分天下，一人一半，各自回家當自己的王。

接著雙方開始討論撤軍的細節，很快就達成了共識。項羽遵諾將劉太公和呂雉釋放，解圍東歸。史書上說，劉邦也打算西歸，可是就在他準備走的時候，張良和陳平走過來，說：「大王，你不是傻了吧？現在漢國占據了大半的天下，諸侯都已歸附，而楚軍疲憊不堪，糧食斷絕，正是滅亡楚軍的天賜良機。如果你不抓住這個機會，澈底消滅項羽，那就是養虎為患。」

劉邦說：「好，這個建議滿有創意。」

於是劉邦立即撕毀雙方共同商定的和平協定，下令漢軍全面出動，追殺項羽。

看史書上的記載，這件事有一定程度的偶然，如果不是張良和陳平建議，劉邦未必會背信棄義，撕毀協議。但實際上，先簽和約，再動武力，是劉邦的典型風格，這種事他已經玩過不止一次了。

此前，劉邦攻入關中，軍行武關之際，遭到秦兵阻路。當時劉邦就是遣人帶了金銀珠寶，招降秦將，等秦將投降，準備和劉邦合師進攻咸陽的時候，劉邦卻突然露出猙獰嘴臉，一個回馬槍殺過去，殺得秦軍哭天搶地，屍橫荒野。

前鑑不遠，往事可追。劉邦就是習慣背守成約的人，項羽竟然對此沒有一點認知，說起來實在是可悲可嘆。

劉邦狂追項羽，一直追到陽夏以南，突然停了下來。不對勁，追得有點急了。韓信和彭越兩支最能打的軍隊，好像根本沒有跑步跟上，只有劉邦自己這夥人，瞪大了眼睛窮追不捨。然而楚軍就在這時候突然止步。項羽轉身，對劉邦怒目而視，他身邊緊跟著季布、鍾離昧等楚將。戟指目瞪口呆的劉邦，項羽狂吼了一聲：「給我打，打死這個不要臉的王八蛋！」憤怒的楚軍衝了上來，漢軍呆了片刻，突然間全體尖叫起來，掉頭狂逃。

《史記・項羽本紀》對這段戰史作了簡單的記載：

楚擊漢軍，大破之。漢王復入壁，深塹而自守。（《史記・項羽本紀》）

唉，這個劉邦就這麼點本事，明明打不過人家，卻非要銜尾急追。現在終於追上了，楚軍回身反擊，劉邦的漢軍立刻被打得潰不成軍，慌忙退入壁壘，挖掘深塹，就此躲在裡面，不敢出來了。

這是何苦！

忽悠需要真誠

劉邦撕毀剛剛簽訂的和平協議，率漢軍追殺項羽，追上了卻不敢上前，結果反被憤怒的楚軍轉身殺回來，殺得漢軍一敗塗地，狼奔豕突。這次遭遇戰的爆發地點在固陵，所以又稱固陵戰役，是垓下戰役的前哨戰。

後世書呆子讀書至此，無不扼腕嘆息，曰：「假使項羽抓住戰機，乘勝追殺，擴大戰果，在韓信、彭越兩支強大的軍隊趕來之前，先行將劉邦殲滅，必然是時局倒轉，山河易主。可惜項羽IQ不足，缺乏戰略眼光，錯失了良機。惜哉，惜哉！」

但實際上，項羽根本沒有這個能力。又或者說，劉邦先行一步，將這種可能澈底封死了。比較劉邦與項羽，毫無疑問，項羽比劉邦更能打，因為他年輕——固陵戰役這一年，劉邦五十五歲，項羽三十一歲。一個三十一歲的壯年漢子，肯定比五十五歲的老頭更能打，這是可想而知的。

但項羽的組織協調能力，比之於劉邦，可是差得十萬八千里。想當初，劉邦起於沛縣，率領著一批販夫走卒，卻幾歷血戰，生生地把這些商販市儈打造成了天下名將。如小吏曹參，如賣絲繒的灌嬰，如殺狗的樊噲，假如沒有劉邦，就不會有他們封侯拜相的人生。這強大的統御及人才培養運用能力，豈是一般人所能想像的？

劉邦陣營經常會出現一些莫名其妙的小人物，對劉邦提出些極有價值的建議，而劉邦二話不說，立即採用。集眾智為己用，這話說起來簡單，能夠做到的卻少之又少。

反觀項羽，他始終是在吃老本，不停地消耗項梁時代累積的戰爭資源。他所統轄的戰將全都是項梁留給他的，沒有一個後起之秀能夠在他的陣營脫穎而出。就連韓信這種天才將領，落到項羽手中，也只不過是個執戟跟班的警衛。項羽從未有過挖掘人才的想法，他眼裡只有自己，根本不曾有別人。

有意思的是，劉邦雖然善於用人，卻對人粗暴無禮，特別喜歡羞辱別人。動輒指著對方的鼻子罵祖宗，又或是以「踞床洗」的姿勢刻意惹對方惱火。而項羽卻恰恰相反，他眼裡只有自己，永遠不承認別人的能力，但對待別人的態度卻是溫文爾雅、溫柔體貼、溫情無限、溫瑩如玉。

劉邦之所以待人粗暴無禮，甚至無恥，那是因為他居於智力的制高點，居高臨下俯視對方，洞悉對方的心事。知道縱使他這樣做，對方也無可奈何。而項羽之所以待人溫柔如處子，那是因為項羽看不透對方，權以溫和的態度為籠絡，以便哄騙對方為自己效死。兩人之間存在著巨大的智力鴻溝，以鴻溝為界，鴻溝以西是高IQ，鴻溝以東是低IQ。高IQ的劉邦肯定會越過這條鴻溝，來欺負IQ不夠用的項羽，這是野蠻世代人類殘酷博弈的必然。你不能要求蠻荒時代的劉邦，有著愛護低IQ項羽的心思，這不符合人性。

說這麼多，只是為了解釋一件事：何以項羽不抓住戰機，於固陵大勝後全殲劉邦？因為他殲滅不了。楚軍雖然有十萬，卻被項羽的個人英雄主義搶走了風頭，落得整體戰鬥力低於漢軍。固陵雖勝，但只是激憤之下出手，並沒有勝算。

此外，項羽曾經用來橫行戰場的大殺器，已經被劉邦奪走。

這枚大殺器，就是新崛起的騎兵戰。

劉邦甫出三秦，在彭城一戰被項羽以新式的騎兵戰，生生殺掉了二十多萬人。劉邦以其不可思議的機敏反應，在極短的時間內，建立起自己的騎兵師，由灌嬰統領。如此就立即削弱了項羽的優勢。隨後，韓信攻克趙國，脅迫北方的燕國臣服，這就澈底掐斷了項羽的戰馬來源。

當時的戰馬只能從北方購買，或者從秦國，或者從燕國。但這兩個地方全都被劉邦牢牢控制了，且劉邦對項羽實行了武器禁運，採用冷酷的經濟封鎖，澈底斷絕了項羽恢復騎兵優勢的念頭。

這就是固陵戰役後雙方再度僵持的原因。項羽太能打，劉邦一個人滅不了他；而劉邦親手帶出來的漢軍，整體作戰能力高於楚軍，所以楚軍也無法拿下劉邦。只能再一次僵持，一如鴻溝時代。

一邊傳令鞏固己方防線，一邊聽著楚軍凶猛的進攻聲，劉邦憂心忡忡，問計於張良：「我們兵困於此，韓信和彭越之援軍又遲遲不來，於此之時，應當何以處之呀？」

張良說：「這不是明擺著嗎？楚軍死定了，只差在他們的棺材上釘上幾枚釘子。這幾枚釘子必須讓韓信、彭越他們來釘，我們能做的，只是死死地壓住棺材板，別讓項羽再爬出來。但問題是，這個節骨眼上，你憑什麼要韓信、彭越來幫你釘釘子？項羽將亡，他們卻誰也沒有得到封地。如果大王你肯和他們共有天下，分地封王，他們肯定會來的。」

劉邦說：「嗯……不對呀，咱們不是封了韓信為齊王嗎？」

張良說：「拜託大王，韓信又不是笨蛋，看不出來上次咱們是忽悠他嗎？你說他是齊王，他的封地在哪裡？邊界怎麼劃分？書面的合同又在哪裡？這些全都沒有，就是哄哄他而已。再說彭越，他想封王已經很久很久了，但他現在只是個魏相國，你想他會滿意這個薪資待遇嗎？所以，大王如果希望這倆傢伙出兵，就得忽悠得真誠一點。」

「怎麼個真誠法？」劉邦問。

張良道：「大王，你看這樣如何，馬上草擬合同，把睢陽至穀城統統分給彭越，那是他多年戰鬥的地方，他最渴望能風風光光擺個大排場了。再把從陳地到東海統統封給韓信，此外，把韓信的家鄉也給他。他在家鄉以鑽人家褲襠而成名，一定要讓他回去找到仇家，讓對方也鑽鑽他的褲襠。如果大王這樣做了，他們肯定會率師前來，屆時破楚易如反掌。」

劉邦搖頭：「不，我不能同意你的建議。」

「為什麼？」張良大驚。

「因為，」劉邦解釋道，「你只提到了韓信和彭越，卻漏掉了英布。英布那傢伙也很能打，千萬不能漏掉他。所以，除了大封韓信和彭越之外，還要把整個淮南統統封給英布，封他為淮南王。你看如何？」

張良說：「唉，項羽真的死定了，我好同情他。」

豬一樣的隊友

話說九江王英布，自從中了劉邦曝光計畫的詭計，就一直沒打出個名堂。但是當劉邦項羽鴻溝對峙的時候，他還是振作起精神，重振旗鼓，進入自己的老巢九江地區，攻占了幾個小小的縣邑。但再想打得更光彩，也明顯力有未逮。

這時候，劉邦的大表哥劉賈帶著游擊隊來了，與英布會師。會師後說：「老英，我發現你為什麼弄不明白了，你跟項羽一樣頭腦簡單，就知道閉著眼睛打打打，這樣硬打下去，你會死得很慘的。聽我的，這次咱們用我表弟劉邦的高招。」

「什麼高招？」

「忽悠！」

於是劉賈派人拿了書信珠寶去壽春，找替項羽鎮守後方的楚大司馬周殷，承諾說：「大司馬周殷，蓋世英雄也，英雄就該跟英雄結交，如果周殷肯跳槽過來，這邊封王封地，珠寶美女，全都有，周殷豈有意呼？」

沒意才怪，周殷見利心喜，立即率正規軍投降了劉賈英布的游擊隊。

這下子英布爽了，先狠狠地報復那些背叛他的城邑。六地的百姓抗擊英布最英勇，統統殺掉，男女老幼一個不留。還有城父，也是打英布打得比較狠的，這座城池乾脆抹掉，一個活人也不留。

血腥的大屠殺之後，新上任的淮南王英布，就意氣風發地率領隊伍，趕往垓下與韓信、彭越、劉邦會師。

諸侯抵達，雄兵集結，項羽的生命進入了倒數計時。

現在來看看楚漢兩軍的作戰隊伍：

【正方一號主力選手：劉邦之漢軍】

統帥：漢王劉邦。

將軍一：周勃。

將軍二：樊噲。

將軍三：王陵。王陵是早年劉邦的大哥，為了刻意與劉邦拉開距離，他故意和劉邦最為切齒痛恨的雍齒走到一起。但針對項羽的最後一戰，他必須到場，因為項羽把王陵的母親煮成了水煮肉片，王陵此來是為母親復仇。這都是項羽幹的缺德事，你煮人家一個老太太幹什麼？平白為自己樹立這麼一個冤家對頭！如果項羽當時披麻戴孝，替王陵的母親下葬，就能把王陵轉型為劉邦的敵人。但是項羽處置失策，以毫無理由的殘暴，替自己找來了對頭，助劉邦成就事業。

將軍四：騎都尉酈商。他居然也在場，這真是莫名其妙，他的哥哥酈食其就是受韓信坑害，被齊王水煮了。而韓信是此戰的總指揮，這就意味著，不是他，就是韓信，總有一個人要倒楣！

將軍五：騎都尉靳歙。

將軍六：御史大夫灌嬰。他所統帥的樓煩騎兵，曾是項羽的殺人利器。但是事易時移，灌嬰以販賣絲繒起家，追隨劉邦先是成為車戰高手，繼而又成為騎兵大師，這神一樣的學習能力，實在令人驚嘆。

漢軍兵力約十萬人。

【正方二號主力選手：韓信之齊軍】

統帥：齊王韓信。

將軍一：李左車。當時最具價值的兵法大師，他能夠為韓信所用，實在令人驚訝。事實上，韓信擁有了這位神一樣的兵法大師，已經成為當時最有勢力的人。但他和韓信一樣，都是精熟於兵法之策，卻對人性生疏冷漠，這種能力的缺失造就了劉邦的機會。

將軍二：孔熙。

將軍三：陳賀。

齊軍兵力約三十萬人。

【正方三號主力選手：彭越之梁軍】

統帥：梁王彭越。

副統帥：大夫欒布。彭越的少年好友，但等彭越起兵的時候，欒布卻被人拐走賣到了燕國。此後他在燕國脱穎而出，帶兵打仗，又被韓信俘虜。彭越向劉邦求情，贖回了欒布，現在欒布和彭越已是生死之交了。

梁軍總兵力約五萬人。

【正方四號主力選手：英布之九江軍】

統帥：淮南王英布。

將軍一：劉賈。他是劉邦的大表哥，淮南地區游擊司令，與彭越配合燒殺劫掠，顯然是為了提高英布的人氣，所以把他也劃入了九江軍。

將軍二：周殷。他是楚國的大司馬，項羽信任的人，項羽派他鎮守壽春，彈壓劉賈和彭越的騷亂。不料他卻在六地屠城，跟隨英布來到了這裡，再一次證明項羽的識人眼光太差，只有那些絕對不應該信任的人，才會受到項羽的信任。

九江軍總兵力五萬人左右。目前，漢軍及其盟友聯軍擁有凶悍的戰將十二人，士兵超過五十萬人。

【反方種子選手：楚軍】

統帥：西楚霸王項羽。

參謀幕僚：左尹項伯。完了，看到這傢伙就知道項羽沒希望了。潛伏在項羽身邊的間諜已經取代亞父范增，成為項羽的智囊。有此人在，這仗怎麼打怎麼輸，項羽的識人眼光，再一次遭到澈底的否定。

將領一：將軍季布。季布是個忽悠大師，有句成語叫季布一諾，千金不易，就是他忽悠來的。實際上他的為人是季布一諾，給錢就賣。劉邦甚至不敢聯合他，他屬於豬一樣的隊友，站在哪一隊，就會連累哪一隊丟分。最典型的事件就是季布的舅舅丁公，他在彭城戰役楚軍大勝之際追殺劉邦，卻因為劉邦幾句甜言蜜語，就放走了劉邦。劉邦殺掉項羽後，第一個要殺的就是季布的舅舅丁公，因為劉邦不喜歡這些給隊伍帶來負分的怪異人類。

將領二：鍾離昧。他是韓信的私交好友，也是目前項羽手下唯一能打的戰將。長期以來，項羽作戰，文靠亞父范增，武靠鐘離昧。但是劉邦施行離間計，逼走了亞父范增，奪了鍾離昧的兵權，讓鍾離昧歸屬大司馬曹咎之下。結果曹咎無能戰死，鍾離昧卻始終忠心耿耿，但最終，他的忠心也淪為一場悲劇。

將領三：項聲。他是項氏族人稍微有點本事的戰將，曾經在龍且手下，於九江大敗反叛的英布。在跟隨龍且往援齊國時，敗於濰水之役，龍且被殺，他卻逃了回來。但這一次，他不再有可能逃脫了。

將領四：項冠。

將領五：項悍。

楚軍總兵力約十萬人。

比較一下楚漢雙方的實力，楚軍陣營，將軍只有五個，漢軍十二個。而且漢軍的兵力五十萬，楚軍的兵力只有十萬。

處於絕對劣勢並不可怕，可怕的是項羽這邊還有豬一樣的隊友，和潛伏日久的間諜。這一仗，是項羽的終結之戰。

結局無可避免。

夜半歌聲

「九里山前作戰場，牧童拾得舊刀槍，順風吹動烏江水，好似虞姬別霸王。」項羽終結之戰，首先有個小小的熱身賽，賽場就在九里山。

西元前二〇二年十月下旬，這一年劉邦五十五歲，距離他生命的終點，只剩下六個年頭了。他最渴望的，就是在自己退出人生舞臺之前，先把剛剛三十一歲的項羽打回娘胎。於是劉邦項羽各率十萬兵馬，對峙於淮陽地區。韓信就是在這個關鍵時刻突然南下，兵至九里山，向楚軍邀戰。

項羽騰不出手對付韓信，就派楚上柱國項佗出場，可憐項佗名不見經傳，哪裡是韓信的對手？

但是項佗可不這麼認為，而且項佗甫出，就擊潰了邀戰的齊軍。楚軍大喜而狂追，結果，九里山下，伏兵四起，把楚軍團團包圍，楚上柱國項佗也被韓信俘虜。

趁此機會，商販灌嬰的機動騎兵迅速向彭城移動，一舉攻破彭城，剿滅了項羽的老巢。

而後齊軍在江蘇北、安徽北及河南東一帶跑來竄去，兵鋒直插項羽主力軍的側背。

腹背受敵，項羽陷入絕境。這時候的他，可憐到了無以復加，由於老巢被剿，後方失陷，楚軍已無所依憑。正所謂孤軍難立，無奈之下，他率領楚國的軍政官吏，攜帶大量的貴重物資，向東南方向撤退。這時候的楚國形同消亡，項羽成為流亡軍政權，危機重重，困苦艱難。

行至垓下地區，項羽停下來，找來大將季布、鍾離昧商量，大家一致認為，垓下這個地方挺好，地勢險要，可以構築工事以備防禦，趁機整頓軍備，恢復士氣，以期與漢軍展開決戰。於是項羽將十萬楚軍一分為三，季布統一隊兵馬，屯於垓下西側與南側。鍾離昧統一隊兵馬，屯於垓下東部及北部。項羽親率主力軍，在垓下做無定向游弋。

得知消息，漢軍、齊軍、梁軍及九江軍紛紛趕往垓下，要參加這場規模龐大的盛宴。聯軍的布署是：齊軍韓信駐於垓下東北地區，韓信其實是故意的，為了救他的老夥伴鍾離昧。淮南王英布的九江兵駐於垓下的西南地區，正對著大將季布，這也是故意的，英布和季布也有祕密關係，攔在季布面前，就是為了放季布一條生路。梁王彭越指揮的梁軍，駐於垓下的北部地方，作為機動的戰力。

大戰在即，劉邦將全部的軍事指揮權移交給韓信，並提出要求，務必一戰殲滅項羽。於是韓信以將軍孔熙為左路，以費將軍陳賀為右路，韓信自統主力，於中路展開主攻。劉邦跟在韓信的屁股後面督戰，其後還跟著周勃等人。憤怒的項羽衝出營壘，與昔日手下的儀仗隊員展開激烈交火。不可思議的事情發生了，驍勇善戰的項羽，這時候卻疲軟無力，被韓信打得一退再退，最後完全退回營壘之中，閉關不出，拒絕再戰。

楚漢時代的攻戰技術比較落後——這是相較於攻壘技術而言，當時的營壘是很堅固、很難攻破的。劉邦與項羽數次交手，一旦失利，劉邦的做法就是迅速逃入營壘。一旦逃進去，項羽就無計可施。現在項羽也學了劉邦的縮頭術，讓劉邦看得咯咯直笑。

項羽不肯出來，怎麼辦呢？

這時候張良出來說了：「這事好辦，咱們不是有潛伏的內線項伯嗎？讓項伯把項羽叫出來。」

「怎麼個叫法？」

「四面楚歌！」

說到這個「四面楚歌」，已經成為耳熟能詳的成語，表示眾叛親離的意思。據史料記載，張良建議，以楚方投降的人，和漢軍中擅長唱歌者，組成藝工隊，每夜繞著楚營不停地唱楚詞楚歌。

項羽陣營兵困垓下，兵少食乏，處境非常險惡。前線堅守營壘的士兵，每日黃昏，戰事止息時，就會聽到四周傳來楚歌之聲。這歌聲勾起了士兵的思鄉情緒，喚醒他們心中美好的願望——是哪個混帳王八蛋，把他們從溫暖的家中強拖到戰場上，與素昧平生的陌生人生死血拚？這所謂的帝王基業，與他們有什麼關係？

壘前士兵的士氣，受到了不可修復的重挫。

但受到重挫的，只有前線士兵的銳氣，營中深處並沒有受到絲毫影響。因為當時沒有擴音裝置，壘外的歌聲絲絲縷縷，最多只能透進營壘的邊緣，再往前唱就危險了。大嗓門的歌手說不定會被黑暗中射來的一箭當場穿喉，這就划不來了。

所以這個夜半歌聲，實際上並非是唱給壘前士兵們聽的。漢軍想要的聽眾，只是項羽一個人。但項羽的中軍帳，在歌聲抵達不到的軍營深處，這該怎麼辦？

於是項伯應時出場，他負有重大使命，必須要讓項羽聽到這四面八方的夜半楚歌！

夜宴別姬

入夜，項伯走進項羽的軍營，力勸項羽夜間巡視軍營。項羽生性高傲，誰的話也不聽，就聽項伯的，因為項伯只揀他喜歡聽的說。於是項羽興沖沖地披掛出來，準備鼓舞軍心。但當他走到營壘邊緣時，聽到了那陰森森的夜半歌聲。

當下項羽十分震驚，說了句：「難道漢軍已經把楚國全境占領了嗎？要不然，他們之中怎麼會有這麼多楚人呢？」

好了，項伯潛伏項羽身邊多年，終於完成所有的使命了。現在他只要坐觀事態發展就可以了。

項羽的意志遭受重創，幾近瓦解。於是他返回營帳，叫來虞姬陪伴，飲酒澆愁。項羽有兩個最愛，一是美人虞姬，一是名駒烏騅。他一生征戰，形影不離的，就是這兩件寶貝。當天夜裡，項羽和虞姬飲酒，悲歌慷慨，並作了一首詩：「力拔山兮氣蓋世，時不利兮騅不逝。騅不逝兮可奈何，虞兮虞兮奈若何。」

項羽把這首詩唱出來，大意是：我的力氣能拔山，我的氣勢能吞天。不料時勢已逆轉，烏騅寶馬也枉然，烏騅枉然怎麼辦？虞姬妳說怎麼辦？妳快點說怎麼辦？

虞姬又能怎麼辦？只好也作首詩，譜上曲子唱給項羽聽。根據《史記正義》引《楚漢春秋》記載，虞姬當時唱的是：「漢兵已略地，四面楚歌聲。大王意氣盡，賤妾何聊生？」歌罷，虞姬仗劍而起，自刎身亡。

理論上來說，項羽如果想要制止虞姬自殺，是很容易的事。但項羽顯然沒有這個意思。事實上，這場夜宴，不過是盞催命酒，項羽認為，只有自己在虞姬身邊，虞姬才能夠幸福，如果這絕世美女落入別人手中，就會很悲慘很悲慘。諷刺的是，虞姬跟隨項羽是在西元前二〇八年，到了夜宴別姬這一天，虞姬跟在項羽身邊已經整整六年了。這六年的時間裡，兩人形影不離，項羽不管打到哪裡，都要帶著虞姬。但最終，虞姬仍然只是一名寵姬，不過是項羽喜歡的精美性器，從未想過要給她一個名分。甚至在項羽進入關中，大封天下，而後占彭城以西楚霸王自居的時候，也沒想過正式娶她。

作為一個女人，虞姬心裡必然有成為項羽夫人的渴望，但是項羽顯然沒這個意思。直到現在，項羽已經是窮途末路了，才突然發現虞姬的價值——不能讓別人得到她的價值！該如何評價項羽呢，單從他對待虞姬的態度上？只能見仁見智了吧。

但是在《史記．項羽本紀》中，司馬遷把霸王別姬的場景，描寫得非常感性，非常文藝：「項王泣數行下，左右皆泣，莫能仰視。」最後這個不能仰視，是情理之中的事。這時候如果有誰仰視，惹火了項羽，一劍砍下去，你找誰說理去？

虞姬已死，項羽心事了卻，這世上他已無留戀，剩下來的，只有一顆枯死的心。就在這天夜裡，他披掛上馬，率領身邊最精銳的八百騎兵，趁夜出了軍營，扔下十萬傻兮兮的楚軍士兵，自顧突圍而走了。

他竟然扔下那些信任他、追隨他的子弟兵，任由這些可憐蟲落入漢軍齊軍梁軍九江軍的魔爪中，像羔羊一樣被肆意宰殺。當然，項羽也可以這樣解釋：留得五湖明月在，不愁無處下金鉤。只要項羽逃脫了，說不定還有機會捲土重來，擊敗劉邦，為被項羽扔下的十萬楚軍復仇。可問題是，這十萬大軍原本是極具戰鬥力的隊伍，倘若有組織地突圍，也夠讓劉邦頭痛的了。然而項羽身為三軍主帥，竟棄軍而逃，這根本是以十萬楚軍為誘餌，掩護自己逃亡。讓十萬條活生生的人命，掩護自己一個人，項羽這個作為很難獲得正面的評價。

在陳勝死後的項梁時代，秦將章邯進攻魏國，聯軍援趙，卻被章邯擊敗。當時的魏王咎為了保護居民，以自己自焚為條件，和秦兵達成了不可屠城的協定。魏王咎在歷史上沒有絲毫名氣，但他的死煥發的人性光輝，讓拔山舉鼎、棄軍而逃的項羽，霎時顯得慘澹微弱，不值一提。

一旦發現項羽的人格存在巨大缺陷，對於他此後的行為，我們就能以冷靜理性的角度來觀察了。這時候才會發現，項羽所謂的時不利兮，純屬扯淡。他的一生，運氣好到不能再好了。首先，他擁有武將世家的巨大光環，劉邦的平民出身根本無法與他相比。其次，項羽追隨叔父項梁起兵，又接收了項梁的豐厚遺產，所以才會在殺害上將軍宋義、奪取軍權時，獲得了部眾的支持。而劉邦可沒有這麼了不起的叔父替自己鋪路，只能自己胼手胝足，一點點地累積資源。

但是，這麼豐厚的軍事遺產落到項羽手中，卻被他治理得支離破碎，最優秀的韓信逃了，最有智慧的范增被他趕走了，最忠誠的鍾離昧遭到他的猜忌，最後竟被他丟給了齊軍，淪為無辜的犧牲品。最不可思議的是，他統領項梁留給他的班底，經營了這麼多年，竟然沒有提拔一個新人，沒有任何人能夠在他手下做出成績。這得要多麼苛刻尖酸，才能把事情做到這麼絕？

韓信曾經指控，項羽待部下有功不賞，即使是逼到沒辦法，非要授權給部下，還拿著印璽不停地摩挲，摩挲得印璽稜角都變圓了，還捨不得放手。這是一種多麼奇怪的心態？想他項羽再大的本事，一個人能坐得了多少官位？你總得把部分責任和權力分配給別人吧？

項羽是一個沒有分享概念的人。他的人格缺陷並非唯我獨尊這麼簡單，他是一個心理無比陰暗的人，別人一點點的收穫或快樂，都會對他造成強烈的刺激，讓他感受到莫大的痛苦。他之所以把虞姬長期帶在身邊，卻始終不肯給虞姬名分，目的不僅僅是要享受虞姬的肉體，還要享受虞姬求之不得，卻又不敢說出的委屈和痛苦。

這就是項伯背叛他的根本原因，跟隨他，你什麼都不可能得到，那又為什麼非要淪為他極端自私的犧牲品呢？虞姬沒有選擇，但項伯有。

這樣的項羽，他的成功是極為偶然的。名將的身世、項梁替他累積的資源，這些都是別人不曾擁有的幸運。而他的失敗，只不過是他的人格破產，是他無法克制內心陰暗的結果。

是該結束的時候了，項羽必須要為他的人格缺陷埋單！

新的戰役

項羽棄軍而逃，連劉邦都沒料到，等他接到消息的時候，天已經亮了。

劉邦立即下令，讓灌嬰率五千騎兵追殺。理論上來說，項羽已經出逃一夜了，烏騅馬奔速驚人，再追上他的可能性不大。可是項羽太慌張了，他瘋了一樣逃在最前面，帶出來的八百騎，竟然被他甩下了七百多，只有一百多人的馬匹好一些，勉強跟上了他。

渡過淮水，行至陰陵，項羽發現他迷路了，就向路邊的老農問路。那老農往左邊指，等項羽發現左邊是一片沼澤，根本無法行走，再退回來的時候，灌嬰的騎兵已經追了上來。於是項羽再向東逃，越逃身邊的人越少，逃到東城，僅剩下二十八名騎士，而漢軍緊追不捨的，竟然有數千騎。

項羽為什麼非要逃得這麼快？倘若以八百騎對五千騎，他還是有機會的。就因為他只顧自己不顧別人，落得以二十八騎對數千騎的下場，這時候他的心裡，一定是說不盡的懊惱鬱悶吧。

深切意識到了自己人格的悲哀，項羽的防衛機制再次啟動，拒絕承認自己有絲毫錯誤。他向二十八騎發話，曰：「我自起兵以來，至今已經八年了，親身經歷過七十多次戰鬥，真是戰無不勝，攻無不克，從未打過敗仗，因此，我才做了天下的霸主。不料今天被困在這裡，這不是我的錯，我一點錯也沒有，是老天太混蛋，非要欺負我。」

為了證明自己的觀點，項羽又說：「現在我們向敵人進攻，必須要做到三勝：潰圍，擊潰敵人，殺出重圍；斬將，斬殺敵將；刈旗，砍倒敵人的旗幟！」

項羽說罷，將二十八騎分為四隊，對著四個方向。對面的漢軍一層疊一層地包圍上來，項羽毫無懼色，說：「看我先給你們斬殺一將。遂率騎兵向漢軍疾衝了過去，漢軍果然被打得人仰馬翻，項羽親手斬殺漢軍騎將一人。」

項羽軍到達山東三處集合，漢軍再次黑壓壓地圍上來，項羽再次衝殺，斬殺漢將一人，殺死漢軍百餘人。然後項羽將自己的兵馬集中起來，發現自己僅亡兩騎，就對眾人說：「各位看我打得如何？」眾騎兵齊聲道：「果然跟大王說得一樣……」不過，他們心中肯定在想：靠，你這麼能打，如果跑得慢點，八百騎都在的話，今天咱們說不定就贏了。

項羽這時候贏得了軍心，率僅餘的二十六騎向前突圍，殺出一條血路，到達烏江。江面上，烏江亭長撐出一條小船，說：「江東地方雖然不大，但方圓也有千里，有民眾數十萬，足夠建立霸業。請大王急速渡江，這一帶只有我有船，你上了船，漢軍就沒希望了。」

項羽搖頭，對烏江亭長說：「我一點錯也沒有，可是上天非要亡我，所以我不能渡江了。當初，我帶領江東八千子弟，渡江西征，現在沒有一個人生還，縱然江東父老諒解我，繼續擁立我為王，我又有什麼面目見這些父老呢？即使他們不譴責我，我也羞愧難容。」

聽項羽這麼說，可知他終於明白了，棄軍而逃，實在是他犯下的不可彌補的大錯。如果他不拋下十萬大軍，哪怕是他不拋下八百騎兵，都不至於把自己逼到這個地步。但他真的沒有認錯的習慣，鐵嘴鋼牙，唯死而已，絕對不認錯。

於是項羽對烏江亭長說道：「我知道你是忠良之人，我騎的這匹馬只有五歲，所向無敵，一日可以行千里，我不忍心殺牠，就送給你吧。」

烏江亭長，他可能是唯一從項羽身上得到什麼的人。而項羽那句不忍殺之，更暴露了他的心態：我得不到的，也絕不能讓別人得到，這是典型的暴戾之心。這也應證了虞姬之死，並非是他擔心虞姬落入漢軍手中受辱，而是他絕不能讓別人得到如此美色，寧可殺了她，別人也休想染指。至於虞姬想不想死，就不在項羽的考慮之內了。

最後血拚開始了。

項羽命令所有騎士下馬步行。因為他要步戰，所以部下也不允許再騎馬。雖然騎戰更有優勢，但項羽習慣把自己的限制強行加到別人身上。於是他的親隨們只能下馬步戰，而且持用的是短兵器，這意味著一場小規模的屠殺。

項羽的親隨被漢軍屠殺，但項羽也在屠殺漢軍。他一個人殺死了漢軍將士數百人，自己也受傷十多處。殺得正烈，項羽偶然回頭，忽然看到漢軍騎司馬呂馬童。當下項羽指著呂馬童，大聲說：「喂，你以前不是我的老部下嗎？什麼時候跳槽的？」

看看這場仗，項羽屠殺的，原來都是以前自己的老部下。所謂眾叛親離，就是這麼悲涼悲哀。

呂馬童認出項羽，急忙向漢軍將領王翳報告：「那個就是項王。」

項羽這時候真的打不動了，就對王翳說：「我知道漢軍以千金懸賞我的人頭，還要封萬戶侯。為了讓你得到功賞，請你把我的頭拿去吧。」

說罷，項羽自刎而死。一代霸王，就此終結，徒留下千古傳奇，百代憂傷，以供後人憑弔。

漢將王翳衝過來，割下了項羽的首級，其餘的漢軍也蜂擁而上，刀子一下下往項羽身上招呼，頃刻間將項羽分屍，大家一人抱一塊屍體，拿回去邀功。

楚霸王自刎烏江的消息一傳回漢營，漢營中隨即衝出一隊騎兵，直入齊軍韓信營中。韓信聽到動靜不對，急忙出來時，看到漢軍騎兵為首的那張熟悉的臉：

劉邦！

劉邦奔行如電，霎時就衝入了韓信的中軍帳，占領了韓信用來調兵的印璽和符節。看著劉邦那張不可捉摸的嘴臉，韓信終於明白了：

項羽死了。

作為劉邦的頭號敵手，他韓信，卻是一點心理準備也沒有。

但新的戰役，已經拉開了帷幕。

劉邦生平年表

西元前二五六年	·劉邦一歲，秦始皇四歲。 ·是年秦攻韓，陷洛陽，斬首四萬，攻趙，俘殺九萬。周赧王聯合各國，再締合縱盟約攻秦，秦攻入周，擄赧王入秦，旋釋歸，赧王死，周亡。
西元前二五五年	·劉邦二歲，秦始皇五歲。 ·是年秦遷西周文公姬咎於悉狐聚，西周亡。 ·是年楚遷魯頃公於莒城，魯僅存此城。 ·是年燕孝王卒，子姬喜繼位。
西元前二五四年	·劉邦三歲，秦始皇六歲。 ·是年秦攻魏，陷吳城，從此魏國淪為秦國屬國。 ·是年韓桓惠王赴秦朝覲。
西元前二五三年	·劉邦四歲，秦始皇七歲。
西元前二五二年	·劉邦五歲，秦始皇八歲。 ·是年衛懷君赴魏朝覲，魏國執而殺之，立其弟元君。

西元前二五一年	・劉邦六歲，秦始皇九歲。 ・是年秦昭襄王座，子孝文王嬴柱繼位。 ・是年，燕國使大夫栗腹赴趙簽訂友好條約，栗腹力言趙國空虛可取，於是燕發兵，大敗，栗腹被殺。 ・是年趙國平原君趙勝卒。 ・異人立為太子，趙國送始皇帝及趙姬歸秦。
西元前二五〇年	・劉邦七歲，秦始皇十歲。 ・秦孝文王嬴柱服孝一年，稱秦王，三日卒，子莊襄王異人嗣位。 ・燕攻齊，陷聊城。
西元前二四九年	・劉邦八歲，秦始皇十一歲。 ・是年秦以呂不韋為相國，封文信侯。 ・是年東周君與諸侯密謀攻秦，秦發兵滅之，東周亡。 ・是年秦攻韓，陷成皋，置三川郡。 ・是年楚滅魯。
西元前二四八年	・劉邦九歲，秦始皇十二歲。 ・是年秦攻趙，陷三十七城。 ・是年楚於吳國故都姑蘇廢墟築城，是為陪都。

西元前二四七年	・劉邦十歲，秦始皇十三歲。 ・是年秦攻趙，陷上黨，置太原郡。 ・是年秦攻魏，魏信陵君率五國聯軍，敗秦軍於河外，追至函谷關而還。秦遂以萬金施離間計，魏王奪信陵君之權，魏國從此衰敗。 ・是年秦王異人卒，子嬴政繼位，年十三，國事決於文信侯呂不韋。
西元前二四六年	・劉邦十一歲，秦始皇十四歲。 ・秦以韓國水工鄭國鑿涇水，從此秦益富強。
西元前二四五年	・劉邦十二歲，秦始皇十五歲。 ・趙孝王以廉頗為相國，孝王旋卒，廉頗奔魏，楚邀之以為大將，終卒於魏。
西元前二四四年	・劉邦十三歲，秦始皇十六歲。 ・是年秦大饑。 ・是年秦攻韓，陷十二城。 ・是年趙以李牧為大將，攻燕。
西元前二四三年	・劉邦十四歲，秦始皇十七歲。 ・秦攻魏，陷鳴城、有詭。 ・秦蝗疫，令百姓納粟千石，拜爵一級，此為中國賣官制度之始。 ・魏安釐王卒，子景泯王繼位。

西元前二四二年	·劉邦十五歲，秦始皇十八歲。 ·秦攻魏，陷三十城。 ·燕以劇辛為大將攻趙，趙大將龐暖折之，俘燕二軍。
西元前二四一年	·劉邦十六歲，秦始皇十九歲。 ·是年楚趙魏韓衛合兵至函谷關，秦兵出，聯軍不戰而走，從此秦勢愈大。 ·是年楚遷都壽春。 ·是年秦攻魏，陷朝歌。 ·是年衛國君主元君率其宗室還居野王，衛國只餘此城。
西元前二四〇年	·劉邦十七歲，秦始皇二十歲。 ·是年秦攻魏，陷汲縣。 ·是年秦相呂不韋著《呂氏春秋》。
西元前二三九年	·劉邦十八歲，秦始皇二十一歲。 ·是年韓桓惠王卒，子韓安嗣位。 ·按祖制，再過一年始皇帝可以親政。
西元前二三八年	·劉邦十九歲，秦始皇二十二歲。 ·秦攻魏，陷垣縣、蒲縣。 ·是年嬴政親政。 ·秦太后姘夫長信侯作亂，屠三族。 ·是年楚國王后李氏之兄李園，殺春申君黃歇。

西元前二三七年	．劉邦二十歲，秦始皇二十三歲。 ．秦文信侯呂不韋罷相，秦下逐客令，李斯上書乃止。 ．是年秦用李斯議，遣使攜銀寶離間諸國君臣。 ．是年滅亡六國計畫就此進入執行期。
西元前二三六年	．劉邦二十一歲，秦始皇二十四歲。 ．是年趙攻燕，陷漁陽。 ．是年秦攻趙，陷閼與。
西元前二三五年	．劉邦二十二歲，秦始皇二十五歲。 ．秦文信侯呂不韋為秦始皇所迫，自殺。
西元前二三四年	．劉邦二十三歲，秦始皇二十六歲。 ．秦攻趙，戰於平陽，斬首十萬。趙以李牧為大將反攻，大敗秦軍。
西元前二三三年	．劉邦二十四歲，秦始皇二十七歲。 ．秦攻趙，陷宜安、平陽、武城。 ．始皇讀《韓非子》之書，心仰慕之，邀韓非入秦。李斯讒韓非終不為秦所王，嬴政遂殺韓非。
西元前二三二年	．劉邦二十五歲，秦始皇二十八歲，項羽一歲。 ．是年秦以兩路軍攻趙，趙以李牧迎戰，秦不戰而退。
西元前二三一年	．劉邦二十六歲，秦始皇二十九歲，項羽二歲。 ．韓割南陽於秦。

西元前二三〇年	・劉邦二十七歲，秦始皇三十歲，項羽三歲。 ・是年秦攻韓，擄韓王韓安，韓亡。 ・是年衛元君卒，子衛角嗣位。
西元前二二九年	・劉邦二十八歲，秦始皇三十一歲，項羽四歲。 ・是年秦以兩路大軍攻趙，趙大將李牧迎之，秦不敢戰。 ・秦以巨金賄趙國佞臣郭開，誣李牧謀反，遂殺李牧。
西元前二二八年	・劉邦二十九歲，秦始皇三十二歲，項羽五歲。 ・李牧死，秦遂滅趙。趙國貴族聚於代郡。 ・楚幽王死，其弟嗣位，兄殺之自立。
西元前二二七年	・劉邦三十歲，秦始皇三十三歲，項羽六歲。 ・燕太子丹遣荊軻入秦行刺，一擊不中成千古絕唱。 ・秦攻燕，燕趙聯軍拒之，大敗。
西元前二二六年	・劉邦三十一歲，秦始皇三十四歲，項羽七歲。 ・是年秦陷燕，燕王奔遼東，殺太子丹以求和，秦不許。 ・是年劉邦出仕，為泗水亭長，或次年。
西元前二二五年	・劉邦三十二歲，秦始皇三十五歲，項羽八歲。 ・是年秦攻魏，以水灌大梁，魏王出降被殺，魏國滅亡。 ・是年秦以二十萬攻楚，楚以戰三日三夜，兵不敷用，始皇遂以六十萬攻楚。 ・是年劉邦出仕，為泗水亭長，或上年。

西元前二二四年	・劉邦三十三歲，秦始皇三十六歲，項羽九歲。 ・秦大將王翦大破楚軍，斬大將項燕。項燕是項羽的祖父。
西元前二二三年	・劉邦三十四歲，秦始皇三十七歲，項羽十歲。 ・秦大將王翦擄楚王，楚國滅亡，秦立楚郡。
西元前二二二年	・劉邦三十五歲，秦始皇三十八歲，項羽十一歲。 ・是年秦大將王賁攻遼東，擄燕王姬喜，燕國滅亡。 ・是年王賁復攻代郡，擄趙代王趙嘉，趙亡。
西元前二二一年	・劉邦三十六歲，秦始皇三十九歲，項羽十二歲。 ・秦大將王賁自燕、代回軍，閃電攻齊，齊王田建被遷共縣餓死，齊國滅亡。 ・是年衛國尚餘一城，臣服於秦，由是秦一統中國，戰國時代終結。 ・是年秦王稱始皇帝，除謚法，廢封建，收兵器，分全國為三十六郡。行秦曆。
西元前二二〇年	・劉邦三十七歲，秦始皇四十歲，項羽十三歲。 ・是年全國修長馳道。
西元前二一九年	・劉邦三十八歲，秦始皇四十一歲，項羽十四歲。 ・是年始皇帝遣方士徐福，率童男童女出海尋訪長生不死藥，徐福一去不返。 ・是年項羽觀始皇帝儀仗，曰：「彼可取而代之。」
西元前二一八年	・劉邦三十九歲，秦始皇四十二歲，項羽十五歲。 ・是年秦始皇遊博流沙，韓國遺民張良以力士操大鐵錐擊之，誤中副車。張良逃逸。

西元前二一七年	・劉邦四十歲，秦始皇四十三歲，項羽十六歲。無事。
西元前二一六年	・劉邦四十一歲，秦始皇四十四歲，項羽十七歲。無事。
西元前二一五年	・劉邦四十二歲，秦始皇四十五歲，項羽十八歲。 ・始皇遊碣石。
西元前二一四年	・劉邦四十三歲，秦始皇四十六歲，項羽十九歲。 ・始皇修長城，以李斯為丞相。
西元前二一三年	・劉邦四十四歲，秦始皇四十七歲，項羽二十歲。 ・是年始皇下令燒《詩》、《書》等百年語，互語《詩》、《書》都斬，借古諷今者斬。
西元前二一二年	・劉邦四十五歲，秦始皇四十八歲，項羽二十一歲。 ・是年始皇修阿房宮，坑殺儒生四百六十人。
西元前二一一年	・劉邦四十六歲，秦始皇四十九歲，項羽二十二歲。無事。
西元前二一〇年	・劉邦四十七歲，秦始皇五十歲，項羽二十三歲。 ・是年秦始皇卒，子二世繼位，殺長子扶蘇並大將蒙恬。

西元前二〇九年	・劉邦四十八歲，項羽二十四歲。 ・是年二世殺王子十二人，車裂公主十人。 ・是年陳涉、吳廣起事，陳涉為張楚王，吳廣為假王。武臣稱趙王。 ・是年劉邦起兵於沛縣。 ・是年項梁起兵於吳縣。 ・是年狄縣人田儋起兵於古齊境，稱齊王。 ・趙將韓廣稱燕王，故魏王之子魏咎稱魏王。
西元前二〇八年	・劉邦四十九歲，項羽二十五歲。 ・二世殺李斯。 ・趙將李良殺趙王武臣。趙相張耳立趙歇為趙王。 ・陳涉為車夫所殺，景駒稱張楚王，項梁擊殺之，立楚懷王孫為楚懷王。 ・秦大將章邯攻楚，斬項梁。 ・楚懷王還都彭城，封項羽為武安侯，封劉邦為碭郡長，遣劉邦攻關中。 ・秦大將章邯攻齊，殺齊王田儋。 ・章邯攻魏，魏王魏咎自焚。 ・章邯攻趙，圍鉅鹿。
西元前二〇七年	・劉邦五十歲，項羽二十六歲。 ・懷王遣卿子冠軍宋義救趙，兵至安陽不進，武安侯項羽殺宋義，破秦軍。 ・項羽再敗秦軍於汙水，章邯降楚。 ・沛公劉邦陷潁川，屠城。 ・沛公劉邦再陷南陽、武關，屠城。 ・趙高殺秦二世，立嬴嬰為秦王，嬴嬰殺趙高。

西元前二〇六年	・劉邦五十一歲，項羽二十七歲。 ・沛公劉邦軍至灞上，秦滅亡。 ・項羽於新安坑降卒二十萬人，入咸陽，火焚阿房宮，稱楚霸王，史稱西楚。 ・尊懷王為義帝，遷郴縣。 ・封劉邦為漢王，建都南鄭。 ・項羽建都彭城。 ・殺韓王韓成。 ・齊相田榮殺齊王田福，自立。 ・劉邦登壇，以韓信為大將，叛西楚。
西元前二〇五年	・劉邦五十二歲，項羽二十八歲。 ・項羽命九江王英布截殺義帝。 ・西楚攻齊，齊王田榮為民所殺，田廣嗣位。 ・漢王劉邦大舉東攻，陷楚都彭城。項羽自齊反攻，漢軍大敗，死十餘萬人，至睢水，又死十餘萬人。 ・劉邦滎陽，以韓信為左丞相。 ・韓信破魏，擄魏王魏豹。
西元前二〇四年	・劉邦五十三歲，項羽二十九歲。 ・漢丞相韓信大破趙軍，殺趙王趙歇。 ・西楚亞父范增卒。 ・西楚攻漢，陷滎陽、成皋。

西元前二〇三年	·劉邦五十四歲，項羽三十歲。 ·韓信攻齊，西楚救之，楚軍大敗。韓信殺西楚大將龍且，擄齊王田廣。 ·漢以韓信為齊王。 ·項羽與劉邦中分天下，以鴻溝為界，項羽退軍。
西元前二〇二年	·劉邦五十五歲，項羽三十一歲。 ·劉邦叛盟，越鴻溝之界追擊項羽，戰於垓下，項羽自刎烏江。 ·劉邦建漢朝。 ·燕王臧荼叛，劉邦擄之，以盧綰為燕王。 ·漢建都洛陽，復遷都長安。
西元前二〇一年	·劉邦五十六歲。 ·劉邦偽遊雲夢，誘捕楚王韓信，執歸長安，貶為淮陰侯。 ·匈奴太子冒頓殺其父頭曼單于。自立，滅東胡。 ·韓王韓信叛，降匈奴。
西元前二〇〇年	·劉邦五十七歲。 ·劉邦攻韓王韓信，韓信逃入匈奴。 ·劉邦追韓信，困於白登。 ·儒生叔孫通制朝儀。
西元前一九九年	·劉邦五十八歲。 ·漢令商人不得衣錦，不得騎馬。

西元前一九八年	・劉邦五十九歲。 ・遷齊楚昭氏、屈氏、景氏、懷氏、田氏五大宗族及豪族十餘萬於關中。
西元前一九七年	・劉邦六十歲。 ・陽夏侯陳豨叛。
西元前一九六年	・劉邦六十一歲。 ・劉邦攻陳豨，斬之。 ・皇后呂雉殺淮陰侯韓信，屠三族。 ・劉邦誣梁王彭越謀反，殺之，剁為肉醬。 ・封趙佗為南越王。 ・淮南王英布叛。
西元前一九五年	・劉邦六十二歲。 ・劉邦攻英布，斬之。 ・是年卒。

參考書目

1. 〔英〕崔瑞德、魯惟一：《劍橋中國秦漢史》，中國社會科學出版社 2007 年 12 月第 4 次印刷。
2. （漢）司馬遷著，〔日〕瀧川資言會注考證：《史記會注考證》（高清影印本），新世界出版社 2009 年 1 月第 1 版。
3. （清）王夫之：《讀通鑑論》，中華書局 2012 年 2 月第 9 次印刷。
4. 崔適：《老北大講義．史記探源》，時代文藝出版社 2009 年 5 月第 1 版。
5. 呂思勉：《中國史》，中國華僑出版社 2010 年 10 月第 1 版。
6. 張新科、高益榮、高一農主編：《史記文獻研究集刊之三．史記研究資料萃編》（下冊），三秦出版社 2011 年 8 月第 1 版。
7. 陳華新：《中國歷代后妃大觀》，海天出版社 2000 年 1 月第 2 版。
8. （漢）劉向著，何建章譯：《白話戰國策》，嶽麓書社 1992 年 3 月第 1 版。
9. 柏楊：《柏楊曰》，海南出版社 2006 年 12 月第 1 版。
10. 郎泰富：《戰國布幣叢話》，海潮出版社 2001 年 12 月第 1 版。
11. 張蔭麟：《你應該知道的中國史綱》，九州出版社 2005 年 4 月第 1 次印刷。
12. 侯家駒：《中國經濟史》（上冊），新星出版社 2010 年 9 月第 1 版。
13. 周緯：《中國兵器史》，中國友誼出版公司 2010 年 4 月第 1 版。
14. 柏楊：《中國帝王皇后親王公主世系錄》，人民文學出版社 2011 年 3 月第 1 版。
15. 柏楊：《中國人史綱》，山西人民出版社 2009 年 2 月第 3 次印刷。
16. 劉應斗、王月林、朱秀芳、葉桂桐主編：《中國王侯全傳》，工商出版社 1998 年第 1 次印刷。
17. 鄭福田、可永雪、楊效春主編：《中國將帥全傳》，工商出版社 1997 年 8 月第 1 版。
18. 魏洛、鄭福田、馬建臣、張品興主編：《中國宰相全傳》，工商出版社 1996 年 11 月第 1 版。
19. 慕中嶽、武國卿：《中國戰爭史》(二)，金城出版社 1992 年 7 月第 1 版。
20. 惜秋：《漢初風雲人物》，廣西師範大學出版社 2008 年 1 月第 1 版。
21. 陳隆予：《劉邦與大漢基業》，河南大學出版社 2011 年 8 月第 1 版。
22. 楊光輝：《漢唐封爵制度》，學苑出版社 2004 年 5 月第 3 版。
23. 袁庭棟：《古代職官漫話》，山東畫報出版社 2007 年 9 月第 1 版。
24. 吳順鳴：《大漢諸侯》，中央廣播電視大學出版社 2012 年 12 月第 1 版。
25. 趙鼎新著，夏江旗譯：《東周戰爭與儒法國家的誕生》，華東師範大學出版社 2011 年 8 月第 2 版。
26. 周錫山：《流民皇帝：從劉邦到朱元璋》，上海錦繡文章出版社 2012 年 6 月第 1 次印刷。
27. (日) 酒見賢一：《墨攻》，上海譯文出版社 2010 年 12 月第 1 次印刷。
28. 柏楊：《中國歷史年表》，海南出版社 2006 年 11 月第 1 版。
29. 李肇祥、柴劍虹主編：《呂氏春秋》，安徽文藝出版社 2005 年 5 月第 15 次印刷。
30. (漢) 司馬遷，崔鐘雷主編：《白話史記》，哈爾濱出版社 2003 年 1 月第 1 版。
31. 孫永都、孟昭星：《中國歷代職官知識手冊》，百花文藝出版社 2007 年 4 月第 2 版。
32. (戰國) 韓非：《韓非子》，中國文史出版社 2003 年 5 月第 1 版。
33. 馬素娟主編：《楚漢相爭人物》，華文出版社 2004 年 1 月第 1 版。
34. 黃超、張彥修主編：《白話資治通鑑》足本全譯 (第 1 部)，九洲圖書出版社 1999 年 4 月第 1 版。
35. 善從編著：《中國皇帝全傳》，中國華僑出版社 2012 年 4 月第 2 版。

高寶書版集團
gobooks.com.tw

BK 032
哥不是魯蛇，是陰謀家：
顛覆眾家史書，還原劉邦從草民到天子的雄心與權謀之爭

作　　者　霧滿攔江
主　　編　楊雅筑
特約編輯　余純菁
封面設計　林政嘉
內頁排版　趙小芳
企　　劃　何嘉雯

發 行 人　朱凱蕾
出　　版　英屬維京群島商高寶國際有限公司台灣分公司
　　　　　Global Group Holdings, Ltd.
地　　址　台北市內湖區洲子街88號3樓
網　　址　gobooks.com.tw
電　　話　(02) 27992788
電　　郵　readers@gobooks.com.tw（讀者服務部）
　　　　　pr@gobooks.com.tw（公關諮詢部）
傳　　真　出版部　(02) 27990909　行銷部 (02) 27993088
郵政劃撥　19394552
戶　　名　英屬維京群島商高寶國際有限公司台灣分公司
發　　行　英屬維京群島商高寶國際有限公司台灣分公司
初版日期　2019 年 02 月

國家圖書館出版品預行編目(CIP)資料

哥不是魯蛇，是陰謀家：顛覆眾家史書，
還原劉邦從草民到天子的雄心與權謀之爭／
霧滿攔江著 -- 初版. -- 臺北市：
高寶國際出版：高寶國際發行, 2019.02
　面；　公分. --（Break；BK032）
ISBN 978-986-361-637-5（平裝）
1.漢高祖　2.傳記
622.1　　　107023857